**이기는
민사재판의 비밀**

이기는 민사재판의 비밀

민사소송의
급소는
따로 있다

변호사 노인수 지음

순눈

서문

급소는 따로 있다

돈을 빌려주었다. 차용증은 쓰지 않았다. 그런데 상대방이 돈을 갚지 않고 있다. 빌린 액수가 다르다며 떼를 쓰거나 빌린 적이 없다고 잡아뗀다. 하필 현금으로 빌려주는 바람에 계좌이체 내역도 없다. 이럴 때 우리는 격언처럼 '친구를 잃지 않으려면 돈을 꿔주지 말라. 만일 꿔주었다면 못 받을 돈으로 치라'고 생각하고 넘어가야 할까? 아니면 이 책에서 알려주는 방법대로 증거를 만들어서 소송에 돌입해야 할까?

이런 막막한 경우에 많은 사람들이 취하는 행동 가운데 하나가 '내용증명우편 보내기'다. 그러나 내용증명만으로는 내가 돈을 빌려주었다는 사실을 증명하지 못한다. 이럴 때는 다음과 같은 방법이 가능하다.

1. 상대방이 돈을 빌렸다는 사실을 아는 사람 가운데 상대방과 친분관계가 깊은 사람이 있는가?
2. 만일 그렇다면 그 사람을 만나 '적당한 선에서 합의하고 일을 끝내고 싶은데 중간에서 다리를 놓아달라'고 요청한 뒤, 그 사람과의 대화 내용을 몰래 녹음한다.
3. 대화를 나눌 때는 돈을 빌려주었던 당시의 상황, 빌려준 돈의 액수 등을 상대방의 입에서 나오도록 유도한다. 혹은 상대방이 그 돈을 어디에 어떻게 썼는지 알고 있다면 이를 말하게 유도한다.
4. 재판의 대상이 될 당사자(피고)의 말을 녹음할 수 있다면 더욱 좋다. 실패를 각오하고 시도해 보라. 내게 필요한 몇 마디 말만 건지면 된다.

녹취록이 차용증만큼 증명력이 높은 것은 아니지만 이런 식으로 하나씩 증거를 모으는 것도 좋은 방법이다(상대방과 나눈 대화를 몰래 녹음하는 것은 법을 어기는 행위가 아니다. 대법원 2008도1237 판결).

나아가 녹취록과 함께 개인 기록인 장부도 첨부하고, 내 통장의 출금 내역도 덧붙인다. 증거가 하나일 때는 힘이 약하지만 약한 증거라도 여러 개 모이면 그만큼 승소 확률은 높아진다. 하나의 화살을 부러 뜨리기는 쉬워도 뭉친 화살은 부러지지 않는다는 사실을 기억하자.

나는 지난 40년간 법정 다툼의 현장에서 살면서 검사로서 혹은 변호사로서 수없이 많은 공방전을 경험해 보았다. 로펌과도 맞서서 싸워 보았고, 수백억 원이 오가는 전쟁도 치러 보았고, 수십 명의 목숨이 걸린 전투도 겪었다. 그 수십 년 동안, 소송의 흐름을 바꾸거나 승소 확률을 높이는 급소를 배웠다. 이 책에서 제공하는 노하우는 법정의 현장을 누비며 내 안에 자연스럽게 터득된 산물이다. 많이 아는 것은 물론 중요하다. 그러나 간단한 몇 가지 급소만 알아도 승소 확률은 높아진다.

이 책은 돈 받을 길이 없거나 부동산 문제 등으로 일상의 권리를 침해당한 일반인이 어떻게 하면 민사재판에서 승리할 수 있는지 그 방법을 제시하고 있다. 가깝게는 소장 작성법부터 증거 수집 방법, 합의 방법, 소송을 유리하게 이끄는 전략까지 '나 혼자 소송을 준비하는 사람'에게 초점을 맞춰서 핵심 중심으로 쉽게 서술했다. 나아가 전문가의 도움을 받아 재판을 준비하거나 진행하고 있는 사람에게도 '필승(必勝)'에 필요한 핵심 노하우와 지혜를 제공하고 있으므로 반드시 도움이 되리라고 생각한다.

승패를 좌우하는 급소가 있다.

상대방을 옴짝달싹 못하게 만드는 증거 수집 방법이 있다.

상대방이 제시한 핵심 증거를 무위로 만드는 방법이 있다.

민사재판의 승소 확률을 높이는 방법이 있다.

……여러분 모두 원하는 결과를 얻기를 기원한다.

2016년 6월

변호사 노 인 수

목차 :

서문 : 급소는 따로 있다 • 004

 **1부 이기는 민사재판 전략**

1장 소송 마인드 갖추기

'사실'이 전부다 • 018
모든 증거가 다 사실을 확정해주지는 못한다 • 019
판사는 당신을 의심한다 • 021
당신이 생각하지 못한 쟁점이 생길 수 있다 • 024
소송을 통해 얻고 싶은 게 무엇인가? • 026
민사의 4가지 핵심 • 028

2장 나의 사건 정리하기

나의 사건 종류 파악하기 • 029
사건의 뼈대, 요건사실 • 032
※ 요건사실과 주요사실 • 038
주요사실 정리하기 • 039

3장 판사 이해하기

판사는 원고와 피고의 싸움에서 한 걸음 떨어져 있는 존재 • 043
소송 개시 후 판사가 제일 먼저 하는 일, 사실인정 • 047
※ 절차상 판사가 제일 먼저 하는 일은 소송요건 확인 • 051
※ 민사조정이란? • 053

※ 화해권고란? • 055
다툼 없는 사실은 '사실'로 인정된다 • 057
판사가 사실과 거짓을 가리는 첫 번째 기준, 증거 • 058
※ 영미 소송에서 각종 증명도 • 062
판사가 사실과 거짓을 가리는 두 번째 기준, 일관성 • 063
※ 판사가 사실로 인정하는 것 4가지 • 066
마지막 절차, 인정된 사실에 법조항 적용 • 067
판례 찾아서 제출하기 • 068
※ 판사의 사고방식을 조금 더 깊이 읽기 • 072

4장 증거, 어떻게 모을까?

증거가 확실하지 않을 때 • 090
처분문서가 중요하다 • 092
처분문서를 포함한 문서 자체는 증거 없이도 진정성립이 된다 • 097
공문서를 반박하려면 공문서를 이용하는 것도 좋다 • 098
비밀리에 상대방과의 대화를 녹음한다 • 102
증인을 세울 때 주의해야 할 점 • 104
※ 증인 수칙 30계명 • 109
내용증명은 내용을 '증명'해주지 못한다 • 113
누가 증명할까? - 입증책임의 분배 • 116
※ 민사 증거와 관련, 알아두면 좋은 상식 • 117
실제 사건, 증거와 의심 • 119

5장 소장 작성하기

소장 내려 받기 • 136
작성법 ① 비워둘 곳, 비워두어도 될 곳 • 139

작성법 ② 피고의 주민등록번호를 모를 때는? • 140
작성법 ③ 소송목적의 값, 인지 • 141
※ 민사소송에 드는 비용은? • 142
※ 소송비용 절감 방안 • 146
작성법 ④ 청구취지 작성하기 • 149
작성법 ⑤ 청구원인 쓰기 • 151
작성법 ⑥ 입증방법은? • 153
작성법 ⑦ 관할법원은 어디가 될까? • 155
중요한 서류를 제출할 때는 사건 접수증을 챙기자 • 156

6장 소송 개시

원고의 소장 접수 • 158
피고의 대응 방법 • 158
※ 변호사를 만날 때는 자초지종을 다 털어놓자 • 161
피고의 답변서 제출 • 163
답변서 기재사항 • 167
답변서 샘플 • 169
한눈에 쏙, 쟁점정리표 • 171
※ 소액사건과 독촉절차 • 174
변론기일이 정해졌다 • 179
※ 나 말고 대리인을 출석시키면 어떨까? • 182
선고가 끝난 뒤 • 184
원고 승소 판결이 되면 • 184
※ 법원 사용법 • 186

7장 반드시 알아야 할 소송 전략

가압류/가처분, 하는 게 좋을까? • 190

한편, 원고가 보전처분 없이 소송을 걸었다면,
피고는 어떻게 해야 할까? • 192
가압류만 걸어두면 돈을 받을 수 있는가? • 193
지금 당장 날짜부터 체크하라 • 194
소송의 목적을 최소 2단계로 나누어 두자 • 197
청구취지를 바꾸는 것도 방법이다 • 197
형사소송을 함께 진행하는 것은 도움이 되는가? • 198
민사 증거 확보가 필요할 때 형사 고소 활용 • 199
채무자가 자꾸 도망 다니는 경우 • 200
반대로 형사소송을 위해 민사소송을 활용하는 경우 • 201
취하도 전략이다 • 202
※ 민사소송 판결문을 공표해도 될까? • 203

8장 어려워도 필요한 합의 : 주로 채무자(피고) 입장에서

합의 가능성은 늘 열려 있다 • 204
둘 사이의 온도 차이를 이해하라 • 204
※ 공탁 방법 • 206
합의를 이끌어내기 위한 전략 • 206
합의서를 작성할 때 소송을 막는 방법 :
돈을 주어야 하는 사람 입장에서 • 210
합의해야 할 사람이 여럿일 때 • 211
산재 합의 문제 – 피해자 입장에서 • 212
형사 합의는 민사 합의에 어떤 영향을 끼치는가? • 213
기왕이면 합의보다는 조정조서 • 214

2부 사건별 승소 전략

사건 1 빌려준 돈을 못 받았다 – 대여금청구의 소

대여금반환청구에 필요한 요건사실 • 216
이자청구에 필요한 요건사실 • 217
요건사실에 맞게 소장 작성하기 • 218
피고의 대응 전략 ① 부인 • 220
피고의 대응 전략 ② 항변 • 222
소멸시효를 주목하라 • 225

사건 2 공사대금을 못 받았다 – 공사대금청구의 소

공사대금청구 소송에 필요한 요건사실 • 232
요건사실에 맞게 소장 작성하기 • 234
피고의 대응 전략 • 237
원고 입장에서 주의 사항 • 238

사건 3 경매로 구입한 집, 세입자가 집을 비워주지 않고 버티고 있다 – 건물명도 등 청구의 소

건물명도청구소송에 필요한 요건사실 • 240
요건사실에 맞게 소장 작성하기 • 240
피고의 대응 전략 : '대항력'으로 항변 • 242
말소기준권리보다 먼저 전입신고가 되어야 • 246
경매와 세입자의 권리 • 247
대항력의 행사 대상은? • 249

임차인이 가게를
비워주지 않습니다 — 건물명도 등 청구의 소

건물명도청구 소송에 필요한 요건사실 • 250
요건사실에 맞게 소장 작성하기 • 251
피고의 대응 전략 • 253
피고의 답변서 제출 이후 원고의 준비서면 제출 • 256

 종중 땅을 마음대로 처분하다니!
— 소유권보존등기말소 등 청구의 소

소유권보존등기말소 소송을 위한 요건사실 • 267
요건사실에 맞게 소장 작성하기 • 268
피고의 대응 전략 • 277
이밖에 종중 문제에서 알아두어야 할 점 • 278
명의신탁에 대한 이해 돕기 • 280

 돈도 안 갚고 재산을
빼돌리다니! — 사해행위취소의 소

사해행위취소청구 소송에 필요한 요건사실 • 283
요건사실에 맞게 소장 작성하기 • 285
피고의 대응 전략 • 287
사해행위취소 소송을 진행하기 전에 알아두어야 할 사항 • 290
소송 이후 문제 : 원물 반환(원칙)과 가액 배상(예외) • 295

재개발을 위해 건물을 철거해야 하는데 왜 집을 비워주지 않는 건가?
—건물명도 청구의 소

건물명도청구 소송에 필요한 요건사실 • 297

요건사실에 맞게 소장 작성하기 • 297

피고의 대응 전략 • 302

 ## 횡단보도를 건너다 차에 치였습니다 —손해배상청구의 소

손해배상청구 소송에 필요한 요건사실 • 303

요건사실에 맞게 소장 작성하기 • 304

〈판례에서 인정하는 가동연한〉 • 309

〈일실이익을 따질 때 참조할 내용〉 • 311

〈상한선 1억 기준일 때 일반적인 위자료 계산 방법〉 • 314

피고의 대응 전략 • 315

 ## 산업재해에 이어 의료사고까지 당했습니다 —손해배상청구의 소

손해배상청구 소송에 필요한 요건사실 • 318

요건사실에 맞게 소장 작성하기 • 319

피고의 대응 전략 • 322

 ## 유산을 받지 못했습니다 —유류분 청구의 소

유류분 청구 소송에 필요한 요건사실 • 324

요건사실에 맞게 소장 작성하기 • 325
상속 재산의 범위 • 333
승소 후 유류분반환 문제 • 337
소멸시효 • 338

경매에서 낙찰된 부동산에 채권자라고 우기는 사람들이 나타났습니다
— 배당이의의 소

배당이의 소송에 필요한 요건사실 • 340
요건사실에 맞게 소장 작성하기 • 341
피고의 대응 전략 • 346
〈배당순위〉를 알아보자 • 347

회사 사정으로 퇴직을 권고받았는데 월급과 퇴직금을 받지 못했습니다
— 임금청구의 소

임금청구 소송에 필요한 요건사실 • 350
요건사실에 맞게 소장 작성하기 • 350
피고의 대응 전략 • 359
형사 고소를 함께 진행하자 • 359

부록 : 초보 변호사를 위한 몇 가지 도움말 • 360
참고문헌 • 372
후기 • 374

1장 소송 마인드 갖추기

"판사나 변호사의 눈으로 보면 답이 보인다."

'사실'이 전부다

▶ 소송을 제기하는 이유는 분하고 억울한 마음 때문이다. 그러나 소송을 승리하는 이유는 냉철하고 명확한 '사실fact' 때문이다.

▶ 구경삼아 법정에 가보자. 누구도 감정을 토로하는 사람이 없다. 우길 수도 없고, 언성을 높일 수도 없다. 잡담도 없고, 웃는 일도 없다. 때로는 무미건조하고, 때로는 냉랭한 판사의 목소리와 때로는 어눌하고, 때로는 기어들어가는 소송 당사자들의 목소리만 장내를 오간다. 권위를 세우기 위해 일부러 연출한 분위기가 아니다. 감정을 앞세우거나 증거 없이 우기는 사람의 이야기를 배제하고 '사실'만 다루다 보니 자연스럽게 형성된 분위기다(드물게 자기

이야기만 장황하게 늘어놓으며 억울하다고 호소하는 사람이 있다. 그러나 몇 마디 들어보다가, 판사가 말을 자른다.).

▶ 민사소송에서 말하는 '사실'이란 우리의 상식과 조금 다르다. 우리가 말하는 사실이란 '있었던 일' 그 자체다. 그러나 민사소송에서 말하는 사실이란 증거에 의해 인정되거나 상대방이 부정하지 않는 등 일정한 절차를 통과한 주장만 '사실'이 된다. 예컨대 당신이 '나는 A에게 돈을 꿔주었다'고 주장했는데 A가 '내가 빌린 게 맞다'고 말하면 당신의 말은 '사실'이 된다(상대방이 부정하지 않았기 때문에 사실이 된 것이다.).

▶ 그런데 A가 '나는 빌린 적이 없다'고 말하면 그때부터 판사는 누구 말이 사실인지 가리기 위해 증거를 살핀다. 증거에 의해 뒷받침되면 '사실'이 되고, 그렇지 않으면 '거짓'이거나 '인정받지 못한 사실(나만 아는 사실)'이 된다.

모든 증거가 다 사실을 확정해주지는 못한다

▶ 민사소송에서는 모든 게 증거evidence가 된다. 반면 형사소송에서는 법을 어기며 수집한 증거는 증거로 인정하지 않는다. 그러나 민사는 가능하다.

▶ 이 말은 주의해서 받아들여야 한다. 어떤 자료든 증거로 제시할

수 있지만 모든 증거가 다 사실을 뒷받침하지는 못하기 때문이다. 판사는 이렇게 말한다. "피고가 여러 가지 증거를 제출했는데, 내가 납득할 수 있는 증거를 가져오세요." 한마디로, 제출한 증거자료로는 당신이 주장하는 내용을 내가 믿을 수 없으니 더 보충하라는 말이다.

▶ 예를 들어보자. 원고는 돈을 받은 적이 없다고 주장하고, 피고는 돈을 갚았다고 주장한다. 판사는 피고에게 '그렇다면 증거를 제출하라'고 요구하고 피고는 준비서면을 통해서 몇 가지 증거를 제출했다. 그런데 피고가 제시한 증거란 게 주변인들의 진술이 전부였다. 판사는 이 증거만으로는 그의 주장을 믿기 어렵다고 여기고 있었다. 그래서 피고에게 물었다. "돈을 주었다면 계좌이체 기록이 남아 있을 것 아닙니까?" 그러자 피고가 "누구 통장이요? 원고 통장이요?" 하고 갑자기 말귀를 못 알아듣는 사람처럼 돌변한다. 그리고는 "증인을 데리고 오겠다"고 말한다. 판사는 "증인이 오더라도 결국은 말뿐이질 않느냐?"며 반문한다. 판사의 생각은 뭘까? '액수가 적으면 현금으로 직접 건네주었을 수도 있다. 그러나 수백만 원을 현금으로 주는 경우는 드물다. 계좌이체나 기타 물증이 있어야 하지 않겠는가? 돈을 갚았다는 피고의 말을 믿으려면 그럴 법한 사정이 있어야 하는데 아무런 사정 설명 없이 주변인의 진술만으로 갚았다고 주장하니까 내가 믿을 수 없는 것이다.'

▶ 이 경우 피고가 할 수 있는 일은 두 가지다. 계좌이체 기록 등 물증을 제시하거나 혹은 계좌이체 기록이 없는 이유를 납득될 만한 수준으로 증명하는 일이다. 피치 못할 사정 때문에 현금으로 준 것이라고 증명할 수 있는 자료나 사정이 필요하다. 그게 없다면? '분명히 갚았다'는 주변인의 진술은 증거이기는 하지만 이 증거만으로는 판사의 마음을 움직이지 못한다. 증거가 부족하기 때문이다. 실제로 판사는 피고의 말을 중간에서 자르고 변론을 종결시켰다 (더 이상 제출할 증거가 없다고 보고 지금까지 제출한 자료 안에서 판결을 내리겠다는 뜻이다.).

▶ 그러므로 원고든 피고든 소송에 나설 때는, 판사가 배가 불러서 더 이상 먹을 수 없을 만큼 충분한 증거를 준비하는 게 상책이다. 다만 모은 증거를 모두 다 제출할 것인지는 전략적 고려가 필요하다.

판사는 당신을 의심한다

▶ 증거는 '이 정도면 충분하다'고 정해진 게 없다. 궁지에 몰린 쥐가 고양이를 공격하듯 상대방은 뜻밖의 묘수로 반격에 나설 수 있다 (실제 법정 다툼이란 게 치고받고 다투는 형태이다.). 그러므로 '이게 증거가 되겠어?' 고개를 갸웃거릴 만한 자료라도 먼지 하나까지 싹싹 모으는 게 중요하다. 벽돌 하나만으로 집이 되지 않듯 증거 역시 하나하나 모여서 '사실'을 이룬다.

▶ 또한 증거에 대한 판단은 당신의 시선과 판사가 다를 수 있다. 당사자나 변호사는 별 다른 가치가 없다고 생각했는데 판사는 결정적인 증거로 판단할 수도 있다. 그러므로 싹싹 모으는 게 중요하다.

▶ 차용증을 썼고, 그래서 받을 돈이 있다고 주장하는 사람이 있다. 그가 원고 자리에 앉아 있다. 팔뚝에는 소매로도 가려지지 않는 문신이 새겨져 있고, 허리띠 꿰는 바지춤에 쇠스랑을 연상시키는 장식품과 열쇠가 주렁주렁 달려 있으며, 얼굴은 우락부락하다. 법정 밖에서 만났다면 '이 자는 분명 주먹을 쓰는 자요, 힘없고 착한 사람들을 등쳐먹고 사는 사람일 것이다' 하고 추측할 만한 외모다. 반대편 피고 자리에는 체격이 왜소한 중년의 남자가 앉아 있다. 허름하지만 깔끔히 다린 양복을 입었고, 얼굴은 오랫동안 고통에 시달린 사람처럼 수척하다. 피고는 지친 얼굴로 이렇게 말한다. "차용증을 써준 건 맞지만, 강압에 못 이겨 써준 것입니다."

▶ 드라마의 한 대목이었다면 우리는 양복 차림의 남자가 하는 말을 더 신뢰할지 모른다. 그러나 현실은 다르다. 판사들은 옷차림만을 보고 신뢰 점수를 매기지 않는다. 법정은 드라마 촬영장도 아니고, 감정에 호소하는 연설장도 아니다. 판사는 피고석을 향해 얼굴을 쭉 내밀고 이렇게 말한다. "상대방의 강압에 의해 차용증을 썼다고 하는데 제출한 자료가 녹취록 외에는 없어요. 혹시 그 자

리에 다른 사람은 없었나요?" 피고는 눈을 껌벅이더니 '없었다'고 작게 대답한다. 판사는 답답하다는 듯이 말을 잇는다. "다른 증거자료는 없다는 말인가요?" 피고는 '이거면 충분하겠지.' 하는 심정으로 상대방과의 대화를 녹음하여 제출한 것일 텐데, 판사가 이렇게 말하니까 당황한다. 처음에는 '네, 이것밖에 없습니다.'라고 말하던 피고는 '이것밖에 없는 게 확실하느냐?'고 재차 묻는 판사의 질문에 말을 더듬는다. "어, 어, 시간을 주시면 돌아가서 찾아보겠습니다." 판사가 종지부를 찍는다. "한 번만 더 기회를 드리겠습니다. 녹취록 말고 다른 증거가 있으면 꼭 제출하세요. 다음 오실 때는 변론종결하고 판결 내릴 겁니다."

▶ 어쩌면 피고의 말이 사실일 수도 있다. 하지만 판사는 피고가 제출한 녹취록만으로는 증거가 부족하다고 본 것이다. 증거가 없는 주장은, 법령 등에 근거가 없는 한 절대 사실이 될 수 없으며 그래서 모든 주장은 의심의 대상이 된다. 피고의 말마따나 차용증이 '강압에 의해 쓴 것'이라면 녹취록 역시 '조작' 가능성이 있지 않겠는가?

▶ 그렇다, 판사는 당신을 의심하고 있다. 아니, 원고든 피고든 판사는 일단 모두 의심한다. 서로 주장하는 말이 다를 때조차도 '둘 중에 한 명은 진실을 말하고 있다'고 생각하지 않는다. 전부는 아니어도 조금씩은 다 거짓말을 하거나 심지어 둘 다 완전히 거짓말을

할지 모른다고 드물게 가정한다. 두 명의 여자가 한 명의 아기를 데리고 솔로몬 왕에게 찾아와 서로 엄마라고 주장했을 때 솔로몬 왕이 신하들에게 가져오게 한 것은 '칼'이었다. 판결을 내리는 자에게는 이 말이 사실인지 아닌지 가리는 엄격한 '칼'이 한 자루씩 쥐어져 있다. 그 칼날에 맞아 떨어지지 않을 만큼 완벽히 준비해야 한다.

당신이 생각하지 못한 쟁점이 생길 수 있다

▶ 원고든 피고든 서로 '맞다'고 인정하는 것은 자동으로 '사실'이 된다. 이를 '다툼 없는 사실'이라고 한다. 그러나 말이 다르다면? 예컨대 빌려준 돈이 10원이냐 20원이냐를 두고 말이 다르다면 이를 두고 원고와 피고가 다투게 되는데 이를 '쟁점issue'이라고 부른다.

▶ 쟁점이란 어느 정도 예상이 가능하지만 정해져 있는 것은 아니다. 예를 들어 보자. 올해 62세인 A는 아들 B에게 전화를 받았다. 얼마 전 구입한 땅에 건물을 지으려고 하는데 건축자재를 구입할 돈이 부족하다는 내용이었다. 건물을 짓고 전세를 놓으면 돈은 금방 돌려드릴 수 있으니 혹시 지인을 통해서 융통할 수 있는지 물어온 것이다. 아버지 A는 마침 알부자라고 소문 난 친구 C가 떠올랐다. "한 달에 2부 이자를 쳐줄 테니 1억만 빌리자. 반년만 쓰고 돌려줄게." 작은 돈은 아니었지만 마침 여윳돈이 있던 친구 C는 용돈 벌

이나 하자는 생각으로 돈을 빌려주었다. 그런데 두 달까지는 이자가 꼬박꼬박 들어왔는데 세 달째부터 소식이 없더니 1년이 넘도록 이자는커녕 원금도 돌려받지 못했다. 결국 소송이 벌어졌다.

▶ 이 경우 쟁점은 무엇이라고 생각하는가?

- 만일 피고가 돈을 빌린 적이 없다고 잡아떼면 쟁점은 '돈을 빌린 사실'이 된다.
- 만일 피고가 돈을 빌린 건 맞는데 갚기로 한 날짜가 2년 뒤라고 하면 쟁점은 '변제일(돈을 갚기로 한 날)'이 된다.
- 이자가 2부가 아니라 아예 없다거나 1부라고 주장하면 쟁점은 '이자'가 된다.
- 혹은 액수가 문제가 될 수 있고, 피고가 원고에게 받을 돈이 있으니 그만큼 빼고 주겠다고 주장할 수도 있다('상계').

▶ 쟁점은 각자의 입장이 달라서 생길 수도 있고, 누군가의 착각에 의해서 발생할 수도 있다. 혹은 상대방이 전략적으로 대응하면서 고의적으로 쟁점을 만들 수도 있다. 어쨌든 쟁점은 언제든 생길 수 있으며 이 때문에 상대방의 주장을 깨뜨릴 수 있는 '더 많은 증거'가 필요해진다. 만일 상대방의 주장을 적절히 방어할 수 없다면 타협점을 찾아야 하는데 이마저도 어렵다면 소송에서 지기 쉽다. 여러분은 '이것만큼은 분명하여 증거가 필요 없다'고 생각할지 모

른다. 그러나 쟁점이 어디서 생길지 모르므로 '증거'는 가급적 많이 갖고 있는 게 중요하다.

⚖️ 소송을 통해 얻고 싶은 게 무엇인가?

▶ 원단을 제공하는 업자와, 제공받은 원단을 가공하여 의류를 만드는 업자 사이에 분쟁이 생겼다. 가공업자는 원단에 하자가 있었고, 그래서 자신이 피해를 입었다고 주장했다. 또한 가공업자는 제공업자의 배달차량 인부에게 자신이 배달대금을 대신 지불했으니 원단 하자에 따른 피해액과 배달차량 인부 대금, 그리고 이 대금을 받을 때까지 지연이자를 청구했다.

▶ 소송을 건다는 것은, 원하는 게 있기 때문이다. 가장 흔한 게 '받을 돈이나 물건 혹은 확인할 것' 등이 있을 때 소송을 건다. 그런데 청구해서는 안 되는 돈까지 청구하는 경우가 있다. 위의 사례에서 가공업자는 다소 이해하기 어려운 돈까지 달라고 청구하고 있었다. 판사가 소장을 훑어보더니 묻는다. "3.3%의 이자를 달라고 적었는데 이건 어떤 내용인가요?" 가공업자의 설명인즉, 자신이 배달대금을 대신 내주었는데 나중에 세금 신고를 하면 3.3%를 내야 하므로 소송을 통해서 받아야 한다는 말이었다. 판사가 되묻는다. "아직 내지도 않은 세금을 받겠다는 뜻입니까?" 가공업자가 꿀 먹은 벙어리가 된다.

▶ 소송과 관련된 비용에는 여러 가지가 있는데 원고가 받기를 원하는 돈이 있고, 소송에 들어간 돈을 피고가 내라고 요구하는 게 있다. 또한 돈 말고도 '제1항을 가집행할 수 있다'는 내용 따위를 청구할 수도 있다. 그러나 원단가공업자의 사례처럼 판사가 보기에 납득되지 못하는 내용도 있기 마련이다. 이런 건 청구해서는 안 된다.

▶ 남의 땅에 창고를 지은 사람이 있다. 창고 주인은 이미 건물 등기까지 마친 상태였다. 땅 주인이 여러 차례 따졌으나 창고는 그대로 있었다. 결국 철거 명령 소송이 벌어졌는데 그 사이에 창고 주인이 창고를 헐었다. 판사가 묻는다. "창고가 있는 겁니까? 없는 겁니까?" 원고가 말한다. "창고는 없는데 등기는 살아 있습니다." 판사가 말한다. "그러면 철거 명령이 아니라 등기를 없애달라는 멸실등기를 청구해야 하는 것 아닌가요?" 상황이 바뀌었으므로 청구하는 내용도 바뀌어야 한다는 말이다(청구취지를 변경하라는 말이다.).

▶ 생각보다 드물지 않게 청구하는 내용을 잘못 기재한다. 청구 내용을 잘못 적으면 사실에서 승리하더라도 재판에서 지는 경우가 왕왕 생긴다. 특히 일부 승소, 일부 패소와 같은 판결이 내려지는 이유를 찾아보면, 청구하는 내용이 잘못된 경우가 많다. 청구하는 내용은, 욕심을 부린다고 다 얻을 수 있는 게 아니라 벌어진 사건

과 대조하여 이상이 없을 때, 또한 법률이 허용하는 선에서만 가능하다.

민사의 4가지 핵심

▶ 지금까지 우리는 소송에서 이기기 위해 꼭 숙지해야 할 네 가지 주제를 살펴보았다. 사실과 증거, 쟁점과 청구하는 내용 등이다. 이 가운데 사실, 증거, 청구 내용은 소장의 세 가지 항목, 즉 청구원인(사실), 입증방법(증거), 청구취지(청구 내용)를 다시 풀이한 것에 지나지 않는다. 원고가 소장을 제출하면 상대방이 답변서를 보내는데 만일 이때 상대방이 '나는 그런 적이 없다'거나 '원고의 주장이 사실과 다르다'고 주장하면 그때 '쟁점', 즉 다투는 사실이 발생한다.

▶ 이 네 가지, 즉 사실, 증거, 청구 내용, 쟁점은 민사소송의 전부라고 해도 과언이 아니다. 이 네 가지를 먼저 언급하며 글을 시작하는 이유는, 그게 그만큼 중요하기 때문이다. 다만 위에서는 '청구원인(사실)'에 대해서 따로 설명하지 않았다. 뒤에서 다시 풀이할 기회가 있을 것이다.

나의 사건 정리하기

"소송에 필요한 내용을 육하원칙에 따라 정리해보자."

 나의 사건 종류 파악하기

▶ 민사의 모든 일은 문서를 통해서 이루어진다. 여러분은 소장이든 답변서든 혹은 준비서면이든 뭔가를 주장하거나 증명할 때는 문서를 작성해서 제출해야 한다(드물게 증인을 세우거나 변론기일에 '말'을 통해서 소송을 진행할 때도 있다.).

▶ 그러므로 여러분은 좋든 싫든 문서를 작성해야 한다. 문서 작성을 위한 첫 단추가 '나의 사건 종류 알아보기'다. 여러분이 소송을 제기하려는 그 사건은 어떤 유형인가?

질문1 여러분이 소송을 걸려고 하는 이유가 받아야 할 돈이 있기 때문인가? 그 돈은 어떤 돈인가? 누군가에게 빌려준 돈인가?

→ 만일 그렇다면 여러분이 제기해야 하는 소송은 '대여금청구의 소'가 된다. 빌려준 돈을 받기 위해서는 '빌려준 사실'이 있어야 하고, 언제까지 갚겠다는 '변제일'이 있어야 하고, 또한 변제일이 지나야 한다.

질문2 그런데 그 빌려준 돈이란 게 내가 빌린 돈이 아닌 경우가 있다. 즉 나는 A에게 받을 돈이 있고, A는 B에게 받을 돈이 있다. 이때 나는 A로부터 채권양도를 받아 A 대신 B에게 돈을 받을 수 있다.

→ 이런 경우 나는 B를 상대방으로 소송을 진행할 수 있는데 그게 '양수금청구의 소'다. 이 경우 여러분은 A에게 채권을 양도받았다는 사실 등을 밝혀야 한다.

질문3 빌려준 돈은 아니다. 그럼 일하고 못 받은 돈인가? 혹시 직원으로 일하고 못 받은 돈인가?

→ 이때 여러분이 제기해야 하는 소송은 '임금청구의 소'가 된다. 임금의 경우 통상 관할지방노동사무소에 진정 또는 고소하는 게 우선이고, 만일 그래도 못 받으면 임금청구의 소를 진행하면 된다. 이 소송을 위해서는 근로 계약 체결 사실, 실제 근로 사실, 못 받은 급여 액수가 필요하다.

질문4 그게 아니라면 용역을 하고 못 받은 돈인가?
→ 주로 공사와 관련된 일이 많다. 건물을 지어주고 돈을 못 받은 경우 '공사대금청구의 소'를 진행할 수 있다. 공사 외의 다른 용역의 경우는 해당 '용역대금청구의 소'를 진행하면 된다.

질문5 물건을 팔았는데 못 받은 돈인가?
→ 그렇다면 '물품대금청구의 소'를 진행하면 된다.

질문6 집주인과 계약을 해지하고 이사를 가려는데 보증금을 반환받지 못했는가?
→ 만일 그렇다면 '임대차보증금반환청구의 소'를 진행한다.

질문7 재산을 팔았는데 대금을 못 받은 경우인가?
→ 그때는 '매매대금청구의 소'를 진행한다.

질문8 피해를 입어, 돈을 받아야 하는 상황인가?
→ '손해배상청구의 소'를 진행한다.

질문9 금전 외에 부동산 문제도 많다. 만일 건물을 비워주지 않아서 생긴 문제인가?
→ 그렇다면 '건물명도청구의 소'를 제기한다.

질문10 부동산 등기 문제인가?

→ 만일 등기를 이전하는 게 목적이라면 '소유권이전등기청구의 소'를, 등기를 원래대로 돌려놓는 게 목적이라면 '소유권이전등기 말소청구의 소' 등을 진행한다.

질문11 임차인이 약속한 날로부터 6개월 동안 더 가게를 썼는데도 사용료를 내지 않았는가?

→ 그렇다면 '부당이득반환청구의 소'를 진행한다. 또한 상대방이 나의 재산 따위를 사용하고 사용료를 내지 않은 경우처럼, 상대방이 나의 권리나 물건을 부당하게 사용한 경우에 '부당이득반환청구의 소'를 제기할 수 있다.

▶ 이밖에도 근저당권설정등기 말소청구의 소, 어음금청구의 소, 수표금청구의 소 등 민사소송은 여러 유형으로 나뉜다.

사건의 뼈대, 요건사실

▶ 나의 사건이 어떤 유형에 속하는지 알아야 하는 이유는 유형마다 '요건사실 legally required fact'이 다르기 때문이다.

▶ 여러분이 소장에 적어야 하는 필수적인 '사실'이 있다. 이 필수적 사실은 판사가 해당 사건을 판단할 때 가장 중요하게 살펴보는 내용이다. 이를 '요건사실(해당 소송에 필요한 사실)'이라고 부르는데

이게 사건의 뼈대가 된다. 마치 신문기자들이 육하원칙에 따라 기사를 작성하듯이 소장의 핵심인 '청구원인'은 요건사실에 따라 작성된다.

▶ 만일 소장에 피고가 누구인지 이름은 있으나 주소지도 없고 연락처나 주민등록번호도 없다면 어떻게 되겠는가? 피고에게 소장을 발송할 수 없지 않겠는가? 마찬가지로 기본 골격에 해당하는 요건사실이 부족하다고 판단하면 판사는 다시 살펴보라고 보정명령을 내릴 수도 있다. 보정명령에 따르지 않을 경우 소송은 각하되거나 기각될 가능성이 매우 높다.

▶ 요건사실이란 벌어진 '모든 사실'이 아니라 '소송 제기에 꼭 필요한 사실'이다(법률 효과를 일으키는 사실이라고도 설명한다.). 예컨대 대여금청구의 소를 진행한다면 '빌려주고 받기로 한 사실', '변제기(돈을 갚기로 한 날짜)', '금액' 등의 사실이 확인되어야 한다. 이 사실들을 문장의 형태로 바꾸어 표현하면 다음과 같다.

> **예시1 :** 2015년 1월 1일, 원고 김철수는 피고 이영희에게 금 100원을 빌려주었다. 이자는 월 2%였고, 2015년 5월 31일까지 돈을 다 갚기로 했다. 그런데 피고 이영희는 2015년 5월까지 이자를 지불했으나 2016년 5월 1일 현재까지 돈도 갚지 않고, 이자 역시 지불하지 않고 있어 이 사건 소에 이르렀다.

▶ 예시1은 요건사실을 간결이 드러낸 글로 '빌려준 사실', '갚기로 한 날짜', '금액' 등이 잘 적혀 있다. 그런데 의외로 많은 사람들이 요건사실을 애매하게 표현하거나 불필요한 사정을 덕지덕지 붙이기도 한다.

예시2 : 2015년 1월 1일, 원고 김철수는 생활이 어려운 가운데 열심히 돈을 모았으나 피고 이영희의 간곡한 부탁 때문에 금100원을 빌려주게 되었습니다. 처음에는 안 된다고 거절했지만 피고가 세 차례 찾아오며 꼭 갚겠다고 사정하다시피 하여 더 이상은 모른 척할 수 없었습니다. 당시 피고는 '내가 돈을 갚지 않으면 콱 목숨을 끊겠다'는 등 각오를 보여주어 원고는 피고를 믿을 수밖에 없었습니다. 그런데 반년만 쓰고 돌려주겠다는 피고 이영희의 철석같은 약속은 1년 동안 미루고 미루어 지금에 이르렀습니다. 원고 김철수는 10개월 전인 2015년 7월에 다니던 회사에서 실직하여 근래에서 손가락을 빨며 살아가는 등 어려운 신세가 되었습니다. 피고 이영희에게 빌려준 돈을 발판 삼아 자영업을 시작하려고 합니다. 원고의 사정을 널리 헤아려 원고가 빨리 돈을 회수할 수 있도록 도와주시기 바랍니다. 이에 이 사건 소송에 이르렀습니다.

▶ 예시1과 2 가운데 판사가 더 선호하는 글은 '예시1'이다. 요건사실이 명확하게 드러나 있고, 불필요한 설명도 없다. 소장이 길다고

좋은 건 아니다. 오히려 긴 글이 방해가 될 때도 있다. 특히 예시2처럼 이자가 얼마인지 핵심 내용을 빠뜨리거나 변제기를 명확히 표현하지 않으면 도리어 소장으로서의 신뢰도가 떨어진다. 판사들은 필요한 사실이 담겨 있는지 체크할 뿐, 나머지 내용은 눈으로 더듬어 읽으면서 통과한다. 소장은 길다고 좋은 게 아니라 들어갈 말이 정확히 들어가 있는 게 중요하다.

▶ 한번은 지인을 상담해주었는데 얘기를 들어보니 받아야 할 돈은 100만 원이었고, 사건도 간단했다. 그가 가방에서 꺼낸 소장은 총 7장이었는데 얼른 봐도 글자가 빼곡했다. 빨간 펜으로 필요한 내용만 추렸더니 한 장으로 줄었다. 1장이면 충분할 것을 불필요한 사정을 늘어놓느라 7장이 된 것이다. 판사는 과연 1장짜리 소장을 좋아할까, 7장짜리 소장을 좋아할까? 소장의 분량보다 더 중요한 건 요건사실이 잘 담겨 있느냐 하는 점이다.

▶ 여러분의 사건에 필요한 요건사실은 무엇일까? 인터넷을 통해 '대여금청구소송 + 요건사실'을 검색해 보자. 몇 가지 자료를 보면 다음과 같은 내용을 얻을 수 있다.

① 돈을 빌려주고 받기로 약속한 사실 : 이를 소비대차계약이라고 한다. 돈이 필요한 사람이 돈을 빌려서 '소비하고' 이를 나중에 갚아주기로 했다면 그게 소비대차계약이다. 한편 집을 빌려 썼는데

사용대가를 지불하면 임대차계약이 되는 것이고, 사용대가를 지불하지 않기로 했다면 사용대차가 된다. 드문 경우다.

② 돈을 갚기로 한 날짜가 지났다 : '돈을 갚기로 한 날'을 변제일(변제기)이라고 한다. 변제일 이전에 돈을 갚으라고 소송을 제기하는 건 아무래도 앞뒤가 맞지 않다. 따라서 변제일이 지나야 한다. 다만 미리 청구할 필요가 있을 경우에 한해서, 아직 변제일이 되지 않았어도 청구할 수 있는 경우가 있다(민사소송법 제251조, 이하 이 책에서는 민사소송법을 인용할 때는 '법'이라고만 표시한다.).

③ 이자를 지급하기로 한 사실 : 빌려준 돈에 대한 사용료 개념이다. 보통은 계약 당시 이자율을 책정한다. 만일 이자를 받기로 했다면 못 받은 이자에 대해서도 함께 청구하면 된다. 한편 '이자는 몇 %'라고 따로 약정하지 않는 경우도 있다. 이때도 소송이 진행되면 이자를 청구할 수 있는데 이를 '지연손해금'이라고 한다. 이자를 따로 명시하지 않은 경우 소송 전까지는 연 5%, 소송 이후(송달일 다음날)부터 갚는 날까지는 연 15%를 청구할 수 있다(지연손해금이 연 20%에서 연 15%로 바뀐 게 2015년 10월 1일이었다. 지연손해금은 소송촉진 등의 특례법령의 개정에 따라 달라질 수 있으므로 소장을 작성할 때는 한 번쯤 확인할 필요가 있다.).

▶ 생각보다 간단하다. ① 상대방에게 빌려준 사실이 있고, ② 상대

방이 언제까지 갚기로 했다는 내용이 있으며, ③ 변제일이 지났는데 상대방이 차일피일 미루고 있다는 내용만 있으면 소장은 작성할 수 있다. 여기에 이자 약정이 있으면 첨가하고 없으면 없는 대로 작성하면 된다. 이런 관점에서 다시 예시1을 보자.

> **예시1** : 2015년 1월 1일, 원고 김철수는 피고 이영희에게 금 100원을 빌려주었다. 이자는 월 2%였고, 2015년 5월 31일까지 돈을 다 갚기로 했다. 그런데 피고 이영희는 2015년 6월까지 이자를 지불했으나 2016년 5월 1일 현재까지 돈을 갚지 않고 있으며 이자 역시 주지 않고 있어 이 사건 소에 이르렀다.

▶ 어떤가? 대여금청구 소송에 필요한 요건사실이 잘 정리되어 있음을 알 수 있다. 요건사실이란 상식적으로 생각해서 필요하다고 여겨지는 사실이다. 그럴싸하게 포장할 필요도 없고, 어려운 법조항을 따질 필요도 없다. 되도록 하소연은 피하자. 꼭 필요한 게 아니라면 억울한 사정은 가급적 적지 않는다. 소장은 나의 사생활이나 감정을 적는 일기장이 아니고, 판사는 나의 고민을 들어주는 카운슬러가 아니다.

▶ 한편 하소연까지는 아니어도 사정 설명이 필요할 때가 있다. 예컨대 상대방이 '원고의 주장은 사실이 아니다'고 반박하며 나온 경우, 때에 따라 사건 발생 경위가 필요할 수 있다. 이럴 때는 사정을

간략하게 정리하여 증거와 함께 준비서면 등으로 제출한다.

▶ 이 책의 2부에는 서로 다른 12가지의 소송사건이 따로 정리되어 있다. 여러분의 소송사건에 필요한 요건사실도 함께 기술했으므로 참고하도록 하자.

- **요건사실과 주요사실**

조금 더 법률적으로 설명하면 요건사실이란 법률 효과가 생기는 필요조건을 말한다. 때린 적이 없는데 경찰에 신고할 수 없듯이, 주장 자체에 요건사실이 갖춰지지 않으면 판사는 당신의 소장을 각하하거나 기각시킨다. 다시 강조한다. 주장 자체에 요건사실이 담겨 있어야 한다는 말이다. '사실'이라는 단어 때문에 오해하지 않기를 바란다. 간혹 주장을 뒷받침하는 증거까지 포함시켜 요건사실이라고 생각하는 경우가 있는데 요건사실은 증명 이전의 문제다.

요건사실과 함께 알아두면 좋은 게 '주요사실(chief matter of fact)'이다. 주요사실이란 요건사실에 해당하는 실제의 사실을 말한다.

요건사실은 '변제일이 지나야 한다'는 내용처럼 기준에 해당한다. 이에 대해서 여러분은 각자의 사건에 맞게 '변제일은 2015년 6월 25일이었는데 아직 갚지 않았다'고 구체적으로 소장을 작성하게 된다. 이게 주요사실이다. 다시 말해 요건사실의 기준에 합치되는 여러분의 사건 내용이 곧 '주요사실'이 된다. 판사는 '주요사실'을 통해 '요건사실'을 충족하고 있는지 살피며, '주요사실'이 '사실'인지 아닌지 증거 등을 통해 검토하여 판결에 이른다.

주요사실은 여러분이 주장해야 하는 내용으로 판사가 직접 나서서 주요사실을 밝히거나 주장하지는 않는다. 대개 주요사실에서 상대방과 다툼이 벌어지며, 그래서 판사가 필요한 것이다.

마지막으로 다시 강조하지만 요건사실과 주요사실에 '사실'이라는 단어가 쓰였다고 하여 이를 '사실'로 생각하면 안 되고, 원고나 피고의 '주장'이라고 생각하는 게 좋다. 사실을 인정하고 확정하는 건 판사의 몫이기 때문이다.

주요사실 정리하기

▶ 사건사고 소식을 전달하는 신문기사는 사실이 깔끔하게 정리된 좋은 예다. 다음 기사를 살펴보자.

예시3

① 서울 서부경찰서는 초저녁에 불 꺼진 고층 주택만 골라 수천만 원의 금품을 훔친 혐의(야간주거침입절도)로 박모(46)씨를 구속했다고 11일 밝혔다.

② 박 씨는 지난달부터 이달 초까지 서울 은평구 주택가를 돌며 인기척이 없는 다세대 고층 주택만 골라 총 10차례에 걸쳐 3000만 원 상당의 귀금속을 훔친 혐의를 받고 있다.

③ 조사 결과 박씨는 3층 이상 고층 빌라는 문단속이 비교적 허술하다는 점에 착안해 고층 집만 가스배관을 타고 올라

가 범행한 것으로 드러났다.

④ 상습절도 혐의로 3년간 형을 살다 지난해 8월 출소한 박 씨는 경찰 조사에서 "전처에게 이혼당하고 고교생 아들과 단둘이 살았는데 경제적으로 많이 힘들어 쉽게 현금화할 수 있는 귀금속을 훔치기로 마음먹었다"고 진술했다.

⑤ 경찰은 "박 씨가 유흥주점과 카지노 등을 자주 드나든 것으로 미뤄볼 때 여죄가 있을 것으로 보고 수사를 확대할 예정"이라고 말했다.

(헤럴드경제, 2016년 4월 11일자, 〈초저녁 불 꺼진 고층빌라만 골라 턴 40대男 검거〉)

▶ 이 기사에서 우리는 육하원칙5W1H을 쉽게 발견할 수 있다. 2번 문장에는 '누가', '언제', '어디서', '무엇을'이 담겨 있으며, 3번에는 '어떻게'가, 4번에는 '왜'가 있다. 아래 빈 칸을 채우면서 기사 안에 담긴 육하원칙을 찾아보자.

육하원칙	내용
누가(Who)	
언제(When)	
어디서(Where)	
무엇을(What)	
어떻게(How)	
왜(Why)	

▶ 이 가운데 '누가, 언제, 어디서, 무엇을'은 사실 정리에서 필수이며, '어떻게, 왜'는 넣을 수 있으면 넣되, 추측은 피한다.

▶ 물론 아래 기사와 같이 '장소(어디서)'가 명확하지 않아도 사실 정리가 이상한 건 아니다.

> **예시4** : 최 씨는 지난 2014년 3월 새벽 1시께 술을 마신 채 지인을 뒤에 태우고 오토바이를 운전하다 뒤따라온 A 씨가 신고하려 하자 휴대전화를 뺏었다. 이 과정에서 최 씨는 A 씨의 허벅지 등을 무릎으로 몇 차례 때렸고, 지나가던 목격자의 신고로 경찰에 잡혔다(서울경제, 2016년 4월 11일자, 〈신고 막으려 뺏은 전화기… 대법, "절도 아니다"〉).

▶ 이 기사를 보면 누가, 언제, 무엇을, 어떻게 했는지 알 수 있지만 장소가 도로 위라는 점 외에는 어느 동네인지 정확히 알 수 없다. 그러나 '도로 위'라는 사실만 알면 충분하므로 굳이 동네 이름을 밝히지 않아도 된다. 여러분의 사건도 구체적인 장소가 중요하지 않을 수가 있다. 예컨대 돈을 빌린 장소는 대체로 중요한 사실이 아니다.

▶ 자, 이제 준비가 되었다면 아래 기준에 따라 나의 사건을 정리해 보자.

1) 시간 순으로 쓴다.
2) 육하원칙에 따라 쓴다.
3) 증거 자료를 붙인다.

사실 정리가 된 문서를 보통 '경위서/사실확인서' 등으로 부르는데 이렇게 한 차례 정리를 마치면 변호사 등에게 의견을 구하거나 소장을 작성할 때 무척 편리하다. 또한 증거를 수집할 때도 기초 자료가 되므로 사실 정리에 신경을 써야 한다(아직 우리는 '증거 자료'에 대해서 이야기하지 않았는데 그건 차근차근 순서를 밟아서 살펴보도록 하자.).

▶이후, 다음 과정을 한 번 더 거치면 민사소송에 적합한 사실의 기초를 만들게 된다.

① 나의 사건 유형 파악하기 (ex. 대여금청구 소송, 공사대금청구 소송 등)
② 유형에 맞는 요건사실 파악하기 (ex. 대여금청구 소송의 경우 : 빌린 사실, 갚기로 한 날짜가 지난 사실 등)
③ 요건사실에 맞춰 (주요)사실 정리하기

▶자, 여기까지 진행되었다면 여러분의 손에는 요건사실에 따라 작성한 경위서/사실확인서가 한 장 들려 있어야 한다. 다 되었다면 다음 과정으로 넘어가자.

3장 판사 이해하기

"승소의 열쇠는 판사가 쥐고 있다."

판사는 원고와 피고의 싸움에서 한 걸음 떨어져 있는 존재

▶ 소송의 승패는 누가 판사를 설득하느냐에 달렸다. 만일 우리가 판사의 사고방식을 조금이나마 엿볼 수 있다면 승소 가능성은 높아지기 마련이다. 그래서 소장 작성에 앞서서 판사를 이해해 보자는 것이다.

▶ 판사는 법정의 가장 높은 곳에 앉아서 사건을 굽어본다. 다분히 상징적인 위치다. 법정에 들어서면 정면으로 기다란 테이블이 우뚝 솟아 있다. 법대라고 부른다. 법대 뒤에는 2미터 장신의 남자가 앉으면 딱 맞을 것 같은 한 개 혹은 세 개의 커다란 의자가 놓여 있다. 이곳에 검은 법복을 입은 판사가 앉는다(한 명이 앉으면 단독사

건, 3명이 앉으면 합의부 사건).

▶ 판사는 마치 권투시합의 심판처럼 원고와 피고 사이의 다툼에 끼어들지 않는다. 홍코너와 청코너의 선수들이 서류를 통해 주장하고 반박하며 싸우는 동안 판사는 옆에서 지켜볼 뿐이다. 가끔 증거를 더 내라고 알려주는 경우는 있어도 원칙적으로는 원고와 피고가 제출한 서류(주장과 증거) 안에서만 판단한다.

▶ 따라서 원고와 피고에게는 '주장 책임'이라는 것이 따른다. 주장하지 않으면 설령 증거에 의해 사실로 인정되더라도 판사는 그 사람의 손을 들어주지 않는다는 말이다.

▶ 예컨대 채권에는 소멸시효라는 게 있다. 채권이 생긴 지 일정 시간이 지나면 채권은 휴지조각이 되는데 그 시간이 소멸시효다(단순 사기 범행의 경우, 10년이 지나면 죄를 물을 수 없는 공소시효와 유사한 개념이다.). 그런데 원고가 소멸시효가 지난 채권을 갖고 '돈 갚으라'고 소송을 청구하는 경우가 있다. 만일 피고가 이 채권이 휴지조각임을 알고 있었다면 판사에게 '이 채권은 소멸시효가 지났다'고 주장하여 받아들여지면 사건은 그대로 종결된다. 그런데 피고가 이 사실을 몰랐다면? 설령 소멸시효가 지난 채권임을 판사가 뻔히 알더라도 '소멸시효가 지났다'고 알려줄 수도 없고, 판사 직권으로 '소멸시효가 지나서 원고 패소 판결을 내린다'고 할 수도

없다. 왜냐하면 피고가 주장하지 않았기 때문이다. 법률은 권리 위에 잠자는 자를 보호해주지 않는다.

▶ 단 '주장 책임'은 주요사실에 한한다. '채권이 있다'거나 '변제일이 지났다'와 같이 판사가 살피는 요건사실(주요사실)에 대해서만 원고와 피고에게 주장 책임이 따른다는 말이다. 이런 경우, 판사는 뒷짐 지고 가만히 지켜보기만 한다. 반면 주요사실 이외의 사실에 대해서는 증거만 충분히 있다면 '이런 사실도 있었네요' 하고 사실을 파악하기 위한 자료로 삼는다. 한마디로 주장은 원고와 피고에게, 사실은 판사에게!

▶ 이와 관련, 판사의 역할에 대해서 잘 설명한 글이 있다.

현장에서 일하는 판사의 말이다. "재판을 진행하는 판사들은 당해 사건에 관한 한 백지와 같기에 일단 왜곡된 주장도 그대로 받아들이게 되고 반대편 당사자가 뭐라 하지 아니하는 한, 민사재판의 경우 주요사실이라면 일응의 채증법칙 이론에 따라 '이에 적극적으로 다투지 아니하므로 다툼 없는 사실로 간주'되고 만다. 결국 재판에 임하는 판사들은 당사자들의 주장을 제대로 해석하고 판단해주는 의무가 있지만 그 해석 작업에 있어 기본 되는 사실관계는 당사자들이 밝혀 주어야 한다. 즉 모든 재판이란 당사자들과 공동으로 진행되는 것이며 따라서 재판은 살아서 움직인다. 물론 최종적인 사실인정과 최종 판단의 책무는 오직 판사에 달려 있다. 당사자의 주장 자체에서 왜곡이 있는지, 없는지, 혹은 주장에 심한 과장이 있는지 없는지, 나아가 거짓된 증거를 사용하는지 여부를 가려내는 것도 역시 판사 1인 혹은 3인의 책무이다." - 법률신문 2014.9.15.자 15면 예지희 부장판사 서울중앙지법

▶ 앞서 설명한 것처럼, 판사는 원고와 피고의 싸움에 끼어들지 않는 게 원칙이다. 그러나 판사에게는 석명권explanation right이란 게 있어서 재판에 끼어들 여지가 있으며, 실제로는 생각보다 많이 끼어든다. 주로 자료를 제출하라고 요청할 때 석명권을 행사한다.

석명권이란 당사자 진술이 모순되거나 애매한 내용, 결함 등이 발견될 때 이를 지적하여 정정하거나 보충할 것을 요구하거나, 당사자에게 입증을 촉구하고 당사자가 간과한 것으로 보이는 법률상의 사항에 의견진술의 기회를 줄 수 있는 판사의 권한을 말한다(법 제136조1항).

[* '판사가 끼어들면 안 되며 주장과 증명은 당사자의 몫이다'라는 생각이 '변론주의(당사자주의)'이고, '법에 대한 무지로 인해 해를 입는 자가 생겨서는 안 되므로 판사가 개입해야 한다'는 생각이 '직권주의'다. 양쪽이 서로 다른 입장인데 우리나라는 변론주의를 기본으로 하되, 단점을 보강하기 위해 '석명권'과 같은 '직권주의' 개념을 도입했다.]

소송 개시 후 판사가 제일 먼저 하는 일, 사실인정

▶ 소송이 시작되면 판사는 제일 먼저 어떤 일을 할까? 도대체 무슨 일이 있었는지, 원고와 피고의 주장을 토대로 사실의 퍼즐을 맞춰 간다.

▶ 신호등이 없는 사거리에서 트럭과 SUV 차량이 부딪쳤다. SUV 차량이 사거리로 진입하는 트럭을 옆에서 들이받았다. 과실 비율이 문제가 되었다. 원고는 보험회사에서 나온 사람이었고, 피고는 트럭 운전자였다. 판사는 원고와 피고가 제출한 준비서면(상대방 주장에 대한 반박과 증거를 담아 제출하는 서류 자료)을 살펴보았지만 뭔가 찾는 내용이 없었던 모양이다. "원고, 사건 발생 도로를 찍은 사진이 없나요? 가능하다면 양쪽 도로폭이 얼마나 되는지 재서 제출해 주시고, 그게 힘들면 도로폭을 알 수 있게 사진이라도 찍어서 제출하세요." 판사는 제출된 자료만으로는 누구에게 통행 우선순위가 있었는지 판단을 내리기 어렵다고 보고 추가적으로 '사실'을 요청한 것이다(길이 만나는 지점에서는 큰 길을 달리는 차에게 통행의 우선순위가 있다.).

▶ 한편 판사는 사실 관계를 확인하기 위해 트럭 운전자인 피고에게 사거리에 진입하기 전에 일시정지를 했는지 물었다. 피고는 '아니, 천천히 들어가고 있었습니다.' 하고 대답했다. 판사가 재차 물었다. '그러니까 일시정지를 하지 않았다는 말이죠.' 피고가 마지못

해 대답한다. '네.'

▶ 신호등이 없는 사거리에서는 운전자에게 서행 혹은 일시정지의 의무가 있다. 판사는 트럭 운전자의 과실 정도를 따지기 위해 멈췄다 진입했는지, 속도만 늦춰서 진입했는지 물은 것이다(사실 확인).

▶ 또 다른 사건이다. 피고 자리에는 병원 측 소송대리인이 앉아 있고, 원고 자리에는 피해를 주장하는 환자 측 소송대리인이 앉아 있다. 판사는 자료를 살펴보더니 '의료 사건이라서 제가 이해하기 어려운 점이 있다'며 원고와 피고가 볼 수 있도록 법정 왼쪽 벽에 자료 화면을 띄워놓고 구체적으로 묻기 시작한다. "피고, 그러니까 준비서면에서 말한 내용이 이 자료를 말하는 건가요?" 피고의 소송대리인으로 참석한 변호인이 서류를 뒤적이기 시작한다. "음, 잠시만요." 그러고는 한 1분 정도 법정은 서류 넘기는 소리만 들린다. 잠시 후 피고 측 소송대리인이 답변한다. "네, 맞습니다." 판사나 소송대리인도 이해하기 힘든 전문 지식이 등장하면 진행이 어려워지기 마련이다. 특히 이 사건은 '진료감정'이 아직 나오지 않은 상태. 환자가 입은 피해가 어느 정도인지, 혹시 예전에 다친 곳은 아닌지 여러 가지 감정이 필요한 상황이었다. 그날 변론기일은 판사가 궁금했던 점을 물어보고, 진료감정 결과가 나온 이후에 다시 기일을 잡자는 말로 마무리되었다. 판사는 자신이 납득할 수 있을 만큼 충분히 설명된 주장을 요구한다.

▶ 판사가 이처럼 사실 파악에 온 정신을 쏟고 있는데 불필요한 사정까지 미주알고주알 늘어놓고 있다면 과연 묵묵히 들어주고 맞장구 쳐줄 판사가 있을까? 판사는 법률적 판단과 무관한 각자의 사정에는 관심을 기울이지 않는다.

▶ 판사는 판결문을 작성할 때 왜 이런 판결을 내렸는지 이유를 적어야 한다. 그런데 판결문에 '피고가 이런 저런 사정이 있다고 주장하는데 들어보니 사실 확인은 안 되지만 차마 안쓰러운 마음이 들어서 원고 패소 판결을 내린다'라고 적을까? 말이 안 되는 소리다.

▶ 이 시각 차이를 좁히자. 판사의 사고방식에 익숙해지지 못하면 의미 없는 변명만 붙잡고 있느라 적절한 대응방안을 강구하지 못하게 된다. 패소 후에 이마를 치면서 실수를 자각해도 때는 늦다.

▶ 만일 판사 입장에서 사실이 분명하게 드러나지 않으면 어떻게 될까? 예컨대 사체 유기(사체를 내다 버림) 사건의 경우 만일 사체가 발견되지 않으면 '유기'를 어떻게 확인해야 할까? 사체 발견은 유죄 판결에 큰 증거가 된다. 다른 간접증거를 통해서 유기된 사실을 입증하는 경우도 있지만 만일 의심이 가시지 않는다면 '유기했다'는 사실 자체가 의심을 받아 형사소송은 무죄 판결로 종결될 가능성이 높다. 민사재판도 마찬가지로, 사실이 분명하게 드러나지 않아서 요건사실 자체가 의심을 받으면 사건은 기각된다.

▶ 한편 사실은 명확하지만 판결이 애매하거나 서로의 양보가 필요할 때가 있다. 예컨대 교통사고 과실 비율과 같이 피해자의 과실이 30%냐 40%냐를 가리는 일이 쟁점이 되면 판사는 종종 현실적인 이유를 들어 35% 등 절충안을 제시하며 화해권고를 하기도 한다. 잘못이 30%냐 40%냐를 결정하는 절대적인 기준이란 게 존재하지 않는데다 사실이 아무리 명확해진다고 한들 사실을 숫자로 바꾸는 일에는 어차피 가치관이 개입할 수밖에 없기 때문에 판사는 이처럼 중재안을 제시하는 것이다.

▶ 물론 중재안에 대해 어느 한쪽이라도 2주 안에 '나는 받아들일 수 없다'고 이의를 제기하면 판사는 다시 재판을 진행시켜서 30%든 40%든 혹은 35%든 판결을 내리게 된다. 그런데 특별한 증거나 이유 없이 감정적으로 이의를 제기한 사람에게 판사는 다소 불리한 판결을 내린다는 게 지금까지의 대체적인 경험이다.

▶ 참고로, 판사가 변론 진행 도중 민사조정회부나 화해권고결정을 내리는 경우가 생각보다 많음을 기억하자. 그만큼 사실 관계가 애매한 경우도 많다는 얘기고, 당사자 간에 양보가 필요한 경우도 많다는 말이다. 만일 그때까지 진행상황이 불리하게 느껴지지 않는다면 조정이나 화해권고를 거부하고 소송을 계속 진행시키는 것도 요령이다. 다만 이의신청을 하여 조정이나 화해를 거부하면 불이익이 따를 수 있음을 감안하자.

▶ 이야기를 정리하자. 원고와 피고가 소장/답변서/준비서면 등 서류를 제출하면 판사는 변론, 증거 조사 등의 과정을 거쳐 이 가운데서 사실이 무엇인지 가린 뒤, 마지막으로 법조항을 적용하여 판결에 이른다. 다시 말해 주장과 증거자료 제출은 원고와 피고의 몫이고, 사실 인정과 법리 적용 등은 판사의 몫이다. 이를 정리하면 판사가 하는 일은 다음과 같다.

주장과 증거 검토 → 사실 인정 → 법조항 적용 → 판결

▶ 이 과정은 판사 고유의 영역으로 원고와 피고는 그 이전 단계, 즉 주장과 증거 제출에 힘써야 한다.

• **절차상 판사가 제일 먼저 하는 일은 소송요건 확인**

판사가 소장을 받아들면 제일 먼저 소장이 소송요건을 갖추었는지부터 살핀다. 관할법원이 맞는지(법원에 관한 소송요건), 당사자 능력, 당사자 적격, 소송 능력이 있는지(당사자에 관한 소송요건), 그리고 소의 이익, 제소기간 등은 어떤지(소송물에 관한 소송요건), 당사자가 여럿이거나 청구취지가 여러 개 있을 때 이번 한 번의 소송으로 할 수 있는지(병합요건) 확인한다.

만일 소송요건을 갖추지 못한 소장이라면 소각하 명령이나 소각하 판결을 내리게 된다. 관할을 잘못 기재한 경우 해당 법원으로 사건을 넘기거나 원고에게 '소를 취하하고 시간 등을 고려하여 다시 소를 제기하라'고 권유하기도 한다. 참고로, '소각하'는 판사가 하는 것이고, '소취하'는 원고가 직접 해야 한다.

민사조정이란?

▶ 소송을 진행하다 보면 돈을 빌린 피고가 '돈은 갚겠다. 다만 사정이 어려우니 약간 감액을 해주고 시간을 달라'고 하거나 혹은 원고가 억울하기는 한데 증거 등이 부족하여 판결로 가면 패소가 뻔히 보이는 경우처럼, 타협점이 필요할 때가 있다. 이럴 때 조정에 회부하기도 한다.

▶ 조정 회부는 원고나 피고 모두 요청할 수 있고, 판사가 재량에 따라 조정에 넘기는 경우도 있다. 혹은 처음부터 소송이 아니라 '민사조정절차'에 따라 조정 신청을 하여 이루어지는 경우도 있다.

▶ 처음부터 '민사조정'을 신청하려면 소장 대신 '조정신청서'를 작성하여 관할 법원에 제출한다. 소장과 크게 다를 것이 없으므로 '소장 작성법'을 익히면 얼마든지 작성할 수 있다.

▶ 조정에 회부되거나 조정신청서를 접수하면 '조정기일'이 잡힌다. 조정기일이 되면 원고와 피고의 참석 아래, 조정담당판사나 조정위원, 조정위원회가 조정절차를 진행한다. 이들은 원고와 피고의 주장을 듣고 타협점을 찾아 조정안을 제시한다. 원고와 피고가 조정안에 이의를 제기하지 않으면 합의한 내용을 조정조서에 작성

하게 된다.

▶ 조정은 소송과 달리 자유로운 분위기에서 자기 의견을 말할 수 있으며, 1회 기일 출석만으로 사건이 마무리될 수 있다. 조정신청의 수수료는 통상 민사 소송비용(민사소송등인지법제2조에 따라 산출)의 10%만 내면 된다.

▶ 처음부터 소송 대신 조정을 신청했으나 타협점을 찾지 못할 경우, 법원은 상당한 이유가 없는 한 직권으로 조정안을 만들어 조정에 갈음하는 결정서를 내보내게 된다. 결정서를 송달받은 후 14일 이내에 이의를 제기하지 않으면 조정절차는 완료되며, 만일 이의를 제기하면 조정절차는 중단되고 소송이 시작된다.

▶ 조정은 재판상 '화해'와 같은 효력을 가진다. 따라서 조정이 완료된 후에는 소송을 걸 수 없으며, 조정에서 합의된 사항을 이행하지 않으면(조서에 기록된 내용) 법원에 강제집행 신청이 가능하다. 강제조정의 경우 재판상 '판결'과 같은 효력을 가진다고 설명하는데 '판결'이나 '화해', '조정'의 효력은 같다고 보면 된다.

▶ 소송 중에 판사가 직권으로 조정결정을 내리는 경우도 있다. 소송 중에 결정된 조정에 대해서 원고나 피고 가운데 한 명이라도 이의를 제기하면 다시 본안소송이 진행된다. 그러나 이의를 제기하지

않으면 조정이 되어 현장에서 거의 결정되며 소송은 그대로 종료되고 조정조서가 작성되는데, 조정조서는 확정판결과 같은 효력을 지니게 되어 재심사유가 없는 한 다시 소송을 할 수 없다.

화해권고란?

▶ 먼저 법률상 '화해compromise'가 무엇인지 알아야 한다. '화해'는 원고와 피고가 합의하여 사건을 종결시키는 것을 말한다. 형사소송에서는 합의가 양형조건(유죄 판결 이후 어떤 형을 내릴 것인지 결정할 때 참고하는 것)일 뿐 사건은 종결시킬 수 없다(친고죄 등 일부 예외). 반면 민사소송에서는 합의를 하면 소송이 끝난다.

▶ 화해권고는 판사가 직권으로 원고와 피고에게 '합의하고 끝냅시다.' 하고 서로 화해를 권하는 것을 말한다.

▶ 판사가 화해권고결정을 내리면 합의 내용이 적힌 결정서를 원고와 피고에게 송달한다. 원고와 피고가 송달을 받은 날로부터 2주 이내에 이의신청을 하지 않으면 화해가 이루어진 것으로 보고 사건은 종결된다. 화해가 되면 조정과 마찬가지로 소송을 제기할 수

없고 만일 결정이 이행되지 않으면 강제집행을 할 수 있다.

▶ 조정과 다른 점은, 조정은 현장에서 판사가 조정안을 제안하여 조정조서를 작성하는 반면 화해권고는 나중에 우편으로 화해권고결정서를 보내서 이의가 없다면 확정하는 식이다.

다툼 없는 사실은 '사실'로 인정된다

▶ 판사가 사실을 그려갈 때 기준으로 삼는 게 두 가지가 있다. 하나는 다툼 없는 사실이고, 다른 하나는 증거다.

▶ 첫 번째 변론기일이 되어 원고와 피고가 좌석에 앉았다. 판사가 피고를 향해 '제가 지금 하는 말을 잘 들으세요.' 하고 주의를 환기시킨 후 소장의 내용 중 쟁점이 될 만한 부분을 하나씩 읽는다. "원고 아무개는 피고 아무개에게 2013년 5월 5일 금100원을 빌려준 사실이 있습니다. 피고 맞나요?" 피고가 대답한다. "네." "피고 아무개는 2014년 5월 4일까지 돈을 갚기로 하고 연 24%의 이자를 매달 지급하기로 약속한 사실이 있습니다. 피고 맞나요?" 피고가 대답한다. "네." 이와 같이 변론기일에 피고에게 원고의 주장이 맞는지 묻는 경우가 간혹 있다. 원래는 피고가 답변서를 통해 원고의 어떤 주장을 부인하는지, 다툼이 없는지 밝혀야 하는데 애매하게 표현했기 때문에 판사가 '다툼 없는 사실'이 무엇인지 명확히 하기 위해 질문을 던진 것이다.

▶ 다툼 없는 사실이란 원고와 피고가 모두 인정하는 사실을 말한다 (양쪽이 다 인정하면 증거가 없어도 사실로 인정받는다. 그게 다툼 없는 사실이다.). 이에 대해서는 판사도 자유롭지 못하다. 법은, 판사가 다툼 없는 사실과 배치되는 판결을 내릴 수 없도록 규정하고 있다.

▶ 만일 피고가 '이자를 주기로 한 적이 없다'고 주장하면 그때 '쟁점(다투고 있는 사실)'이 분명해지며, 판사는 쟁점을 중심으로 증거를 살펴보며 누구의 말이 사실인지 따지게 된다.

▶ 다툼 없는 재판은 거의 없다. 만일 피고가 변론이나 답변을 통해 원고의 청구를 순순히 다 인정한다면 사건은 변론 과정을 거치지 않고 바로 끝난다(청구인락조서 작성). 그리고 피고가 아무런 답변이 없으면 사실상 인정하는 것이 되어(이를 '의제자백'이라고 한다.) 변론을 거치지 않고 판결로 넘어간다(무변론사건). 대부분의 경우는 다툼이 있기 마련이며, 그래서 증거가 필요하다(보통 변론기일에 가면 '갑제1호증을 증거로 채택합니다'라고 판사가 선언하는 것을 볼 수 있다. '증거로 받아들인다'는 말이다. 물론 이 말은 그 증거가 뒷받침하는 주장이 사실이라고 선언하는 것은 아니고, 다만 증거로 받아들였다는 말이다. 한편 형사소송과 달리 민사소송은 증거에 제한이 없다.).

판사가 사실과 거짓을 가리는 첫 번째 기준, 증거

▶ 증거란 특정 주장이 사실임을 입증하는 자료를 말한다. A가 대학교를 졸업했다면 졸업증명서가 있을 것이다. 졸업증명서는 A의 대학 졸업 사실을 입증한다. 그런데 같은 시기에 같은 과를 다녔다는 사람이 '나는 그런 사람을 본 적이 없다. 우리 과는 교양필수과목으로 문화인류학수업을 들어야 하는데 당시 교수님에게 확인한 바로는 A는 수업에 들어온 적도 없고, 출석부에도 이름이 없었

다고 한다. 이 수업을 이수하지 못하면 졸업이 불가능하다. 그러므로 A가 제출한 졸업증명서는 위조한 것이다.'라고 진술하면서 교수님의 출석부와 진술서를 증거로 제출하면 어떻게 될까? 이때부터 상황은 안개 속에 빠진다.

▶ 증거란 이처럼 언제든지 반대되는 증거에 부딪칠 수 있다. 그래서 판사는 '고도의 개연성high probability이 있는 증명'을 요구한다. 그런데 '고도의 개연성'이란 무슨 뜻일까? 먼저 '개연성'이란 '그럴 가능성이 있다'는 뜻이다. 예컨대 오이 밭에서 누군가 허리를 숙이고 손을 쭉 뻗고 있다면 우리는 그 사람이 오이를 따고 있을지도 모른다고 추측한다. 그러나 속담처럼 그 사람은 신발 끈을 매고 있을지도 모르는 일이므로 이는 추측에 불과하다. 이런 것을 '개연성'이라고 한다. 단순히 개연성이 있다는 것만으로는 사실을 인정하지 못한다. 그래서 '고도'의 개연성이 필요하다고 말한다.

▶ 고도의 개연성이란 어느 정도의 신뢰도를 말하는 것일까? 제한된 환경에서 매번 같은 결론을 도출할 수 있는 과학 실험이나 법칙처럼 100% 확실한 것이어야 할까? 물론 자연법칙과 같은 수준은 필요하지 않다. 그 정도까지 증명해야 한다면 판결을 내릴 수 있는 사건은 거의 없다. 그럼, 판사가 요구하는 '고도의 개연성'은 어느 정도의 수준이어야 할까? 유명한 격언이 있다. '100명의 범인을 놓치더라도 1명의 억울한 시민을 만들지 말라.' 이 말은 형사

재판에 적용되는 격언으로 '합리적 의심이 없을 정도의 증명'이 있기 전에는 유죄를 선고할 수 없음을 의미한다. 합리적인 의심이란 이치에 맞는 의심이 가능하다는 말이다(합리적 의심은 딱 정해진 어떤 기준이 있는 게 아니라 변호사나 검사의 역량에 따라 조금씩 달라지기 마련이다. 실력 없는 변호사라면 검사의 주장에 합리적인 의심을 하기 어려울 수 있다.). 그러나 민사사건 판결에 필요한 증명의 수준은 형사재판보다 낮다. 이런 증명 수준의 차이 때문에 형사사건에서는 '합리적 의심이 가능하다'고 보고 무죄 판결을 받아도 민사사건에서는 죄(불법행위)가 인정되어 패소하는 경우도 발생한다.

▶ 정리하면 '고도의 개연성'이란 '개연성'보다는 높지만 '합리적인 의심이 없는 상태'보다는 낮은 수준을 말한다. 이런 내용은 판례에서도 잘 보여주고 있다.

> "여기(민사사건)에서의 증명은 판사의 심증이 확신의 정도에 달하게 하는 것을 가리키며, 그 확신이란 자연과학이나 수학의 증명과 같이 반대의 가능성이 없는 절대적 정확성을 말하는 것은 아니지만 통상인의 일상생활에 있어 진실하다고 믿고 의심치 않는 정도의 고도의 개연성을 말하는 것이고, 막연한 의심이나 추측을 하는 정도에 이르는 것만으로는 부족하다(대법원 2009다56603판결)"

▶ 대법원 판례를 보면 '통상인의 일상생활에 있어 진실하다고 믿고 의심치 않는 정도'라는 말로 '고도의 개연성'을 설명한다. 또한 막연한 의심보다는 수준이 높아야 하고, 수학의 증명 정도의 수준까지 이를 필요는 없다고 말한다.

▶ 그런데 이런 설명 역시 피부에 와 닿지는 않는다. '통상인'이란 누구이며, 어느 정도의 학력과 지력을 갖고 있는 사람을 말하는 것일까? 판결에서도 그 의미를 찾기 어렵고, 인터넷 포탈에서도 그 기준을 찾기 어려울 정도로 '통상인'이란 애매한 개념이다.

▶ 한편 '고도의 개연성'보다는 차라리 '상대방보다 나은 정도의 증명'이라고 보는 게 이해도 편하고 접근도 쉽다. 민사사건이란 원고와 피고의 다툼이므로 상대방보다 더 설득력이 높은 증거를 제출하는 사람이 이기는 것이 아닌가?

▶ 물론 부실한 증거를 놓고 한쪽의 손을 들어줘야 하는 경우라면 상대방보다 나은 정도의 증명이라는 것 자체가 무의미해진다. 따라서 이 정도로 이해하면 증명도에 대한 설명은 어느 정도 정리가 될 것 같다. "민사소송의 판사는 자신이 보기에 의심이 완전히 사라진 정도까지는 아니더라도 어느 정도 증명이 되고, 또한 상대방이 제출한 증거보다 낫다고 판단되면 그 사람이 말하는 주장을 사실로 받아들인다."

▶ 다만, 이렇게 정리를 하더라도 판사 입장에서 끝까지 '의심이 사라졌다'고 보기 어려운 경우에는 입증을 촉구하거나 판결을 계속 미루게 되며 종국에는 '조정회부'나 '화해권고' 결정을 내리는 경향이 매우 크다는 점을 기억하자. 생각보다 많은 민사소송이 강제조정이나 화해권고결정으로 종국을 맞는다. 그러므로 소송을 제기하기로 마음을 먹었다면 섣부르게 '이 정도 증거면 충분하다'고 판단하지 말고 최대한 많은 자료를 모으는 게 승소로 가는 지름길임을 알아야 한다(다시 한 번 강조하지만, 증거를 모으는 것은 최대한 많이, 증거를 제출하는 것은 상황에 따라!).

- **영미 소송에서 각종 증명도**

다음 표는 영미의 소송에서 각종 증명도를 설명한 내용이다(류혁상, 권창국, p.55, Ronaldo V. Del. Carmen, Creminal Procedure 3rd edt, Kiran Publishing Inc., 1995. p96). 표를 보면 증명도를 숫자로 보여주고 있음을 알 수 있다. 우리나라 소송과 100% 맞지는 않지만 '고도의 개연성'을 이해하는 데 참고 자료가 된다. 대부분의 내용은 형사소송과 관련된 내용이고, 중간에 '증거의 우세'가 민사소송 관련 내용으로 볼 수 있을 것이다.

증명단계	확실성 정도	절차유형
절대적 확실성 (absolute certainty)	100%	어떤 법절차에서도 필요치 않음

기준	정도	적용
합리적 의심의 해소 (beyond reasonable doubts)	95%	피고인의 유죄 인정, 모든 범죄구성 요건의 입증
명백하고 설득력 있는 증거 (clear & convincing evidence)	80%	보석기각, 정신이상 방어에서 요구하는 주가 있음
상당한 이유 (probable cause)	50% 이상	영장발부, 영장 없는 수색·압수·체포, 배심기소, 검사기소, 사인의 체포
증거의 우세 (preponderance of evidence)	50% 이상	민사소송 승소, 형사상 적극적 방어
합리적 혐의 (reasonable suspicion)	20%	경찰의 불심검문(stop & frisk)
혐의 (suspicion)	10%	경찰 또는 대배심 조사의 개시
합리적 의심 (reasonable doubts)	5%	피고인의 무죄 인정
육감 (mere hunch)	0%	어떤 법적 절차에서도 불충분
정보 없음 (no basis for knowledge)	0%	어떤 법적 절차에서도 불충분

판사가 사실과 거짓을 가리는 두 번째 기준, 일관성

▶ A는 얼마 전 성폭력으로 고소당하고(피해자 B로부터) 1심 판결에서 강간죄로 판결을 받았다. 그 뒤 A는 변호인을 찾아 항소심을 준비했다. A의 변호인이 B의 경찰 진술과 검찰 진술 등을 살펴보고, 몇 가지 부분에서 말이 달라진 내용과 모순을 발견했다. A의 변호인은 이런 내용을 변론서 등에 적어 수차례 법정에 제출했다.

▶ 한편, 필자도 이 사건을 함께 검토하게 되었는데 자료를 살펴보니 피해자의 진술 내용 어디에도 직접적으로 성적 접촉이 있었다는 내용이 언급되어 있지 않았다. 이게 무슨 말인가? B가 A를 강간죄로 고소했는데 진술 내용에 강간에 해당하는 구체적인 내용이 전혀 없었던 것이다. 필자는 이 점을 들어서 최소한 이 사건은 강간죄가 아님을 주장했다.

▶ 얼마 뒤 2심 판결이 났다. 판사는 강간죄에 대한 항변을 받아들여 강간 대신 강제추행으로 사실인정을 다시 했으며, A는 벌금형으로 석방되었다.

▶ 필자를 포함하여 A의 변호인들이 한 일은 무엇일까? 새로운 증거 찾기? 아니다. 우리는 피해자인 B의 진술만 살폈다. B의 진술에서 앞뒤가 다른 이야기를 찾으려고 했던 것이다. 실제로 판결을 뒤집었던 '강간과 관련된 진술이 없음'이라는 점도 일종의 앞뒤가 맞지 않는 이야기다. 도둑을 당했다면 어떤 물건을 잃어버렸는지 그 사실이 기술되어야 하는데 그게 없다면 뭔가 앞뒤가 안 맞는 게 아닌가? 마치 사람을 죽였는데 시체가 없는 상황과 유사하지 않은가? 이와 같이 여러 차례 되풀이되는 진술에서 기억이 달라지거나 혹은 말이 달라지는 경우, 판사는 '일관성consistency이 없다'고 보고 의심을 하기 시작한다.

▶ 증거가 '사실 인정'의 유일한 수단은 아니다. 판사는 증거 외에도 일관성을 유심히 살펴본다. 증거가 충분하다면 좋겠지만 그렇지 못한 경우가 많다. 그래서 판사는 원고나 피고 혹은 증인이든 참고인이든 그들의 말이 일관되게 한 방향을 가리키고 있는지 살핀다. 만일 앞뒤가 맞지 않는 말이 나오거나 말을 바꾸게 되면 일관성이 깨진 것으로 보아 의심을 하게 된다. 즉 신빙성에 금이 갈 수 있다는 말이다.

▶ 다시 말해, 일관성도 하나의 증거라고 보면 된다. '일관성이 곧 증거'라는 차원에서 보면 당사자의 주장도 증거가 된다. 일관된 주장을 펼치는 사람과 말이 자꾸 바뀌는 사람이 있다면 누구라도 일관성을 지닌 사람의 편을 들지 않겠는가? 그래서 이런 격언도 있다. "거짓도 일관되면 진실이 되고 진실도 어긋나면 거짓이 된다." 법정에서 일관성이란 심지어 증거보다도 우선시되는 경향이 있다. 10가지 증거 가운데 1가지 증거가 9가지 증거와 배치된다면 그가 주장하는 이야기는 과연 사실일까? 하고 의심하기 때문이다.

▶ 따라서 일관성은 목숨처럼 지켜야 한다. 소송 전에 사실 관계를 잘 정리하고 잘 숙지해야 하는 이유도 일관성 때문이다. 일관성이 유지된다면 승소 가능성은 저절로 높아지기 마련이다.

# 판사가 사실로 인정하는 것 4가지

① 자백한 내용 : '자백'이라는 단어의 뉘앙스가 마치 뭔가를 다 털어놓는 것처럼 보일 수도 있다. 그런데 민사에서 말하는 '자백'은 상대방의 주장을 내가 인정하는 것이다. 쉽게 말해 '다툼 없는 사실'을 의미한다. '자인했다'라든가 '다툼이 없다'라는 표현이 모두 '자백'에 해당한다. 만일 원고든 피고든 자백을 했다면 판사는 자백한 내용에 대해서 반대되는 사실을 인정할 수 없다. 착오로 한 자백 말고는 취소가 불가능하고, 자백 내용에 대해서는 따로 증거가 필요 없다. 다만 자백의 대상은 요건사실에 대해서만 효력이 있다(예를 들어, '돈을 빌린 적이 있는가? - 있다. - 2010년 2월 1일까지 돈을 갚기로 했는가? - 그렇다'와 같이 소송에서 법률적 효과를 일으키는 사실에 대해서만 자백을 증거 없이 사실로 인정한다는 말이다.).

② 현저한 사실 : 소송 절차에서 조사할 것까지도 없이 이미 판사가 명확하게 알 수 있어서 조금도 의심할 여지가 없을 정도로 인식하는 사실이거나, 굳이 자백의 형태가 아니더라도 다툼이 없고, 뻔히 드러나는 사실을 '현저한 사실'이라고 말한다. 이 역시 증거가 필요 없이 사실로 인정된다. 다만 '현저한 사실'로 인정되는 '사실'이란, 통상인이라면 모두 아는 사실과, 판사의 직무상 현저한 사실에 한정된다.

③ 증거조사 결과 : 다툼이 있는 사실에 대해서 '고도의 개연성이 있는 정도'의 증명이 된다면 이를 통해 사실로 인정한다. 고도의 개연성은 통상인이 보기에 의심하지 않을 정도이며(판사가 아니라 일반인이라고 본다.), 여러 가지 다른 해석이 가능할 때는 이 가운데 가장 가능성이 높은 것을 놓고 이를 다른 증거나 주장 등을 통해 검증하여 사실을 인정한다.

④ 변론의 전체 취지 : 주장이나 증거 외에 나머지 정황을 모두 '변론 전체의 취지'라고 한다. 증거를 제출하는 시기, 소송당사자의 변론 태도 등이 모두 이에 속한다. 일관성도 이에 포함된다.

마지막 절차, 인정된 사실에 법조항 적용

▶ 양측이 모두 인정하는 내용(다툼 없는 사실)과, 증거 또는 일관성을 토대로 판사는 사실 관계를 정리한 뒤 마지막으로 당사자들의 주장을 살핀다. 예컨대 피고가 A라는 행위를 한 것이 사실로 드러났다. 그런데 그 A라는 행위가 원고의 주장대로 피고가 원고를 속여서 금전적으로 손해를 끼친 것이라면 피고의 A라는 행위는 법률을 어긴 것이 되므로 원고 승소 판결을 내리게 된다. 반대로 원고의 주장대로 피고가 A라는 행위를 한 것은 맞지만 그게 법을 어기는 행위가 아니라고 판단되면 원고의 주장은 이유가 없으므로 원고는 패소하게 된다. 이 과정을 '법 적용'이라고 한다.

▶ 원고의 자리에는 보험회사의 소송대리인이 앉았고, 피고의 자리에는 교통사고 피해자가 앉았다. 판사가 소장을 보더니 원고 측 소송대리인에게 묻는다. "피고가 지금까지 33번이나 교통사고를 당했다는 게 사실인가요?" 원고 측 소송대리인이 대답한다. "네." 판사가 다시 묻는다. "그래서 보험 사기라고 주장하시는 거죠?" 원고 측 소송대리인이 대답한다. "네, 맞습니다."

▶ 교통사고야 하루에도 수십 건씩 발생한다. 그런데 같은 사람이 33번의 교통사고를 당했다고 하면, 누구라도 의심이 가기 마련이다. 만일 원고의 주장이 사실이라면 피고가 보험사기범이 되고, 반대로 피고가 정말 세상에서 가장 재수 없는 사람 중에 한 명이라면

피고의 교통사고는 위법한 내용이 아니므로 사기죄는 성립하지 않게 된다. 이 사건의 쟁점은 피고가 보험금을 타내기 위해 의도적으로 교통사고를 당했는지 여부다(이 사실은 원고가 입증해야 한다.).

▶ 한편 판사는 원고가 입증한 사실을 바탕으로, 이를 법률에 적용하여 최종 판결을 내린다. 이를 위해 판사는 법조문이나 학설, 판례를 참고한다. 당사자를 비롯하여 소송대리인의 입장에서도 이 사건에 적용할 법조항이나 학설, 판례를 제공할 수도 있으며(소송 당사자가 이를 제공할 의무는 없다.), 만일 그것이 충분하지 않을 때는 판사가 찾게 된다(법 적용은 판사의 몫이다.). 특히 판사는 판결을 내리기 위해서는 판결문을 작성해야 하는데 이를 위해 '법리 구성'을 해야 한다. '이 사건은 이러이러한 이유로 법을 어겼으므로 이렇게 판결을 내린다'는 내용이 담긴 게 법리 구성이다. 보통 법리 구성을 하기 위해 판사가 가장 많이 참조하는 게 다른 판사들의 판례이다. 그래서 판결문을 보면 다른 판례를 인용한 내용이 많이 보인다.

판례 찾아서 제출하기

▶ 앞서 우리는 원고와 피고는 '주장'과 '증거' 제출에 힘을 쓰고, 나머지 사실 인정과 법률 적용은 판사에게 맡기면 된다고 말했다. 그러나 '사실 인정'과 '법률 적용'에 필요한 이론이나 판례를 제공하지 말라는 말은 아니다. 판사가 모르고 있을 리는 없겠지만 판

사의 심증을 굳히거나 혹은 드물게, 놓치고 있는 경우가 있으므로 관련 이론과 판례를 찾아서 제출하면 좋다.

▶ 예전 사건이다. A는 투자 가치가 높다는 B의 말을 듣고 8억 원을 들여 땅을 구입했다. 그런데 알고 보니 토지거래 허가를 받을 수 없는 땅이었다. 8억이나 주고 매입할 만큼 가치가 큰 땅도 아니었다. '속았다'는 생각에 매매계약을 엎고 돈을 돌려받으려고 했다. 그러나 B가 순순히 말을 듣지 않자 필자를 찾아왔다.

▶ 우리는 B가 '기망행위(이익을 얻기 위해 속인 행위)'를 했으므로 그 계약을 취소하고, 부당이득(매매대금 + 지연손해금)을 돌려달라는 취지로 소송을 제기했다.

▶ 그런데 문제가 있었다. 기망행위는 인정받기 어려운 경우가 많았고, 이 사건의 경우도 B의 행위가 '기망행위'로 인정될지 불확실한 측면이 있었기 때문이다.

▶ 마침 필자는 유치권 관련 책자를 준비하기 위해 법원도서관에 수시로 다니며 다양한 판례를 찾아보고 있었다. 그런 시기에 의뢰받은 사건이어서 자연스럽게 관심을 갖고 관련 판례가 없는지 자료를 뒤진 끝에 하급심 판례 하나를 손에 넣게 되었다.

▶ 하급심 판례에 따르면, 토지거래 허가를 받지 못하는 경우는 '유동적 무효'가 된다. 무효는 무효인데 상황에 따라 달라지는 무효라는 말이다. 실제로 아직 A는 토지거래를 신청한 적이 없었고, 어떤 결과가 나올지 모르는 상태였다. 이런 애매한 상태에 놓인 게 A의 입장이었다. 그런데 이 판례는 '허가 신청 전이라도 확실히 허가를 받을 수 없다면 확정적으로 무효가 되어 이미 준 매매대금을 부당이득으로 반환청구할 수 있다'고 판시하고 있었다.

▶ 판례의 한 문장이 '유동적 무효'를 '확정적 무효'로 바꾸어주면서 부당이득 반환을 청구할 수 있는 길이 열린 것이다. 많지는 않지만 잘 찾은 판례 하나가 열 증거 부럽지 않은 결과를 낳는 일이 종종 벌어진다.

▶ 물론 판례나 법조항의 이야기가 되면 이제는 전문 영역이 된다. 만일 변호사를 선임하는 경우라면 이런 점에서 유리한 점은 분명히 있다. 특히 판사라고 모든 판례를 다 아는 게 아니기 때문에 열심히 뛰는 변호사가 여러분의 뒤를 봐준다면 사건에 유리한 판례를 제공하여 결과를 좋게 만들 수도 있다.

▶ 판례를 찾으려면 다음 방법을 활용해 보자.

① 기본적인 판례는 민법이나 민사소송법 혹은 민사법 참고서 등

을 보면 해당 법조문에서 찾을 수 있다.

② 대법원 사이트 www.scourt.go.kr 에 접속한다. '대국민서비스'를 클릭하여 새 화면이 뜨면 우측의 '종합법률정보'를 클릭한다. 검색창이 뜨면 검색대상을 '전체'가 아닌 '판례'에 체크하고 검색창에 검색어를 타이핑하여 찾는다. 대법원 사이트에서 찾을 수 없는 판례는 대법원 법원도서관으로 가서 판결문 검색/열람 신청을 하여 직접 찾아보는 방법도 있다.

③ 네이버나 다음, 구글 등 검색 사이트에서 직접 검색해 보는 방법도 좋다. 요즘은 변호사나 법무사들이 관련 정보를 많이 올려서 판례도 많이 검색된다.

▶ 자, 지금까지 이야기한 것이 판사의 생각을 읽을 수 있는 주제들이었다. 판사가 철저히 이성적으로 사건을 바라보고 있다는 점을 충분히 이해했으리라 생각한다. 그럼에도 불구하고 판사 역시 감정을 가진 사람임을 기억하자. 만일 여러분이 판사와 같은 관점에서 자료를 제출했다면 마지막으로 감정에 호소하는 방법을 써봄 직하다. 처음부터 감정에 호소하는 것보다 판사가 원하는 자료를 제출한 뒤에 부족하다고 생각되는 점에 대해 호소하는 게 바람직하다. 탄원서도 한 가지 방법이고, 한두 마디 정도의 하소연도 가능할 수 있다.

판사의 사고방식을 조금 더 깊이 읽기

앞의 이야기로도 충분하다고 보지만, 조금 어려운 이야기로 들어가 보자. 이 이야기까지 보고 나면 판사의 사고방식을 더 깊이 이해할 수 있을 것이다.

1. 벌어진 사건의 전모를 밝히기 위해 판사가 사용하는 2가지 방식

▶ 판사는 벌어진 사건의 전모를 그리기 위해 가설과 증거를 활용한다.

▶ 판사가 사건의 전모에 접근하는 방법은 크게 두 가지다. 첫째는 증거 자료를 통해서 사실을 찾아가는 방식이다. 판사는 과학적 법칙이 아닌 경험적 법칙, 즉 경험칙에 따라 각각의 증거를 평가하여 개별 사실을 추론해 가며, 이렇게 인정된 사실을 토대로 사건의 전모를 그려간다.

▶ 둘째는, 가설을 통해서 증거를 검증하여 사건의 전모를 그리는 방식이다. 판사는 사실을 추론하기 위해 먼저 가설을 세운다. 원고와 피고의 주장을 검토하여 사건의 그림을 그린 뒤 여러 증거나 정황 등을 하나씩 이 가설에 맞춰보며 이상이 없는지 검증한다. 만일 가설에 어긋나는 증거가 나오면 가설을 변경한다.

▶ 가설을 세우는 방식을 조금 더 구체적으로 살펴보면 이렇다. 판사는 우선 1) 다툼이 없는 사실과 2) 증거로 뒷받침되는 사실을 모은다. 이를 토대로 당사자의 주장을 검토하여 사실관계에 대한 가설을 세운다.

▶ 가설은 한 개일 때도 있고, 2개 이상일 때도 있다. 가설이 한 개라는 말은 그 이상의 가능성을 찾을 수 없다는 말로, 사실이 명확할 때다. 반면 2개 이상의 가설이 있다는 말은 아직 사실을 확정할 수 없는 단계로 추가적인 주장과 증거가 필요하다는 말이다. 다시 변론기일을 잡게 되고, 원고와 피고는 준비서면을 통해 판사가 사실을 그리는 데 도움이 될 만한 자료를 제출한다.

▶ 한편 2개 이상의 가설 가운데 상대적으로 설득력이 더 높아 보이는 가설도 있기 마련이다. 이 경우 판사는 설득력 높은 가설부터 검토하게 되는데 추가적인 주장과 증거를 통해 검증 과정을 거친다. 이 과정에서 가설은 수정하거나 새로 수립되며 더 이상 의심할 여지가 없을 때까지 검토는 되풀이된다.

▶ 다시 한 번 강조하지만 사실 인정은 판사 고유의 권한이다. 판사가 '이건 의심스럽다'고 말하면 그건 사실이 될 수 없다. 그런데 '이건 의심스럽다'고 할 때 판사가 활용하는 것은 증거만이 아니다.

▶ 법제202조는 '법원은 변론 전체의 취지와 증거조사의 결과를 참작하여 자유로운 심증으로 사회정의와 형평의 이념에 입각하여 논리와 경험의 법칙에 따라 사실주장이 진실한지 아닌지를 판단한다.'고 규정한다. 이 문장을 보면 판사가 1) 변론 전체의 취지 2) 증거조사의 결과를 바탕으로 판결에 이른다고 되어 있다. 이 가운데 2) 증거조사의 결과는 가설과 검증의 단계를 말하는 것으로 지금까지 죽 살펴본 내용이다. 그러면 1) 변론 전체의 취지란 무엇일까?

▶ 변론 전체의 취지는, 소송 활동 가운데 2) 증거조사의 결과를 제외한 모든 것을 말한다. 즉 당사자(원고, 피고)가 변론한 내용을 포함하여, 당사자나 대리인의 진술 태도, 준비서면 제출 시기, 당사자 변론 등을 들으면서 갖게 된 인상까지 모든 게 다 들어간다. 이런 여러 정보를 개별적으로 검토하는 데서 그치지 않고 정보 사이의 연관성을 깊게 고려한다.

▶ 냉정해야 할 판사가 마음에 남은 이미지까지 고려하여 판단한다는 게 조금 이상할 수도 있다. 그러나 판사는 모든 걸 다 아는 신이 아니다. 판사는 증거와 사실이 다소 부족한 상태에서 판결을 내려야 하기 때문에 스스로 확신을 가져야 한다. 이 정도면 분명 사실이다, 라고 마음으로 확신을 가질 수 있어야 한다. 그러다 보니 증거 이외의 정보까지 살피게 되고, 따라서 원고나 피고의 태도까지

고려하게 된다.

▶ 이 사실이 암시하는 것은 무엇인가? 다시 한 번 강조하지만 일관성을 절대 얕보지 말라는 뜻이며, 법정에 서면 부디 예의를 지키라는 말이다. 기분 나쁜 태도나 거만한 자세가 절대 나에게 유리하게 해석될 리 없다.

▶ 한 가지 오해를 지우고 넘어가자. 우리는 지금까지 판사가 가진 막강한 권한에 대해서 이야기를 했다. 실제로 사실 인정에 대해서는 판사 외에 누구도 끼어들 수 없다. 판사는 자유심증에 따라 주장을 사실로 인정할 수 있는 권한이 있다. 그러나 아무 사실이나 다 자유롭게 인정하는 건 아니다. 여러 가설 가운데 확률이 낮은 것을 사실로 인정해서는 안 된다는 것이 대법원의 입장이다(대법원 4292민상247 판결 참조).

2. 주요사실과 간접사실

▶ 한 가지 이야기를 더 해보자. 주요사실과 간접사실이다. 이 두 가지를 구분할 수 있다면 그만큼 판사의 사고방식에 한 걸음 더 다가서게 되며, 사실과 주장, 증거를 바라보는 여러분의 눈이 달라질 것이다.

▶ 주요사실이란 요건사실에 해당하는 당사자의 실제 사건, 즉 법률

효과를 일으키는 핵심적 사실을 말한다. '2015년 3월 1일 김철수는 이영희에게 금100원을 빌려주었고, 2015년 9월 1일까지 갚기로 했으나 2016년 1월 1일이 되도록 갚지 않아서 이 사건 소송에 이르렀다'는 구체적인 사건 내용이 '주요사실'이다. 김철수가 이영희와 어떤 관계인지, 이 돈을 못 받으면 김철수가 어려운 지경에 처한다든지 하는 내용은 법률적 효력을 일으키는 사건이 아니므로 주요사실에서 빠진다.

▶ 그런데 판사는 주요사실이 일어났을 당시 현장에서 지켜본 사람이 아니므로 이 주장을 사실로서 인정하려면 증거가 있어야 한다. 예컨대 내용증명의 사본이 있으면, 우리는 내용증명에 적은 그 내용이 상대방에게 전달되어 '의사 표시'가 이루어졌다고 여긴다. 그런데 실제로 내용증명을 상대방이 읽었는지 읽지 않았는지 어떻게 100% 확신할 수 있는가? 이 때문에 내용증명이라는 증거는 '간접사실'이 되어 주요사실이 있었음을 추론시키는 도구가 될 뿐, '내용증명이 있으니 상대방이 무조건 100% 내용 전달을 받았다'라고 여기지 않는다(이때 내용증명을 간접사실indirect facts이라고 부른다.). 즉 간접사실은 주요사실을 경험칙상 추론하여 인정케 하는 사실(증거)로, 조금 어렵게 말하면 '청구를 뒷받침하는 구체적 사실'(민사소송규칙제53조 제1호)이다. 예컨대 주요사실의 경위, 내력 등에 관한 사실이 여기에 해당한다.

▶ '증거'라는 말과 '사실'이라는 단어가 혼용되므로 '증거가 곧 간접사실'이라는 말이 헷갈릴 수 있다. 이때 퍼즐을 떠올리면 이해가 쉽다. 우리가 알고 싶은 건 퍼즐의 한가운데 있는 얼굴이다. 그런데 얼굴에 해당하는 퍼즐이 지금 없는 상태라면 어떻게 할까? 예컨대 CCTV를 통해 범인의 얼굴이 뚜렷이 찍힌 경우는 눈으로 확인할 수 있는 비교적 확실한 증거가 있는 경우다. 그러나 없는 경우라면? 우리는 주변의 퍼즐을 맞춰서 그 얼굴의 윤곽을 추론한다. 전체 그림 가운데 일부분이 찢어져 있는 경우, 우리는 빈 부분의 주변 그림을 통해 빈 그림의 내용을 어느 정도 추론할 수 있다. 이때 비어 있는 부분이 '주요사실'이 되고, 그 주변의 그림이 '증거' 혹은 '간접사실'이 된다.

▶ 그래서 판사는 간접사실(증거)을 통하여 주요사실을 그려간다고 말할 수 있다. '아, 내용증명을 보냈으니 의사표시가 되었겠구나.' 하고 말이다. 판사는 이처럼 간접사실과 주요사실을 엄격히 구분한다. 원고가 내용증명을 제출했다고 해서 덮어 놓고 '원고가 주장하는 주요사실은 분명히 있었다'라고 생각하지 않는다. 위조의 가능성, 착오의 가능성은 늘 존재하기 마련이며, 혹은 주어진 간접사실이 부족하여 주요사실이 명확하지 않다고 판단하는 경우도 많다(더 많은 퍼즐이 필요하다!). 따라서 판사들은 100% 확실한 증거란 존재하지 않는다고 믿는다.

▶ 100% 확실한 증거가 없다는 말은, 판사가 한 가지 증거만으로 판결을 내리지 않으며, 기타 다른 증거에도 의존한다는 말이고, 그래서 '보조사실', 즉 증인의 성격이라든가 증인과 입증책임자와의 이해관계 등 증거의 증명력을 명확히 하기 위한 사실도 주의 깊게 살펴본다는 얘기다. 판사는 의심을 해소하려는 습성이 강하기 때문에 진실의 그림을 그리는 데 도움이 된다면 사소한 정보도 놓치지 않으려고 한다.

3. 판결문, 판사가 결론에 이른 과정을 보여주는 좋은 자료

▶ 판사들은 어떤 과정을 거쳐서 판결에 이를까? 실제 판결문 하나를 살펴보자(이 사건은 서울중앙지방법원에서 제공하는 모범판결 사례다.).

▶ 이 사건의 원고는 스키복을 팔고 물건대금을 받지 못한 A다. A는 B에게 1억 8천만 원어치의 스키복을 두 차례에 걸쳐 납품하고 돈을 받기로 했다. 다만 물건을 건네준 자리에서 현금을 받는 게 아니었으므로 A는 B에게 연대보증인을 요구했다. B는 C와 D를 연대보증인으로 세우고 계약서에 사인했다. 물건은 예정대로 2회로 나누어 보냈다. B는 첫 번째 대금의 일부만 지불하고 두 번째 대금은 아예 주지 않았다. 이에 A는 B의 부동산을 가압류하며 소송에 돌입하기에 이르렀다.

▶ 여기까지만 보면 물품대금청구 소송이다. 그런데 이 사건에는 또

하나의 청구 내용이 있다. 부동산등기이전 청구 소송이다. A는 연대보증인이었던 D에게 땅을 구입하기로 계약을 맺었다. 그런데 D가 등기를 이전해주지 않으니까 A가 '부동산등기이전청구 소송'도 함께 진행한 것이다.

▶ 즉 이 사건은 원고가 피고 B, C, D에 대해서 '물품대금을 달라'고 청구하는 소송 하나와, 원고가 피고 D에 대해서 '부동산등기를 이전하라'고 청구하는 소송을 동시에 진행한 경우다.

▶ 한편 피고는 원고의 주장 가운데 잘못된 부분이 있다며 항변을 하고 나섰다. ① 원고가 못 받았다고 주장하는 액수가 잘못되었다는 점(우리는 1천만 원을 더 주었다.), ② 채권의 소멸시효가 완성되어 돈을 갚을 의무가 없다는 점, ③ 원고가 가진 채권이 다른 사람에 의해 가압류되었기 때문에 우리는 지불 의무가 없다는 점, ④ 제품에 하자가 있으므로 대금을 지불할 수 없다는 점, 마지막으로 ⑤ 부동산등기이전 청구에 대해서, 돈을 못 받았기 때문에 줄 의무가 없다(동시이행항변)고 주장한 것이다.

▶ 이 다섯 가지가 이 사건의 쟁점이다. 이에 대해 원고는 ②번에 대해 가압류를 걸면서 채권 소멸시효가 중단되었다(즉 채권은 여전히 살아 있다)고 재항변을 하고, ④ 제품에는 하자가 없다고 부인을 했다(원고의 주장에 대해 피고가 반대되는 주장을 펼치는 것을 '항변'이라고

하고, 피고의 '항변'에 대해 원고가 다시 반대되는 주장을 펼치는 것을 '재항변'이라고 한다.).

▶ 그리고 ①번 1천만 원을 더 지불했다는 피고의 주장에 대해서는 딱히 반박하지 못했으며, ③번의 채권가압류와 관련해서는 판사의 판단을 기다렸다.

▶ 한편 피고는 제품에 하자가 있다는 주장을 철회했는데 이는 판사가 증거자료를 요청했지만 증거를 댈 수 없었기 때문이었다.

▶ 자, 이제 판결문을 보자(사건 번호, 원고/피고의 인적사항, 변론종결일과 판결선고일은 생략한다. 설명이 필요할 때는 판결문 안에 따로 별표를 쳐서 덧붙였다.).

• 주문(* 판결의 요지가 담긴 내용이다.)

1. 원고에게

  가. 피고 C는 157,000,000원 및 그 중 40,000,000원에 대하여는 2005. 12. 20.부터 117,000,000원에 대하여는 2006. 1. 6.부터 다 갚는 날까지 연 24%의 비율에 의한 금원을,

  나. 피고 B, D는 피고 C와 연대하여 위 가항 기재 금원 중 147,000,000원 및 그 중 30,000,000원 대하여는 2005. 12. 20.부터, 117,000,000원에 대하여는 2006. 1. 6.부터 각 다 갚는 날까지 연 24%의 비율에 의한 금원을

  각 지급하라.

2. 피고 D는 원고로부터 120,400,000원을 지급받음과 동시에 원고에게 ○○시 ○○동 59대 950㎡에 관하여 2006. 11. 29. 매매를 원인으로 한 소유권이전등기 절차를 이행하라.

3. 원고의 피고 B, D에 대한 각 나머지 청구를 기각한다.

4. 소송비용 중 원고와 피고 B 사이에 생긴 부분의 1/10은 원고가, 나머지는 피고 B가 각 부담하고, 원고와 피고 C 사이에 생긴 부분은 피고 C가 부담하며, 원고와 피고 D 사이에 생긴 부분 1/4은 원고가, 나머지는 피고 D가 각 부담한다.

5. 제1항은 가집행할 수 있다.

〔* 재산상 청구에서는 가집행 청구가 필요하다. 가집행 선고는 피고가 1심 판결에 불복하여 2심, 3심 판결을 가더라도 1심 판결 단계에서 집행력을 부여하는 효력을 가진다(법 제213조). 이것은 집행보전을 목적으로 한 가압류, 가처분과는 다르다. 한편 가집행은, 등기이전과 같은 의사의 진술을 명하는 판결에서는 청구를 할 수 없다. 그래서 제1항에 대해서만 가집행을 할 수 있다고 판결한 것이다.〕

• **청구취지**

주문 제1항의 가항 및 피고 B, D는 피고 C와 연대하여 원고에게 주문 제1항의 가항 기재 금원을 지급하고, 피고 D는 원고에게 주문 제2항 기재 토지에 관하여 2006. 11. 29.매매를 원인으로 한 소유권이전등기절차를 이행하라.

• **이유**

(* 아래 내용을 보면 이 사건의 요건사실과, 판사가 어떤 주장을 사실로 인정했는지 그 내용이 담겨 있다.)

1. 물품대금 등 청구에 관한 판단

가. 청구원인에 대한 판단

원고가 2005. 10. 26. 피고 B에게 스키복(품명 SM-0349B) 2,000벌을 대금 180,000,000원에 매도하면서, 그 중 700벌은 2005. 11. 15., 나머지 1,300벌은 2005. 12. 15. 각 인도하고, 그 대금 중 63,000,000원(이하 '제1차 대금'이라 한다)은 2005. 12. 5., 나머지 117,000,000원(이하 '제2차 대금'이라 한다)은 2006. 1. 5. 각 지급받으며, 제1차, 2차 대금 지급 지체시에는 연 24%의 비율에 의한 지연손해금을 덧붙여 지급받기로 약정한 사실, 피고 C, D는 위 계약 당시 원고에게 피고 B의 위 물품대금채무를 연대보증한 사실, 원고가 피고 B에게 위 약정대로 위 의류 2,000벌을 인도한 사실, 원고는 피고 B와 합의하여 제1차 대금 중 40,000,000원의 지급기일을 2005. 12. 4.에서 2005. 12. 19.로 연기한 사실은 원고와 피고 B, D 사이에서는 다툼이 없고, 원고와 피고 C 사이에서는 갑 제1호증(공급계약서), 갑 제2호증(각서), 갑 제7호증(증인진술서)의 각 기재와 증인 정○○의 증언 및 변론 전체의 취지를 종합하여 인정할 수 있다.

(* 피고가 여러 명인 경우, 이 가운데 한 명이 원고의 주장에 대해서 '그런 사실이 있었다'고 자백할 수 있다. 그러나 이 경우 자백은 자백을 한 그 사람에 대해서만 효력이 있으며, 나머지 사람들에 대해서는 증거가 필요하다.)

(* 여기 기재된 내용은 원고와 피고 B, D 사이에서는 다툼이 없는 사실로, 원고와 피고 C 사이에서는 증거와 변론 전체의 취지에 의하여 인정하고 있다. 판사는 당사자 사이에 '다툼이 없

는 사실'은 무조건 사실로 받아들인다. 다툼 없는 사실에 배치되는 판결을 내릴 수 없다. 또한 피고 C는 원고의 주장에 대하여 다투므로 3가지 증거와 증언 그리고 '변론 전체의 취지'를 통해 사실을 인정하고 있다. '변론 전체의 취지'는 주장이나 증거 이외의 정보로, 원고나 피고의 진술 태도 따위의 부수적인 것을 말한다.)

한편, 원고는 위 약정에 따라 2005. 12. 5. 피고 B로부터 제1차 대금 중 23,000,000원을 지급받은 사실을 자인하고 있다.
따라서 특별한 사정이 없는 한 피고들은 연대하여 원고에게 나머지 제1차 대금 40,000,000원과 제2차 대금 117,000,000원을 합한 157,000,000원 및 이에 대한 지연손해금을 지급할 의무가 있다.

나. 피고 B, D의 항변 등에 관한 판단

1) 피고 B, D는 피고 B가 원고에게 위 자인 금원을 초과하여 10,000,000원을 더 변제하였다고 항변하므로 살피건대, 을 제1호증(영수증)의 기재와 증인 정○○(* 원고 회사의 직원으로 이 사람을 통해 대금 지급)의 증언 및 변론 전체의 취지를 종합하면, 피고 B가 2005. 12. 19. 원고에게 제1차 대금 중 일부로 10,000,000원을 더 변제한 사실을 인정할 수 있으므로, 위 피고들의 위 항변은 이유 있다.

(* 첫 번째 쟁점인 변제 액수의 차이에 대한 판단이다. 원고가 반대 주장을 펼치지 않았고, 증거가 있으므로 1천만 원을

더 변제했음을 사실로 인정한다.)

2) 피고 B, D는 위 물품대금채권 중 위와 같이 변제로 소멸한 부분을 제외한 나머지 147,000,000원 부분이 시효로 소멸하였다고 항변하므로 살피건대, 원고가 피고 B에게 위 의류를 매도할 당시 의류판매업체를 운영한 사실은 원고와 피고들 사이에 다툼이 없으므로, 위 나머지 물품대금채권은 상인이 판매한 상품의 대가에 해당하여 피고 B가 상인인지 여부에 관계없이 그 소멸시효는 민법 제163조 제6호에 따라 3년이라 할 것인데, 제1차 대금의 변제기가 2005. 12. 19.이고, 제2차 대금의 변제기는 2006. 1. 5.인 사실은 앞서 본 바와 같고, 원고의 이 사건 소가 그로부터 3년이 경과된 후인 2009. 1. 16. 제기되었음은 기록상 명백하나, 한편 갑제5호증(부동산가압류결정정본), 갑제6호증(등기부등본)의 각 기재 및 변론 전체의 취지를 종합하면, 원고는 그 각 소멸시효기간 만료 전인 2008. 6. 2. 위 물품대금채권을 청구채권으로 하여 피고 B 소유의 ○○시 ○○구 ○○동 315 대 120㎡에 대하여 의정부지방법원 고양지원 2008카합25951호로 부동산가압류 신청을 하여 같은 날 그 결정을 받아 같은 달 3. 집행한 사실을 인정할 수 있는바, 이로써 피고 B에 대한 위 물품대금채권의 소멸시효도 중단되었고, 민법 440조에 의하여 피고 D에 대한 연대보증채권의 소멸시효도 중단되었다고 할 것이므로, 이를 지적하는 원고의 재항변은 이유 있고, 결국 위 피고들의 위 항변은 이유 없다.

(* 두 번째 쟁점인 채권의 소멸시효에 대한 판단이다. 상인 간

의 거래 채권은 통상 상사시효가 5년(상법제64조)이나 물건을 판 경우에는 민법제163조제6호에 의한 단기 3년의 소멸시효에 해당되므로 민법규정이 우선 적용된 것이다. 그리고 소 제기가 3년이 지난 뒤에 된 것도 사실이다. 그러나 3년이 경과하기 전에 가압류가 이루어졌으므로 소멸시효는 중단되었다.〕

3) 피고 B는 소외 곽○○이 2008. 10. 10. 원고의 피고 B에 대한 물품대금 157,000,000원의 채권에 대하여 서울중앙지방법원 2008카합125235호로 가압류결정을 받았고, 그 결정정본이 같은 달 13. 피고 B에게 송달되었으므로, 위 채권가압류집행이 해제되지 않는 한 피고 B는 변제로 소멸한 부분을 제외한 나머지 물품대금을 지급할 의무가 없다고 주장한다.

살피건대 채권가압류 집행이 있다고 하더라도 이는 가압류채무자가 제3채무자로부터 현실로 급부를 추심하는 것을 금지하는 것이므로, 가압류채무자는 제3채무자를 상대방으로 그 이행을 구하는 소를 제기할 수 있고 법원은 가압류가 되어 있음을 이유로 이를 배척할 수 없는 것이어서, 피고 B의 위 주장은 이유 없다.

〔* 세 번째 쟁점, 즉 원고의 채권이 가압류되었기 때문에 자신은 줄 의무가 없다는 피고의 주장에 대한 판단이다. 여기서는 그 주장 자체가 잘못이고, 법률적으로 무엇이 가능한지 설명한다. 즉 채권가압류는, 제3채무자가 가압류채무자에게 돈 갚는 것을 금지하는 것일 뿐, 가압류채무자(이 사건 원고)는 제3채무자(이 사건 피고)를 상대방으로 '돈 달라'

고 소송을 제기할 수 있다고 적고 있다.)

다. 소결론

그렇다면 원고에게, 피고 C는 위 157,000,000원 및 그 중 나머지 제1차 대금 40,000,000원에 대하여는 그 지급기일 다음날인 2005. 12. 20.부터, 제2차 대금 117,000,000원에 대하여는 그 지급기일 다음날인 2006. 1. 6.부터 각 다 갚는 날까지 연 24%의 비율에 의한 약정 지연 손해금을, 피고 B, D는 피고 C와 연대하여 위 금원 중 147,000,000원(157,000,000원 — 변제금 10,000,000원) 및 그 중 30,000,000원에 대하여는 위 2005. 12. 20.부터 117,000,000원에 대하여는 위 2006. 1. 6.부터 각 다 갚는 날까지 연 24%의 비율에 의한 약정 지연손해금을 각 지급할 의무가 있다.

2. 소유권이전등기 청구에 관한 판단

가. 청구원인에 관한 판단

원고가 2006. 11. 29. 피고 D로부터 주문 제2항 기재 토지(이하 '이 사건 토지'라 한다)를 대금 170,000,000원에 매수한 사실은 당사자 사이에 다툼이 없으므로, 특별한 사정이 없는 한 피고 D는 원고에게 이 사건에 관하여 위 매매를 원인으로 한 소유권이전등기절차를 이행할 의무가 있다.

나. 동시이행항변에 관한 판단

피고 D는 원고로부터 미지급된 중도금 20,000,000원과 이에 대한 잔금 지급기일까지의 약정 지연손해금 및 잔금 100,000,000원을 지급받을 때까지 원고의 청구에 응할 수 없다고 동시이행의 항변을 하므로 살피건대, 위 매매계약 당시 피고 D가 원고로부터 그 대금 중 중도금 50,000,000원은 2007. 1. 15., 잔금 100,000,000원은 2007. 2. 15. 각 지급받기로 약정한 사실은 당사자 사이에 다툼이 없고, 갑제3호증(토지매매계약서)의 기재 및 변론 전체의 취지를 종합하면, 원고가 위 중도금의 지급을 지체한 때에는 월 2%의 비율에 의한 지연손해금을 지급하고, 피고 D는 원고로부터 위 잔금을 지급받음과 동시에 원고에게 소유권이전등기절차를 이행하기로 약정한 사실을 인정할 수 있으며, 한편 피고 D는 위 중도금 지급기일에 원고로부터 중도금 중 일부로 30,000,000원을 지급받은 사실을 자인하고 있다.

부동산의 매수인이 선이행하여야 할 중도금의 지급을 하지 아니한 채 잔금 지급기일을 경과한 경우에는 다른 약정이 없는 한 매수인의 미지급 중도금과 이에 대한 지급기일 다음날부터 잔금 지급기일까지의 지연손해금 및 잔금 지급의무는 매도인의 소유권이전등기의무 등과 동시이행의 관계에 있다 할 것이므로, 원고는 피고 D에게 나머지 중도금 20,000,000원과 이에 대한 그 지급기일 다음날인 2007. 1. 16.부터 잔금 지급기일인 2007. 2. 15.까지 월 2%의 비율에 의한 약정 지연손해금 400,000(20,000,000×0.02×1개월) 및 잔금 100,000,000원을 합한 120,400,000원을 지급할 의무가 있고, 피고 D의 소유권이전등기절차이행의무는 원고의 위 잔금 등 지급의무와 동시이행의 관계에 있다 할 것이어서, 피고 D의 위 항변은 이유 있다.

다. 소결론

따라서 피고 D는 원고로부터 위 잔금 등 120,400,000원을 지급받음과 동시에 원고에게 이 사건 토지에 관하여 2006. 11. 29. 매매를 원인으로 한 소유권이전등기절차를 이행할 의무가 있다.

3. 결론

그렇다면 원고의 피고 C에 대한 청구는 이유 있어 인용하고, 피고 B, D에 대한 각 청구는 위 인정범위 내에서 이유 있어 인용하고, 각 나머지 청구는 이유 없어 기각하며, 소송비용의 부담에 관하여는 민사소송법 제98조, 제101조, 제102조를, 가집행의 선고에 관하여는 같은 법 제213조를 각 인용하여 주문과 같이 판결한다.

4장 증거, 어떻게 모을까?

"승소와 패소가 나뉘는 갈림길, 증거"

증거가 확실하지 않을 때

▶ 간단하고 명확한 사건이란, 증거가 잘 남아 있는 사건을 뜻한다. 이런 사건은 대개 대법원에서 소개하는 다음과 같은 서류만 있어도 승소하는 데 큰 도움이 된다(다음 표에서 '증거'는 '서증(문서 증거)'을 말하는 것으로, 이름이 같지 않아도 내용이 비슷하면 같은 종류의 증거라고 할 수 있다.).

사건명	증거
대여금	금전소비대차계약서 / 차용증 / 각서 / 현금보관증 / 행여신거래약관 / 대출금내역조회 / 연체이율표 / 영수증
양수금	차용증서 / 채권양도양수계약서 / 양도통지서 또는 승낙서

임금	근로계약서 / 재직증명서 / 급여명세서 / 급여 미지급확인서 / 퇴직금산출내역서 / 인사기록카드 / 출근대장 / 체불임금확인서(고용노동부발행)
약정금	약정서
임대차보증금	임대차계약서 / 등기사항전부증명서 / 내용증명(해지통지서) / 보증금영수증
매매대금	매매계약서 / 물품공급계약서 / 물품대금지급각서 / 거래장부 / 물품인수증 / 영수증
물품대금	계약서 / 물품공급계약서 / 대금일부지급확인서 / 거래장 / 내용증명 / 물품하자통보서
공사대금	건축공사계약서 / 도급계약서 / 시방서 / 자재구입명세서 / 건축설계도면 / 견적서 / 건물인도서
어음금	회사 등기사항전부증명서 / 사업자등록증 / 약속어음 전면, 이면 사본 / 통지서(지급최고서)
손해배상(자)	교통사고 사고조사보고서 / 교통사고 사실확인원 / 자동차등록증 / 치료비지급명세서 / 진단서 / 영수증 / 신체감정서 / 급여명세서 / 가족관계증명서
수표금	수표 앞면, 뒷면 사본 / 법인등기사항증명서 / 사실확인서 / 최고서
건물명도	임대차계약서 / 등기사항전부증명서 / 주민등록표등본 / 대금완납증명서 (원고가 경락을 받은 경우) / 도면 / 해지통고서

▶ 표와 같은 자료가 있다면 각자의 사건에 맞게 서류를 준비하여 제출하면 소송은 어렵지 않다. 그런데 이런 증거가 부족하거나 없다면 어떻게 될까? 동시에 상대방이 나의 주장을 의심할 만한 다른 주장을 한다면 어떻게 될까? 이제부터는 증거 싸움이 시작되고, 누가 증거의 우위를 점하느냐가 관건이 된다(증거의 우위가 곧 승소로 이어지는 건 아니다. 그러나 최소한 조정절차를 밟게 되더라도 보다 유리한 고지를 점령할 수 있다.).

▶ 어떤 증거가 보다 확실한 증거냐고 묻는 경우가 있다. 확실한 한

가지만 있으면 승소는 정해져 있다고 여기는 것이다. 그러나 안타깝게도 그런 증거는 존재하지 않는다.

▶ 현실적으로 증거는 3가지 종류로 구분된다. 하나는 문서(서증), 둘은 녹취, 셋은 증언이다. 이 가운데 문서가 효력이 크다고 알려져 있지만 원칙적으로 법정에서는 어떤 증거를 더 우위에 두고 판단하지 않는다. 다만 이 가운데 '증언'의 경우, 법정에서 선서를 하고, 또한 반대신문을 진행하므로 상대적으로 객관성이 조금 더 있다고 판사는 받아들인다. 그럼에도 불구하고 어떤 증거가 더 우위에 있다는 것은 사전에 정해져 있지 않으며, 사건마다 다르다고 이해하는 게 좋다.

처분문서가 중요하다

▶ 증거의 종류에는 여러 가지가 있지만 이 가운데 중요한 게 처분문서다.

▶ 처분문서a personal document for a legal act는 증명하고자 하는 법률적 행위(처분행위)가 그 문서 자체에 의하여 이루어진 경우의 문서를 말한다. 말이 좀 어렵다. 쉽게 말해, 계약서 따위가 처분문서에 해당한다. 둘 이상이 만나서 '우리 이렇게 하기로 약속하자' 혹은 '너 나한테 돈 꿨다', '너 나한테 이렇게 해주기로 약속했다'고 내용을 적은 게 처분문서다.

▶ 처분문서의 경우 가짜라는 의심이 들지 않는다면(이를 '진정성립'이라고 한다.) 원칙적으로 문서에 기재된 내용이 실제로 있었다고 인정한다(달리 말해 증명력이 강하다는 말이다. 대법원 2010다26769 판결).

▶ 각종 계약서를 비롯하여 약정서, 각서, 차용증, 합의서, 어음/수표, 유언장, 납세고지서, 해약통지서 등이 처분문서에 해당한다.

▶ 처분문서와 항상 함께 거론되는 게 보고문서report paper다. 보고문서란 작성자가 보고 듣고 느끼고 판단한 바를 기재한 문서다. 물론 보고문서에도 '우리는 A와 계약을 맺었다'는 내용이 담길 수는 있다. 그러나 설령 과거에 맺은 계약 내용을 담고 있더라도 단순히 이에 대해서 기술하거나 감상 혹은 의견을 적은 문서이므로 처분문서와 구분한다(대법원 87다카400 판결). 다른 사건의 판결, 등기부등본, 영수증, 장부, 조서 등이 보고문서에 속한다.

▶ 물론 민사에서는 증거에 제한이 없으므로 보고문서 역시 증거가 된다. 그러나 처분문서가 가진 강력한 증명력에는 미치지 못한다는 게 일반적인 의견이다.

▶ 처분문서가 이토록 중요한 문서이다 보니 이게 진짜인지 아닌지 가리는 과정을 거치기 마련이다. 이를 '진정성립'이라고 한다. 판사는 이 문서의 진실성을 가리기 위해, 제출된 모든 증거와 변론

전체의 취지를 살핀다.

▶ 예컨대 이런 사건이 있었다. 피고(채무자)는 자신이 가진 약속어음이 가짜로 만든 것이라고 주장하고 있었고, 원고(채권자)는 그 약속어음이 진짜라고 주장했다. 피고의 주장에 따르면 이 어음은 '제3자의 강제집행을 피하기 위해 원고(채권자)와 상의하여 가짜로 작성한 것'이었다. 그러면서 피고는 '이런 이유로 어음공정증서의 정본과 등본을 내가 모두 갖고 있다'고 설명했다. 그러나 1심과 2심에서는 이런 사정을 헤아리지 않고 '약속어음(처분문서)은 진짜'라고 진정성립을 시켰다. 이에 피고(채무자)는 대법원까지 사건을 가지고 간 것이다.

▶ 이에 대해서 대법원은 정상적이라면 채무자가 아닌 채권자가 정본을 갖고 있는 게 당연한 일인데 그 의심이 해소되지 않은 채 진정을 성립시켰다고 보고, 이를 '채증법칙의 위배', 즉 증거를 잘못 택했다고 보고 사건을 다시 원심법원으로 돌려보냈다(대법원 93다33999 판결).

▶ 달리 말해, 진정성립을 위해서는 처분문서를 작성하게 된 동기, 경위, 목적 등을 모두 종합적으로 살펴 의심이 없어야 한다는 말이다.

▶ 그렇다면 처분문서가 의심되는 경우란 어떤 때일까?

① 처분문서와 다른 내용으로 약정을 맺은 사실이 있다.
② 이전에 가짜로 비슷한 처분문서를 작성한 적이 있다.
③ 처분문서에 적힌 내용과 반대되는 행위가 있었다.
④ 처분문서가 위조되었다.
⑤ 처분문서가 강요에 의해 작성되었다.

▶ 위조나 강요와 같은 경우는 사문서위조나 강요죄 등으로 형사고소가 가능하다. 예컨대 계약서에 적힌 날짜에 상대방을 만난 일이 없으며, 당일 나는 그 사람과 만날 수 없는 위치에 있었다는 게 입증되면 위조가 증명된다. 해외에 있었다는 사실이 증명되면 위조 가능성은 매우 높아진다. 최근에는 교통카드 사용의 증가로 카드사나 통신사에 조회하면 자신이 그날 어디에 있었는지 입증할 수 있는 자료를 만들 수 있다(만일 통신사 등에 조회를 신청하려면 빨리 서두르는 게 좋다. 보관 기간에 제한이 있기 때문이다. 일반인은 6개월, 법원을 통하면 1년간의 자료를 얻을 수 있다.). 한편 형사고소가 진행되면 수사기관에서 조사가 이루어지므로 증거 확보가 더 용이할 수 있다.

▶ 이 과정을 거쳐 진정성립이 된 처분문서, 즉 진짜라고 인정받은 처분문서는 상당한 이유 없이는 사실로 인정된다. 물론 인정되는

범위는 문서에 적힌 내용에 제한된다(문서에 적힌 내용이 실제로 이루어졌다고 보는 것이다.).

▶ 그런데 처분문서의 내용이 명확하지 않은 경우가 있다. 예컨대 계약서의 내용이 모호할 때 판사는 계약이 이루어진 동기와 경위, 계약 목적 등을 따져서 내용을 해석한다. 특히 모호한 계약서를 토대로 한쪽이 상대방에게 무거운 책임을 묻는 경우(엄청난 손해배상금을 요구하거나) 판사는 더욱 엄격히 계약서를 해석하게 되어 있다(대법원 2000다72572 판결).

▶ 참고로, 보고문서 가운데 매우 예외적으로 증명력을 인정하는 게 있다. 다른 사건의 판결문이다. 예컨대 형사소송의 유죄판결은 무죄판결보다 강한 증명력이 있다(형사 유죄판결에 이르기 위해서는 '합리적 의심이 없을 정도의 증명'이 필요하다. 영미 소송에서는 이를 숫자로 표현하여 95% 이상의 확신이 들어야 한다고 설명하고 있는데 우리나라는 조금 다르지만 그만큼 높은 수준의 증명이 있어야 한다는 말이다. 반면 무죄판결은 죄가 없다는 말도 되지만 죄가 있는지 의심스럽다는 경우도 많기 때문에 통상 유죄판결보다 증명력이 약하다.). 이 때문에 유죄 판결(확정된 경우)을 통해 인정된 사실은 민사재판에서 유력한 증거자료가 되므로 특별한 사정이 없는 한 이를 배척할 수 없다(대법원 90다11028 판결).

처분문서를 포함한 문서 자체는 증거 없이도 진정성립이 된다

▶ 한편 처분문서뿐 아니라 문서 자체는 따로 증거가 없더라도 의심스런 점이 없다면 사실로 인정받을 수 있다(대법원 2007다85980 판결). 이 문서가 진짜인가 아닌가 하는 것은 증거가 없어도 '변론 전체의 취지(당사자의 주장이나 태도와 같이 증거를 제외한 모든 것)'만으로 사실인정이 가능하다.

▶ 참고로, 증거 없이 사실로 인정할 수 있는 게 또 하나 있다. '자백이 착오에 의한 것이었음'을 밝힐 때이다(대법원 2000다23013 판결). 자백은 상대방의 주장이 맞다고 말하는 것으로, 간혹 착오를 일으켜 자백하는 경우가 있다. 이때 '내가 자백한 것은 착오 때문이었다'고 밝히는 것은 따로 증거가 없어도 '변론전체의 취지'를 통해 사실로 인정될 수 있다. 그러나 착오 때문이었음을 납득시키기 위해서는 충분한 설명이 뒷받침되어야 한다. 이 두 가지 외에는, 따로 증거가 있어야 한다.

▶ 증거는 원칙적으로는 무제한이다. 그러나 가급적 서류 증거(서증)를 통해서 소송을 진행하는 게 좋다.

▶ 문서(증거) 제출은 소송이 진행되는 도중에 해도 상관은 없다. 다만 증거를 언제 냈는가 하는 점은 판사가 주의 깊게 살펴보는 것(변론 전체의 취지)으로, 신빙성(믿을 만한 진술서인가?)에서 의심을

받을 수 있음을 주의한다. 예컨대 처음에는 제출하지 않다가 변론이 종결될 무렵, '여기 계약서가 있다'고 제출하면 아무래도 위조 가능성을 의심하지 않겠는가?

▶ (증거 공통의 원칙) 한편, 여러분이 제출한 증거는 여러분뿐 아니라 상대방을 위해서도 증거로 사용된다. 마찬가지로 여러분 역시 상대방이 제출한 증거를 여러분을 위한 증거로 활용해도 된다(안 해도 그만이다.). 판사는 사실을 밝히기 위해 원고나 피고가 제출한 증거를 자유롭게 활용한다. 이를 '증거 공통의 원칙'이라고 한다.

공문서를 반박하려면 공문서를 이용하는 것도 좋다

▶ 위에서 살펴본 처분문서나 보고문서 외에 한 가지 더 알아야 할 게 있다. 공문서official documents다. 대법원 판례를 보면(대법원 84누786 판결) 다음과 같은 글귀가 나온다.

'민사소송법 제327조 제1항(현재는 법제356조 제1항)은 공문서의 진정추정에 관하여 문서의 방식과 취지에 의하여 공무원이 그 직무상 작성한 것으로 인정할 때에는 이를 진정한 공문서로 추정한다고 규정하고 있으므로 이 추정을 뒤집을 만한 특단의 사정이 증거에 의하여 밝혀지지 않는 한 그 성립의 진정은 부인될 수 없다.'

▶ 한마디로 진정성립이 된 공문서(공무원이 직무상 작성한 것)는 이를 뒤집으려면 특별한 증거가 필요하고 일반적인 사문서로는 뒤집기

어렵다는 내용이다. 그렇다면 어떻게 해야 할까? 공문서를 뒤집으려면 또 다른 공문서를 이용하는 방법을 생각해 볼 수 있다. 다음 사건은 행정공무원이 작성한 공문서를 뒤집기 위해 검사의 불기소장(공문서)을 활용한 예다.

▶ 개인 소유의 농지를 지방정부가 매입하는 일(농지수용)은 빈번히 일어나는 일 가운데 하나다. 이런 사건에서 문제가 되는 내용 가운데 하나가 양도소득세다. 개인이 정부에 농지를 파는 형식이므로 개인은 '양도소득세'를 내야 하는데 일정 요건을 갖추면 양도소득세를 내지 않아도 되기 때문이다.

▶ 그 기준 중 하나가 8년 이상 농촌에 거주하며, 스스로 농사를 짓는 '자경농'이다. 이런 요건을 갖추면 양도소득세를 면제받는다.

▶ 이 사건에서는 '자경 여부', 즉 농사를 지어 먹고 살았는지가 문제가 되었다. 남편은 건축 공사 일을 하러 다니고, 아내 A는 8년 전부터 농사를 지으며 살고 있었다. 그래서 지방정부의 농지수용 때 당연히 양도소득세가 면제되리라 생각하고 세무서에 면제신청을 하러 갔다. 그런데 세무서의 판단은 사뭇 달랐다. 세무서는 '그 땅에서 농사를 지은 사람은 A가 아니라 A의 오빠라고 판단된다'고 여기고 공문서를 작성했다. A는 억울한 심정에 국세심판청구를 했으나 역시 기각되었고, 이에 A는 행정소송을 제기하기에 이른

것이다.

▶ 당시 소송대리인이었던 필자는 모든 증거를 취합하면 공문서(세무서 공무원이 작성한 현지 확인 복명서 등)라도 충분히 뒤집을 수 있을 것으로 생각했다.

▶ 그런데 행정소송 제1심 판결은 세무공무원이 작성한 복명서의 내용을 그대로 인용하고, 우리가 제시한 증거를 받아들이지 않았다. 아무리 증거가 많아도 공문서를 뒤집을 수 없었던 것이다. 당시 판결문에 기재된 내용은 다음과 같았다.
"믿기 어렵고, 그 밖에 원고가 제출한 증거만으로는 원고의 자경 요건(* 직접 농사를 지었는지)이 구비되었음을 인정하기에 부족하며, 달리 이를 인정할 만한 증거가 없다."

▶ 달리 방법이 없었다. 위 복명서를 뒤집으려면 또 다른 공문서가 필요하다는 생각이 들었다. 우리는 항소심을 진행하면서 동시에 복명서를 작성한 세무공무원들을 고소했다. '세무공무원들이 복명서를 허위로 작성하고, 국세청장에 대한 심판청구에 위 복명서를 제출했다'는 내용으로, 죄명은 허위공문서 작성과 동행사죄였다(문서만 허위로 작성하면 허위문서 작성이 되지만 이를 바탕으로 실제 이 문서를 사용하였다면 그게 '행사죄'가 된다. 여기서는 그 복명서를 국세심판 청구 자료로 제출한 행위를 말한다.).

▶ 굳이 세무공무원을 벌주자는 뜻으로 고소한 것은 아니었지만, 적어도 검찰에서 공소장이나 혹은 최소한 실제 상황이 조사된 불기소장을 받으면 이를 증거로 얻을 계획이었다.

▶ 수사결과, 피고소인들인 세무공무원에 대하여 '범죄를 저지르려고 한 의도(범의)'가 없었다는 등의 이유로 불기소 처분(혐의 없음)이 내려졌다. 그러나 우리는 불기소장에 적힌 불기소 이유를 통하여 중요한 증거 하나를 건질 수 있었다. 당시 불기소장에는 'A는 제1농지에서 밭농사를 지었고 제2농지는 애매하다'는 내용이 적혀 있었다.

▶ 불기소장은 우리가 손에 넣으려고 했던, 또 하나의 공문서(검사 작성)였다. 이 공문서에는 세무공무원이 작성한 복명서의 내용과 일부 반대되는 내용이 담겨 있었다. 우리는 이 자료를 증거로 제출했고, 항소심은 일부 승소 판결로 막을 내렸다(제1농지에 대해서 승소, 제2농지에 대해서는 패소).

▶ 당시 항소심 판결문의 주요 내용은 다음과 같다.
'④ 세무공무원들이 작성한 탐문보고서는 논농사에 초점이 맞추어진 것이고, 객관성을 담보하기 어렵다. 경찰관들이 작성한 진술조서에는 원고가 이 사건 제1농지에서 밭농사를 짓는 것을 보거나 들은 적이 있다는 진술이 다수 존재한다. 이들 진술자들이 논농사

부분에 대하여 달리 진술하고 있는 점에 비추어 보면 객관성과 신빙성이 있다. 원고는 8년 이상 이 사건 제1농지를 직접 경작하여 자경요건을 충족하였다.'

▶ 정리하면, 세무공무원은 A가 밭농사를 지었다는 사실에는 관심을 두지 않고, A의 오빠가 논농사를 지었다는 사실에만 주목하여 A가 자경 요건을 갖추지 못했다고 판단한 것이다.

사실 A가 밭농사를 지었다는 사실은 1심 때부터 계속 주장했었다. 그때는 받아들여지지 않았는데 왜 지금은 받아들여진 것일까? 다른 사정이 있을 수 있지만 불기소장이라는 또 다른 공문서(즉 검찰이라는 보다 엄격한 룰의 적용을 받는 기관이 법에서 정하는 절차에 따라 조사한 결과)를 법정에서 더 신뢰한 것으로 보인다.

비밀리에 상대방과의 대화를 녹음한다

▶ 돈은 빌려주었는데 차용증 등 증거가 없을 때가 있다. 이런 경우, 상대방과의 대화를 녹음한 테이프(혹은 파일)나 그 내용을 문서로 풀어놓은 녹취록도 증거 자료가 된다.

▶ 사실, 내용증명보다 먼저 해야 할 게 녹음이다. 만일 채무자를 만나면 그간의 과정을 먼저 짚어가며 이야기를 풀어가는 게 좋다. '언제 얼마의 돈을 빌려주었고, 언제까지 갚기로 했는데 아직 못 갚고 있다. 이자는 얼마인데 언제까지는 들어왔으나 이후로는 한

푼도 들어오지 않았다.'와 같이 상대방과의 자연스런 대화 가운데 당신이 소장에 작성하려고 하는 요건사실이 다 드러나면 좋다. 당신의 이야기에 상대방이 부인하는 반응이 없다면 녹취록은 자체로 좋은 증거가 된다. 만일 상대방이 '내가 빌린 돈이 어떻게 100원이냐, 50원밖에 빌리지 않았느냐'고 말하면 이때는 이 녹취록을 상황을 봐가며 제출 여부를 결정해야 한다. 대신 소송의 쟁점이 명확해졌으므로 100원을 빌려주었다는 증거를 추가로 찾으면 된다.

▶ 채무자의 주변인에게도 녹취록을 따는 게 중요할 수 있다. 녹취록이 재판에서 증명력이 높지 않다고 하더라도 나중에 진술인이 다른 진술을 하지 못하도록 막거나 일관성을 따지는데 유용하기 때문이다. 현실적으로 채무자 주변인을 꼼짝 못하게 막는 방법 중에 하나다.

▶ 채무자 주변인과는 이런 식으로 만나는 게 좋다. '아무개가 돈을 안 갚고 있다. 당신이 만나서 합의점을 찾자고 얘기를 꺼내 달라.'고 부탁하며 이야기를 진행한다. 그러면 채무자를 잘 아는 그 사람도 의심을 풀고 여러 이야기를 꺼낼 가능성이 높아지기 마련이다. 이런 식으로 여러 명을 만나서 녹음한다.

▶ 녹취할 때 주의사항이 있다. 다른 사람들이 나누는 대화 내용을

몰래 녹음하면 불법이 된다. 그러나 나와 상대방이 나누는 대화는, 설령 상대방이 모르게 녹음을 하더라도 불법이 아니므로 적극 활용하자.

[※ 통신비밀보호법 제3조 제1항이 금지하고 있는 '전기통신의 감청'이란 전기통신에 대하여 그 당사자인 송신인과 수신인이 아닌 제3자가 당사자의 동의를 받지 않고 전자장치 등을 이용하여 통신의 음향·문언·부호·영상을 청취·공독하여 그 내용을 지득 또는 채록하는 등의 행위를 하는 것을 의미하므로(대법원 2008. 1. 18. 선고 2006도1513 판결 참조), 전기통신에 해당하는 전화통화의 당사자 일방이 상대방과의 통화내용을 녹음하는 것은 위 법조에 정한 '감청' 자체에 해당하지 아니한다. - 대법원 2008. 10. 23. 선고 2008도1237 판결]

증인을 세울 때 주의해야 할 점

▶ 증인은 문서를 보강하는 증명 방식이라고 이해하면 좋다(다시 한 번 강조하지만 어떤 증거가 더 유리하다고 정해져 있는 건 없다. 다만 통상적으로 그렇다는 점을 기억하자.).

▶ 계약서를 증거 자료로 제출했는데 문맥이 애매한 경우가 있다. '그래서 주기로 했다는 건지, 언제까지 주기로 했다는 것인지' 문장으로 표현하다 보면 정확하게 드러나지 않을 때가 있기 마련이다. 혹은 계약서에 기재되지 못한 다른 약정이 있을 수 있다. 혹은 증

거(간접사실)가 많기는 하지만 요건사실(진짜 증명이 필요한 내용)을 뚜렷이 뒷받침하지 못할 때가 있다. 이럴 때 증거들 사이의 고리 연결을 위해 증인을 세우는 게 일반적이다.

▶ 그렇다면 판사는 증인을 어떤 시각에서 바라볼까? 증인의 말이라고 무작정 다 믿을까? 실제로 그런 일은 없다. 증인은 기억에 의존해서 진술해야 하기 때문에 왜곡의 여지가 있다. 또한 증언 내용은 신문하는 방법이나 기술에 따라 얼마든지 달라질 수 있다.

▶ 판사는 증언을 들을 때 두 가지를 분리해서 청취한다. 하나는 증인으로 나온 사람이 얼마나 성실하게 증언하는가 하는 점이다('변론 전체의 취지'와 유사하다.). 다른 하나는 증인의 증언 자체다. 증인이 당시 상황을 얼마나 제대로 '인식'하고 있는지, 얼마나 정확히 '기억'하고 있는지, 얼마나 정확히 '표현'하고 있는지 3가지 관점에서 증언을 살핀다.

▶ 증인의 사회적 지위나 당사자 혹은 사건과의 이해관계는 중요한 체크 포인트가 된다. 증인이 객관적인 위치에 있는 사람이 아니라 누군가의 친구 혹은 가족이라면 그만큼 신빙성은 떨어지기 마련이다. 혹은 증인이 '사기범'인 경우라면 판사는 일단 신뢰 점수를 깎는다고 보면 옳다.

▶ 판사들은 증인의 기억이 왜곡될 수 있는 여러 가지 이유를 알고 있다. 기억은 본래 쉽게 잊히기 마련이며, 병적일 정도는 아니어도 사람마다 어느 정도 건망증이 있기 마련이며, 일상이 바빠서 잊기도 하며, 막상 증언대에 서면 머리가 하얘지는 사람도 봤고, 어디서 들었는지 누가 말했는지 출처를 기억하지 못하는 경우도 있으며, 암시받은 것을 자신이 직접 본 것으로 착각하는 사람도 종종 있고, 사건 전체보다 일부분을 특히 잘 기억하는 사람도 있으며, 작은 일을 중요하게 기억하는 사람도 있다. 판사는 기억이 얼마나 쉽게 왜곡될 수 있는지 잘 알고 있다.

▶ 또한 판사는 증인을 대할 때 이들이 사전에 준비를 마친 상태에서 법정에 들어선다는 사실을 알고 있다(물론 준비 없이 출석하는 증인도 있다.). 증인의 입에서 나오는 말이 모두 진실이라고 여기고 듣는 게 아니라 도리어 사실을 파악하는 데 한계가 있을 수 있다는 점을 기본 사실로 깔고 있다는 말이다.

▶ 이런 이유로 증인 신청을 받지 않는 경우도 왕왕 있다. 따라서 증인을 세우기 위해서는 판사를 충분히 설득해야 한다. 쟁점의 해결을 위해 왜 증인이 필요한지 설명해야 하고, 증인을 통해 어떤 점을 입증할 수 있는지 알려야 한다. 그게 아니고 무작정 증인을 신청하면, 상황마다 다르겠지만, 공연히 입만 아픈 꼴이다.

▶ 만일 여러분이 증인을 세우면 상대방의 반대신문도 이루어진다. 즉 여러분이 원고라면 피고나 피고의 소송대리인인 변호사도 증인을 신문을 하기 마련이다. 이때 이들이 묻는 질문은 매우 다양하고 때로는 가혹하기까지 하다. 예컨대 증인의 목격 장소와 사건 현장과의 거리를 묻거나, 잘 보이는 곳이었는지 혹은 잘 들리는 곳이었는지, 증인이 안경을 끼고 시력이 얼마나 나오는지, 어떤 이유로 사건을 목격했는지, 목격 후 얼마나 지났는지, 목격 이후 누군가와 이 일로 대화를 나누지 않았는지(대화 도중 사건에 착색이 이루어지기도 하므로) 등등 목격한 사실에 왜곡은 없는지 하나씩 묻기도 한다. 어떻게든 증인의 신빙성 등을 깨뜨려 판사가 믿지 못하게 만들려는 것이다.

▶ 판사는 증인이 거짓말을 할 때 중요한 내용을 건너뛰거나 빠뜨린다는 사실을 알고 있다. 만일 핵심 사항에 대해서 증인이 답변을 하지 않으면 거짓증언으로 받아들일 가능성이 생긴다.

▶ 따라서 증언이란 그냥 떠오르는 대로 무작정 하는 게 아니라 충분히 정리하고 준비하지 않으면 공연히 혼란만 가중시키고 도리어 손해가 될 수 있음을 기억해야 한다.

▶ 다음 내용은 증언을 준비할 때 참고할 사항이다.

① 증언은 육하원칙에 따라 간단명료하면서도 구체적일수록 좋다.

② 다만, 당사자와 이해관계가 있을 때는 구체적인 증언이 반드시 신뢰감을 높이는 것은 아니다. 당사자로부터 당시 상황을 건네 듣고 허위로 목격담을 만들 수도 있다고 판사는 생각할 수 있기 때문이다.

③ 움직이기 어려운 사실(공문서, 다툼이 없는 사실, 진정성립이 된 사문서, 이해관계가 없는 여러 명의 증인)과 부합해야 한다.

④ 주신문(증언을 요청한 사람과의 신문)에서는 묻는 말에 일체의 지체도 없이 술술 이야기를 풀다가 막상 반대신문이 시작되자 말을 더듬거나 회피하거나 애매하게 증언하는 사람은 판사의 의심을 받을 수 있다.

⑤ 말을 더듬거나 바닥을 내려다보고 답변하거나 얼굴을 붉히는 등 뭔가 불안해 보이고 당황한 기색이 역력하면 판사의 의심을 살 수 있다.

⑥ 증인에게 요구하는 것은 '있었던 모든 사실'을 말해달라는 것이 아니다. '증인의 기억 속에 남아 있는 사실'을 말해달라고 요청하는 것이다.

▶ 한편 증언 가운데 전문증거 hearsay evidence 라는 게 있다. 남에게 이야기를 듣고 와서 '나는 이렇게 들었다'고 말을 옮기는 것을 '전문증거'라고 한다. 형사소송에서는 원칙적으로 인정하지 않지만(전문증거배척의 원칙) 민사소송에서는 가능하다.

• **증인 수칙 30계명**

증인에게 반드시 숙지시킬 내용이 있다. 일명 증인 수칙 30계명이다. 이 내용은 류혁상, 권창국의 〈증거의 신빙성 제고를 위한 효과적인 증거 수집 및 현출 방안〉(한국형사정책연구원, 2005)에 인용되어 나오는 내용을 증인 측 입장에서 수정, 보완한 것이다.

1. 시간에 맞춰 법정에 출석하라. 그러기 위해서는 미리 법정의 위치를 확인하고 20여 분 전에 도착한다.
2. 적절한 의복을 입어 단정하게 보이도록 한다. 복장이 야하거나 요란하면 곤란하다. 선글라스는 안 된다. 당신의 직업이 유니폼을 입는 직업이라면 변호인에게 이 사건에서 유니폼을 착용하는 것이 적절한지 문의하라.
3. 선서할 때 똑바로 서서 주의를 기울여 "예."라고 분명하게 답하라.
4. 진지하게 행동하라. 웃거나 낄낄대지 말아야 한다. 법원 건물의 복도나 휴게실에서 사건에 대해 이야기를 나누지 말라.
5. 진실하고 솔직한 태도를 보이며, 허세를 부리지 말라. 그럴듯하게 꾸며서 넘어가려고 하기보다는 모를 때는 모른다고 답하라.
6. 기억나는 것을 증언하되, 미리 말할 내용을 외웠다가 답하지 않도록 한다. 그렇게 하면 당신의 증언은 지나치게 능수능란하여 신뢰성이 떨어질 수 있다. 사안이 복잡하거나 자료를 인용할 경우 등 증언할 내용을 적어둔 메모지를 활용할 수도 있을 것이다. 그러나 이러한 경우 재판장에게 미리 양해를 구해라. 가급적 메모지는 꺼내지 않는 게 좋다.
7. 증언하기 전에 그 장면과 거기에 있는 대상과 거리, 그리고 발생한 사실을 마음속으로 그려보라. 그러면 당신의 기억은 더욱 정확하게 된다. 거리나 시간대가 문제 되고 있는 경우에, 당신의 대답이 어림짐작에 불과하면, 그렇다고 그대로 말하라.
8. 똑똑하고 크게 말하라. 법정에서 가장 멀리 있는 사람도 들을 수 있을

만큼 말이다. 반대 신문을 하는 당사자나 소송대리인이 질문을 하면 질문자보다는 재판부를 쳐다보면서 친구나 이웃에게 말하듯이 정직하고 솔직하게 답하는 게 좋다. 만약 배심원이 있으면 배심원을 향하여 답하라.
9. 질문을 들을 때는 주의를 기울여라. 상대방이 요구하는 취지에 부합하는 답변을 하도록 해야 한다. 너무 열성적으로 대답하려고 할 필요는 없다. 답변을 하기 전에 호흡을 가다듬는 게 차분함을 유지하는 데 도움이 된다.
10. 이해하지 못하는 질문에 대해서는 절대로 답변하지 말라. 대신 질문자에게 질문의 내용을 다시 한 번 알려달라고 정중하게 부탁하라.
11. 필요하다면 답변에 대한 부연설명을 하는 것이 좋다. 판사에게 당신의 답변을 설명할 기회를 달라고 요청하라. 특히 '예/아니오'로 충분히 대답할 수 없을 때는 더욱 그렇다. 그러나 그런 경우는 흔치 않고 일부러 그럴 필요는 없다. 먼저 질문에 대해 답변부터 하고 그 다음 상황에 따라 부연설명을 한다.
12. 질문자가 묻지도 않은 사실에 대해 자발적으로 정보를 제공하지 말라.
13. 답변은 짧고 핵심만을 이야기하라. 긴 대화를 피하라.
14. 답변이 정확하지 않았다고 느껴지면 즉각 그것을 수정하라. 답변이 분명하지 않았다면, 분명하게 다시 말하라.
15. 가능하다면 모호한 답변은 피한다. 예컨대 '그런 것 같습니다, 그렇게 생각합니다, 그렇게 믿습니다, 제 견해로는'이라고 말하지 말라. 헷갈리면 모른다고 답하라. 기억이 애매하면 '잘 기억나지 않습니다.'라고 답하라. 추측은 절대 금물이다.
16. 증인은 견해를 말하는 사람이 아니다. 요구하지 않는 이상 의견을 말하지 않는다. 판사는 사실(fact)에 대해서만 관심을 갖고 있을 뿐, 결론이나 견해에 대해서는 관심을 가지지 않는다. 만약 묻지 않은 의견을 말하면 듣는 판사는 자신의 권한을 침해당한 것처럼 기분 나빠 한

다. 예외가 있는데 증인으로 참석한 전문가에게는 결론이나 견해를 묻기도 한다.
17. '그것이 대화 내용의 전부입니다, 그밖에 다른 일은 없었습니다'라는 식으로 말하지 말라. 대신 '그것이 제가 기억하는 전부입니다, 제가 기억하기로는 그렇습니다'와 같이 말하라. 기억에 대해서는 겸손한 태도를 취하는 것이 좋다.
18. 공손하게 예의를 갖추어라. 질문하는 상대방 측 사람이 당신을 거칠게 몰아붙여도 당신만큼은 깍듯이 하라. 건방을 떨거나 적대감을 드러낼 필요는 없다. 판사의 신뢰감을 잃을 수 있다.
19. 진실을 말할 것이라고 맹세했으므로 진실을 말하라. 당신에게 유리하지 않더라도 진실만을 말하라. 당신의 답변이 당신에게 유리할 것인가 해가 될 것인가를 헤아려보기 위해 답변을 멈추지 말라. 질문에만 충실히 답변하고 기억력을 살리기 위해 최선을 다하라.
20. 당신이 사건과 관련하여 앞서 한 발언에 대해 다시 질문을 받을 수도 있다. 진술서나 진술조서 작성 시 당신이 한 발언, 혹은 앞선 증언에서 한 발언 등에 대해 재차 질문을 받을 경우에는, 무엇이 읽혀지고 있는가, 무엇이 반복되고 있는가를 귀 기울여 들은 후에, 충실한 답변을 하여야 한다. 그래서 증언대에 서기 전에 미리 그 사건과 관련된 문서 등을 보거나 기억을 더듬어 둘 필요가 있다.
21. 앞서 했던 진술에 대해 그런 말을 한 적이 있는지 물어올 수 있다. 그럴 때 겁을 먹지 말고 차분히 그랬다고 응대하면 된다. 그리고 같은 질문에 대해서 당신의 답변은 앞서의 진술과 모순되어서는 안 된다. 만약 종전의 진술과 차이가 나면 그렇다고 인정하고 그 이유를 설명하라.
22. 긴장하는 것처럼 보이지 않도록 노력하라. 손을 맞잡고 움직이거나 코를 만지작거린다거나 안경에 손을 대거나 팔꿈치를 문지르거나 입을 가리는 등 반복적인 행동을 하지 말라. 그러한 행동은 당신이 겁을 먹

고 있거나 진실을 말하지 않고 있다는 인상을 풍긴다.
23. 이성을 잃거나 짜증을 부리지 말라. 상대방 측 사람들은 당신을 자극하여 이성을 잃게 하거나 증인신청인 측에 불리한 발언을 하게 만들려고 애를 쓸 것이다. 그러므로 항상 침착하라.
24. 질문에 답변하고 싶지 않거든 그대로 말하라. 공연히 판사에게 묻지 않도록 하라. 판사나 배심원은 당신이 뭔가를 숨기고 있다고 생각할지도 모른다. 한편 판사가 답변하라고 요구하면 그렇게 하라.
25. 변호사를 쳐다보거나 도움을 요청하기 위해 판사를 바라보거나 하지 말라. 질문이 적절하지 못하면 변호사가 알아서 이의제기를 하거나, 이미 답변을 했을 경우에는 기록에서 삭제해 줄 것을 요청할 것이다. 다만 당신은 바로 답변하지 말고 변호사가 이의를 제기할 만한 짧은 틈을 주는 게 좋다.
26. 상대방과 논쟁을 벌이지 말라. 그것은 변호사가 할 일이다.
27. '예/아니오'라고 말로 대답해야 할 상황에서 머리를 끄덕이거나 흔드는 것으로 의사를 표현하지 말라. 법정 속기사나 기록장치가 답변을 들을 수 있거나 포착할 수 있도록 해야 한다.
28. 당신이 변호사와 의논하였는지 묻는 상대방의 질문에 위협을 느끼지 말라. 상대방은 다음과 같은 질문을 던질 수도 있다. "이 사건에 대해 누군가와 이야기를 나누었습니까?" 당신이 "아니오"라고 대답하면 판사는 아마도 당신의 말이 진실이 아니라고 생각할 것이다. 왜냐하면 유능한 변호사는 증인이 증언대에 서기 전에 항상 접촉하려고 시도하기 때문이다. 당신이 "예"라고 대답하기를 꺼리는 이유는 상대방이 '어떻게 말하라고 지시를 받은 것은 아닌가' 하고 암시할 수 있기 때문이다.

가장 좋은 방법은 정직이다. 당신이 이야기를 나눈 사람이 변호사이든 당사자이든 다른 증인이든 상관없이 당신은 누구와 어떤 얘기를 나누었는지 그들에게 말한 바를 그대로 말하라. 상대방이 큰소리로 우롱하

듯 "당신이 이 사건과 관련된 당신의 증언을 그 변호사와 의논하였노라고 지금 이 존귀한 법정에서 말하고 있는 겁니까?"라고 묻거든 그냥 "예"라고만 대답하면 된다. 사건의 사실관계에 대해 당신이 변호사와 의논하더라도 하등 문제될 것이 없다. 오히려 그렇게 할 것이 기대된다. 잘못이 있다면 당신에게 말할 내용을 정해주는 변호사에게 있다.
29. 배심원 혹은 예비배심원과는 그 누구와도 법정 안팎에서 논의를 해서는 안 된다.
30. 증언을 마치고 증언대에서 내려온 후에도 당당하라. 다만 미소를 짓는 것은 금물이다. 승리감에 도취되어 어깨에 힘을 주면 안 된다.

내용증명은 내용을 '증명' 해주지 못한다

▶ 증거가 없는 사람이, 증거를 만들기 위해 가장 많이 사용하는 방법 가운데 하나가 '내용증명우편'이다. 그러나 내용증명은 일방적으로 내가 상대방에게 어떤 사실을 알리는 데 쓰는 것이지, 요건 사실을 핵심적으로 증명해주는 증거가 되지 못한다. 다만 돈을 달라고 촉구했다는 사실을 입증하거나(판사는 간혹 '원고는 받을 돈이 있으면서 왜 적극적으로 돈을 달라고 요구하지 않았습니까?' 하고 묻는 경우가 있다. 진짜 빌려준 게 맞는지 의심스럽기 때문에 묻는 것이다. 이럴 때 채무자에게 말로 수십 번 얘기했다고 주장하는 것보다 '내용증명'을 제출하면 당신이 돈을 갚으라고 촉구했음을 쉽게 증명할 수 있다.) 혹은 세입자와의 계약 해지를 통보했다는 사실을 입증할 때는 증거가 된다.

▶ 그럼 왜 내용증명을 보내는 것일까? 내용증명은 '시효 중단'과 밀접한 관련이 있다. 채권은 채권이 발생한 날로부터 일정 기간이 지나면 더 이상 달라고 요구할 수 없게 된다. 이를 시효라고 부르는데 보통 3~10년 정도다(자세한 건 2부 참조). 그런데 내용증명을 보낸 뒤 6개월 이내에 소송을 걸게 되면 시효 진행이 중단되어 채권이 살아 있게 된다. 다음 예를 보자.

2015년 1월 5일 : A가 B에게 돈을 꿔주었다.

2015년 6월 1일 : B가 A에게 돈을 갚기로 한 날(변제기)이 되었다. 그러나 B가 돈을 갚지 않아 연체되기 시작했다.

2018년 6월 1일 : 변제기 이후 만 3년이 되는 날짜로 이 날이 지나면 채권이 소멸된다. 하루 전날인 같은 해 5월 31일 A는 B에게 내용증명을 발송하여 돈을 갚으라고 촉구한다. 그러나 B는 연락이 없다.

2018년 11월 29일 : 내용증명을 발송한 지 6개월이 지나기 전. A가 B를 상대방으로 대여금청구의 소를 제기한다. 날짜로는 채권 소멸 시효 기간이 지나서 채권이 사라졌다. 그런데 A는 소멸 시효가 완성되기 전 내용증명을 발송한 적이 있다. 내용증명 발송일로부터 6개월 이내에 소송을 제기하면 소멸 시효는 중단된다(민법제174조). 즉 채권이 여전히 살아 있는 것으로 본다는 얘기. 소송이 끝나서 원고 승소 판결이 나면 채권의 소멸시효는 확정된 때부터 10년으로 연장된다(민법제165조).

▶ 정리하면, 돈을 빌려준 경우, 내용증명 자체는 상대방이 나에게 돈을 얼마 빌렸다는 사실을 입증하는 자료는 못 되며, 대신 내용증명에 대한 상대방의 답변이 증거가 될 수 있고, 내가 상대방에게 돈을 달라고 촉구했다는 점을 입증할 때 쓰인다. 그리고 무엇보다 소멸 시효를 중단시키기 위해, 즉 6개월 이내에 소송을 들어갈 것을 예정하고 보내는 데 의미가 있다.

▶ 참고로, 현실적인 목적을 생각한다면 가급적 각서라도 받아두는 게 좋다. 예컨대 평소 채무자가 사기꾼 같아서 믿을 수 없고 여러 번 변제기를 지키지 않은 사람이라면 '언제까지 갚겠다'는 내용으로 각서를 받아둔다. 각서는 '채무승인(내가 빚진 게 맞다.)'이 되어 '시효중단' 효력이 있다. 일반적으로 소멸시효 중단에서 내용증명보다 더 유효하다고 본다.

▶ 한편, 내용증명을 받은 상대방은 어떻게 반응할까? 순순히 인정하면 좋겠지만 상대방은 '어라, 내용증명을 보내? 소송이라도 한다는 말인가?' 하고 당신의 의도를 알아차릴 가능성이 있다. 아직 준비가 덜 되었는데 상대방이 알아차렸다면 증거 수집에서 애를 먹을 수 있다는 점을 기억하자.

▶ 한편 당신이 내용증명을 받았다면 어떻게 해야 할까? 내용증명에 대해서 꼭 답변해야 하는 것은 아니다. 대신 모든 사정을 감안하

여, 유리한 내용이 있다면 그렇게 답변을 하되, 그렇지 않으면 무시하면 된다.

누가 증명할까? - 입증책임의 분배

▶ A가 돈을 떼어 먹어 A를 상대로 소송을 제기했다. 이 경우 A가 돈을 떼어 먹었다는 사실은 누가 증명해야 할까? 원고? 물론 원고 입장에 있는 사람이 증명해야 하는 건 맞지만 '원고'라서 해야 하는 건 아니다.

▶ 누가 증명할 것인가 하는 문제를 '입증책임'이라고 한다. 여기에는 원칙이 있는데 '자기에게 유리한 내용(요건사실)을 주장하는 당사자가 그 주장을 입증해야 한다'는 것이다. 입증책임은 원고나 피고에 따라 주어지는 것이 아니라 채권자, 채무자, 권리자, 의무자라는 지위에 따라 분배된다.

▶ 입증책임 문제는 주로 판사가 '누구에게 입증을 촉구할 것인지' 결정할 때 발생한다. 법정에 서면 판사가 종종 '증거 자료를 내라'고 누군가에게 요청하는 경우가 있는데 이게 입증책임을 분배하는 것이다. 만일 판사가 '증거를 내라'고 촉구했는데 아무런 증거를 대지 못하면 당연하게도 불리한 판단을 받게 된다.

▶ 다만 최근에는 입증책임이 줄어든 사례가 있다. 교통사고를 당한

자가 평생 치유되기 힘든 후유증을 갖게 되었을 때 이 사람의 다친 정도는 어떻게 판단하며, 또 손해배상금은 얼마를 청구해야 할까? 이와 같이 전문가가 나서도 이견이 있을 수밖에 없는 사안에 대해서는 합리성과 객관성을 잃지 않는 범위에서 개연성 있는 증명이면 충분하다는 게 대법원의 판례다(대법원 89다카1275판결). 산업재해에 있어서도 업무와 질병 사이의 인과관계를 따질 때 '개연성 있는 증명이면 충분하다'고 보고 있다(대법원 91누10022 판결). 이것을 '입증책임이 완화되었다'고 말한다.

▶ 공장에서 버린 폐수가 마을 주민의 건강에 해를 끼쳤다면 원칙적으로는 피해자가 시냇물의 오염 정도와 이에 따른 피해 사실을 밝혀서 제출해야 한다. 그러나 일반인이 증명하기 어려울 때는 기업체에 검사 자료를 만들어서 제출하라고 명령을 내리기도 한다. 이처럼 환경오염에 따른 공해소송이나 의료과오소송, 제조물책임소송 등에서 입증책임은 완화되거나 혹은 소송당사자에게 분담시키는 경향이 높아졌다.

민사 증거와 관련, 알아두면 좋은 상식

민사소송에서는 증거에 제한이 없다. 그러나 다음과 같은 증거를 제출할 때는 정해진 룰을 가급적 지키는 게 좋다.

① **대신 계약을 맺은 경우** : A가 자기 대신 B에게 계약서에 사인을 하도록 시킨 경우, B에게는 대리권이 있어야 한다. 대리권은 위임장을 통해서 증명할 수 있는데, 법정에서 이 사실을 증명하려면 위임장과 같은 서면을 제출하는 것이 통상의 예다. 그러나 다른 누군가의 증언이나 과거 사례 등으로 입증하는 경우도 있다.

② **소명방법** : 비교적 간단한 사건에서 판사가 당사자에게 '소명자료가 있느냐'고 묻는 경우가 있다. 크게 의심할 여지가 없는 사실에 대해서 그 자리에서 증명할 만한 자료가 있는지 묻는 것이다. 지금 법정에 함께 참석한 증인이 있거나 아니면 현재 소지하고 있는 서류가 있다면 보여 달라는 말이다. 이와 같이 '소명방법'은 그 자리에서 바로 확인할 수 있는 증거방법으로 하는 것이 원칙이다.

③ **변론조서** : 법정에 가면 법원사무관이 변론진행 과정을 기록하는 모습을 볼 수 있다. 이들이 작성하는 문서를 '변론조서'라고 하는데 변론이 어떻게 진행되었는지 증명하기 위해서는 변론조서만을 확인하도록 되어 있다(다른 증거는 일절 받지 않는다.).

④ **공문서, 사문서** : 공문서의 경우, 공무원이 직무 중에 작성한 것으로 인정될 때에는 진정한 공문서로 추정한다('진정한 공문서'란 진정성립이 된 공문서라는 말이다.). 사문서의 경우, 본인이나 대리인의 서명이나 도장, 손도장이 찍혀 있으면 진정한 사문서로 추정한다. 물론 '추정'이기 때문에 반대되는 증거만 있다면 반박될 수 있다. 다만 반박하기 위한 증거가 매우 명확해야 한다.

⑤ **상대방의 증거 제출 방해** : 증거에 제약이 없다는 말은, 그렇다고 상대

> 방의 증명을 방해해도 된다는 뜻은 아니다. 만일 제출의무가 있는 문서를 훼손하여 쓸 수 없게 만들거나 갖다 버리는 등 상대방의 증명을 고의로 방해하면 판사는 그가 뭔가 감추려고 했다고 보고 그에게 불리한 사실을 인정할 수 있는 규정이 있다(법제350조). 예컨대 A가 증인진술서를 훔쳐서 태워버렸다면, 진술서에 담긴 내용을 별다른 증거 없이 사실로 인정할 수 있다는 말이다.

실제 사건, 증거와 의심

▶ 증거와 관련된 실제 사건 하나를 살펴보자. 이 사건은 여러 사정이 복합적으로 얽혀 있다. 민사소송과 함께 형사소송이 진행되었으며, 증거를 두고 치열한 공방이 있었다. 이 사건은 여러 가지 면에서 참고할 게 많다.

▶ 이 사건의 원고는 핵심 증거로 처분문서를 제출했다. 원고가 제출한 처분문서는 차용증과 현금보관증이었다. 차용증이란 돈을 빌렸다는 사실을 적은 것이고, 현금보관증은 내 돈을 다른 누군가가 보관하고 있다는 사실을 적은 문서로, 사실상 돈을 빌려주었다는 의미에서는 같은 문서다.

▶ 차용증과 현금보관증은 처분문서로, 만일 '진짜' 차용증이라는 사실만 밝혀지면 강력한 증거가 된다. 그런데 이 사건에서는 처분문

서가 의심을 받으면서 뜻하지 않은 상황으로 소송이 전개된다.

다툼이 없는 사실

▶ 원고는 일수에 의한 사채놀이를 하는 사람이었고, 피고와는 1999년 5월경 지인을 통해서 알게 되었다. 피고는 원고에게 350만 원을 빌리고 약속대로 1주일 뒤에 이자와 함께 갚으며 첫 거래를 텄고, 이후 둘은 수차례에 걸쳐 돈을 빌리고 갚는 방식으로 거래를 이어갔다.

쟁점

▶ (원고의 주장) 원고가 제기한 소장을 보면 원고는 피고에게 5억 7,663만 원의 돈을 빌려주었다. 이 가운데 ① 5억 2천은 1999년 5월부터 2002년 6월 사이에 빌려준 것으로 차용증을 증거로 갖고 있으며, ② 4천 5백은 2002년 10월에 빌려준 것으로 차용증과 현금보관증을 갖고 있다. 한편 ③ 2003년 2월, 3월, 6월에 걸쳐 1,163만 원을 빌려주었는데 이때 빌려준 돈에 대해서는 따로 차용증이 없었다. 원고의 주장은 한마디로, 지금까지 빌려준 돈 5억 7,663만 원을 갚으라는 내용이었다.

▶ (피고의 주장) 그런데 피고는 돈을 받을 사람은 도리어 자신이라며 반소를 제기했다(원고가 제기한 소송을 본소라고 하고, 이에 대해 피고가 거꾸로 청구하는 소송을 걸면 반소가 된다. 본소에서 원고가 패소하더라도

피고가 돈을 받을 수 있는 게 아니므로 피고는 다시 반소를 제기한 것이다.).

▶ 피고는 통장계좌 내역을 증거로 제시하며 원고가 피고에게 송금한 액수보다 피고가 원고에게 송금한 액수가 더 많다는 점을 지적했다. 구체적으로 보면 원고가 지금까지 피고에게 이체한 돈은 4억 9,539만 5,000원이고, 피고가 원고에게 보낸 돈은 9억 7,165만 8,820원이다. 원고가 피고 대신 지불한 카드 연체 대금 663만 원을 뺀다고 하더라도 피고는 원고에게 4억 7,626만 원을 더 보냈으므로 그만큼 받을 돈이 있다는 주장이었다. 그러면서 위 액수를 청구하는 반소를 제기하였다.

▶ (피고가 제출한 증거) 물론 이렇게 주장만 한 것은 아니다. 피고가 원고의 주장이 사실이 아님을 밝히려면 원고가 제출한 처분문서, 즉 차용증과 현금보관증을 의심할 만한 또 다른 증거를 제시해야 한다. 피고는 처분문서가 가짜임을 밝히기 위해 '조정조서'를 함께 제출했다.

▶ (증거의 출처) 이 조정조서의 출처를 알기 위해서는 이 사건의 배경을 알아야 한다. 원고는 처음부터 5억 7,663만 원에 대해서 소송을 제기한 게 아니라 제일 마지막에 빌려주었다고 주장하는 1,163만 원에 대해서 대여금 소송을 먼저 제기했다가 다시 청구취지를 확장하며 이 소송으로 이어진 것이다. 당시 소액사건 때 판사는

조정결정을 내렸다. 그런데 조정기일에 원고가 진술했던 말이 말썽이 된 것이다. 원고는 담당조정판사가 있는 자리에서 피고가 '다른 채권자에게 보여주기 위해 필요하니 현금보관증을 써달라'고 4~6회에 걸쳐 자신에게 요청했고, 원고는 별다른 의심 없이 써주었으며, 이후 원고는 이 가짜 처분문서들을 폐기했다고 진술했다. 피고는 당시 조정조서에 적힌 이 내용을 증거로 제출하며, '가짜로 써준 현금보관증으로 소송을 제기할 줄은 몰랐다'며 억울함을 호소했다.

판사는 사건을 어떻게 보았을까?

▶ (판사의 생각) '다른 사람도 아니고 원고 본인이 가짜 현금보관증을 써준 적이 있다고 증언했다면 이번에 증거로 제출한 현금보관증도 가짜일 수 있다는 말이 아닌가? 도리어 피고는 통장계좌내역이라는 명확한 증거가 있지 않은가? 그렇다면 원고의 주장은 거짓이고, 피고의 주장이 사실일 가능성이 크다.'

▶ 마침 이 사건은 형사고소로도 이어져 형사재판이 진행 중이었다. 원고는 처음 피고를 상대로 민사 소송을 통해 문제를 해결하려고 했다. 그런데 피고가 도리어 반소를 제기하자 화가 난 원고는 차용증과 현금보관증을 첨부하여 '피고가 나를 속여서 내 돈 5억 7,663만 원을 가로챘다'며 사기죄로 피고를 고소했다. 그런데 검찰은 피고를 불기소처분(혐의 없음)하고 도리어 원고를 무고 혐의

(죄 없는 사람에게 죄 있다고 고소했다는 혐의)로 입건하여 기소했다. 상황이 역전되어, 원고가 피고인으로 법정에 섰으며, 1심에서 유죄 판결을 받았다. 이후 민사소송 1심에서도 원고는 패소하고 피고가 승리하는 결과를 맞았다. 원고는 졸지에 무고죄를 뒤집어쓰고, 4억 7,626만 원을 갚아야 하는 처지가 된 것이다.

반격 준비

▶ 그러나 원고(의뢰인)는 민사와 형사 모두 결과를 받아들이지 못하고 항소를 준비하기 위해 필자를 찾았다. 그동안 원고가 대응한 방식을 보니 원고는 문제가 된 차용증과 현금보관증 2개만 증거로 제출하고 다른 증거는 하나도 제시하지 못하고 있었다. 설령 가짜 처분문서를 쓴 전력이 있더라도 이번 문서가 진짜라면 다른 증거를 통해서 입증할 수 있는데 이를 소홀히 한 것이다. 일단 상황을 역전시키려면 원고가 피고에게 준 돈이 피고가 원고에게 준 돈보다 많다는 것, 즉 원고가 빚쟁이가 아니고 피고가 빚쟁이가 분명하다는 것을 간접적으로라도 증명해야 했다. 그래서 필자는 의뢰인(원고)에게 이렇게 요청했다. "증거가 필요하다. 이 사건과 관련된 것은 먼지까지 싹싹 쓸어다가 나에게 보여 달라." 물론 원고의 말이 거짓일 수도 있다. 그러나 변호사 입장에서는 의뢰인이 진실을 말한다고 가정할 수밖에 없으며, 그래서 최선을 다해 증거 수집에 나선 것이다.

▶ 이 사건의 쟁점은 원고(의뢰인)가 제시한 처분문서가 진짜인가 가짜인가 하는 점이었다. 원고의 처분문서가 인정받지 못한 이유는 원고가 허위로 처분문서를 작성했던 경험이 있음을 스스로 밝혔기 때문이다. 의뢰인(원고)은 나의 조언에 따라 집안을 한바탕 뒤집어엎고 관련된 자료를 하나도 빼놓지 않고 다 가지고 왔다. 그 자료에는 여러 차용증과 매출 전표, 은행 통장, 하다못해 휘갈겨 쓴 장부, 메모까지 담겨 있었다. 필자는 그 증거 후보들을 들여다보는 동안 차용증 사이에 한 가지 차이가 있다는 사실을 알았다. 어떤 차용증에는 피고의 지문과 날인만 있었고, 어떤 차용증에는 다른 사람(알고 보니 피고의 남편이었음)의 이름과 지문, 날인이 적혀 있었다. 그 부분을 지적했더니 의뢰인(원고)이 뭔가 기억난 듯이 말했다. "맞아요, 진짜 차용증에는 남편 이름을 적게 했어요. 헷갈릴까 봐 그런 거죠. 상단에는 '정식'이라고 글자를 써넣게 했고요." 그러고 보니 차용증 위에 작게 '정식'이라고 적혀 있었다.

▶ 한 번 거절당한 증거가 다시 증거로 인정받기란 필자의 법조인 경력 수십 년간에도 매우 드문 일이었다. 이 사건 역시 처음의 의심을 100% 지울 만한 완벽한 새로운 증거를 마련할 수 없었다. 앞서 살폈듯이 판사는 일관성을 때로는 증거보다 더 중시한다. 만일 일관성이 깨졌다면 증거들을 대할 때 의심의 강도를 올리기 마련이다. 이 사건 역시 이미 일관성이 심하게 훼손되어(가짜로 차용증을 만들었던 전력이 있었던 만큼) 아무리 새로운 증거가 나온다고 한

들 100% 회복은 불가능했다. 그러나 지금 상황이 어떤가? 의뢰인은 항소에서도 패소하면 실형을 선고받게 되고, 뜻하지 않은 4억 7천만 원을 고스란히 갚아야 하는 입장이 되는 것이다. 돈과 명예에서 큰 손해임에 틀림이 없었다.

새로운 전략과 무죄 판결

▶ 우리는 먼저 형사소송 항소심에 집중하기로 했다. 이러한 경우 통상 민사는 형사소송이 결론 날 때까지 기다려 준다. 우리의 작전은 유죄를 의심할 만한 정황을 지속적으로 제공하는 데 있었다. 우선 차용증이 가짜와 진짜가 있음을 밝히는 데 초점을 두었다. 그리고 원고가 피고에게 빌려 준 돈이 더 많음을 입증하고자 했다.

▶ 형사 항소심은 다행히 무죄로 판결이 났다. 판사는 차용증에 적힌 '정식'이라는 단어와 남편의 서명 날인이 있는 이유를 피고(형사소송에서는 고소인)가 충분히 설명하지 못하고 있다는 점을 들어서 '처분문서가 가짜라고 보기에는 의심스런 점이 있다'고 밝혔다.

▶ 판사가 피고(형사소송에서의 고소인)의 말을 의심하게 된 계기는 다행히 예전 사건 때문이었다. 불과 수년 전 피고는 타인을 기망한 사기죄로 징역 1년, 집행유예 2년을 받은 적이 있었다. 당시 피해자와 합의나 공탁이 필요했을 텐데 돈이 필요했다면 왜 의뢰인(형사소송에서는 피고인)에게 돈을 달라고 촉구하지 않았는지 의심스럽

다고 밝혔다. 또한 받을 때는 현금으로 받고, 줄 때는 계좌이체를 한 것일지 모르기 때문에 은행계좌 기록만 보고 그만큼의 채권이 있다고 보기도 의심스럽다는 말을 덧붙였다. 이에 더해 피고(형사소송에서의 고소인)가 당시 교회 사택과 월세집을 전전했으며, 남편도 신학대학원에 다니는 등 돈 벌이가 넉넉지 못했다는 점을 지적했다.

▶ 사실 형사소송에서는 유죄 판결을 내리기 위해서는 '합리적인 의심이 없을 정도의 증명력'이 필요하다. 만일 여러 정황들이 여러 가능성을 말하고 있다면 이는 합리적 의심이 있다는 말이고, 그래서 유죄 판결을 내리기 어려워진다. 다행히 형사소송은 원하는 결과를 얻으며 무죄를 선고받아 끝을 맺었다. 다음은 당시 무죄 판결문의 일부이다.

• 이유

1. 항소이유의 요지

   가. 사실오인

   피고인(* 위 사건의 원고이자 필자의 의뢰인)이 B(* 위에서 말한 피고이자 원고에게 반소를 제기한 자)를 고소한 내용은 허위의 사실이 아니다. 피고인은 1995. 5.부터 2003. 1.경까지의 총 대여원금 4억여 원과 그 이자를 모두 합하여 2002. 6. 30.자로 소급하여 액면금 5억 2,000만 원의 차용증(이하 '이 사건 차용증'이라 한다.)을 작성·교부받은 것이고, 이와 별도로 2002. 9. 2.부터 2002. 10. 7.까지의 대여금에 관하여 2002. 10. 7. 액면금 4,500만 원의 현금보관증(이하 '이 사건 현금보관증'이라 한다.)을 작성·교부받았다. 이와 같이 피고인은 B에 대하여 이 사건 차용증 및 현금보관증에 기재된 내용대로 대여금 채권을 가지고 있음에도 불구하고, 이 사건 차용증 및 현금보관증이 단지 피고인의 채권자들에게 보여주기 위하여 허위로 작성된 것이라는 B의 진술을 그대로 믿고 피고인을 유죄로 인정한 원심판결에는 채증법칙을 위배하여 사실을 오인한 위법이 있다.

   나. 양형부당
   원심의 형(징역 10월, 집행유예 2년)은 너무 무거워서 부당하다.

2. 이 법원의 판단

   가. 쟁점

이 사건의 쟁점은 처분문서인 이 사건 차용증 및 현금보관증이 거기에 기재된 의사표시의 내용과 달리 '피고인의 채권자들에게 보여주기 위한 용도'로 허위로 작성된 것인지 여부라고 할 것인데, 처분문서는 그 진정성립이 인정되는 경우 그 문서에 표시된 의사표시의 존재와 내용을 부정할 만한 분명하고도 수긍할 수 있는 특별한 사정이 없는 한 그 내용되는 법률행위의 존재를 인정하여야 하므로(대법원 2000. 1. 21. 선고 97다1013 판결, 2000. 10. 13. 선고 2000다38602 판결 등 참조), 이 사건 차용증 및 현금보관증에 표시된 의사표시의 존재와 내용을 부정할 만한 분명하고도 수긍할 수 있는 특별한 사정이 있는지에 관하여 B의 진술을 보기로 한다.

나. B의 진술과 그 신빙성

(1) B는 피고인에 대하여 이 사건 차용증 및 현금보관증에 기재된 바와 같은 차용금채무가 없고 단지 피고인이 '채권자들에게 보여주기만 하고 바로 찢어버릴 테니 차용증을 작성해 달라'고 부탁하므로 이 사건 차용증 및 현금보관증을 허위로 작성해 주었다고 진술하면서, 피고인과 사이에 이와 같이 허위의 차용증을 10회 이상 작성해 준 적이 있다고 한다. 그리고 B는 피고인에 대하여 위와 같은 채무가 있는 것이 아니라 오히려 자신이 피고인에게 약 4억 8,000여 만 원 상당의 채권이 있다고 진술하고 있다.

(2) 그러므로 보건대, 이 사건 기록에 의하면 피고인이 B로부터 이 사건 차용증을 교부받을 당시 이 사건 차용증 외

에 B 명의의 내용허위인 12억짜리 차용증을 함께 교부받은 사실, B가 2002. 2.경 서○○를 사기죄로 고소할 당시 피고인이 B의 요구로 B 명의의 내용허위인 차용증 5장을 교부받아 이를 수사기관에 제출한 사실을 인정할 수 있다. 그러나 이 허위의 차용증에는 모두 B의 서명·날인 또는 무인만 있을 뿐이지만, 이 사건 차용증 및 현금보관증에는 그와 달리 B뿐만 아니라 그녀의 남편인 C(* 위에서 언급한 피고의 남편)가 B와 함께 서명·날인하였다는 점 및 이 사건 차용증에는 그 상단에 "정식"이라고 기재되어 있다는 점 등에 비추어 이 사건 차용금 및 현금보관증이 과연 "채권자들에게 보여주기 위하여" 허위로 작성된 것인지는 석연치 않다.

(3) 그리고 실제로 B가 피고인에게 4억 8,000여만 원 상당의 채권이 있는지 대하여 보건대, 이 사건 기록(특히 B의 당심 법정진술, 서○○의 원심 법정진술)에 의하면 ① B는 피고인이 민사소송을 제기하기 이전에 2002. 11. 12.경 사기죄 등으로 구속되어 2002. 12. 17. 서울지방법원 사기 등 징역 1년, 집행유예 2년을 선고 받았으며(B가 정○○의 허락 없이 정○○ 명의의 신용카드를 발급받아 물품을 구매하고 현금서비스를 받은 사건, 재산범죄 피해액 : 93,045,853원), 2003. 10. 29. 서울지방법원 사기죄 등 징역 1년, 집행유예 2년을 선고받았으므로(위 사건과 동일한 내용의 사건 재산범죄 피해액 : 132,246,311원), 만일 B가 피고인에 대하여 위와 같은 채권이 있었다면 피해자와의 합의 내지 변제공탁 등을 위해서라도 피고

인으로부터 위 채권을 변제받아야 할 필요성이 있었을 것인데도, B는 피고인으로부터 민사소송을 제기받기 전까지 아무런 노력을 하지 않았다는 점, ② B와 피고인 사이에 은행거래내역상 B가 피고인에게 송금한 금액이 더 많은 것으로 나타나기는 하였지만, B가 피고인으로부터 현금을 차용한 후 주로 은행계좌를 통하여 이를 변제하였을 가능성을 배제할 수 없어서 은행거래내역상으로 송금한 금액이 더 많다고 하여 곧바로 동액 상당의 채권이 있다고 단정할 수 없는 점, ③ 실제로 B는 서○○와의 은행거래내역상 B가 서○○에게 더 많은 돈을 송금한 것을 이용하여 2003. 2. 20.경 서○○로부터 약 11억 7,000만 원을 변제받지 못하였다고 하면서 서○○를 사기죄로 고소하였으나, B의 송금액이 더 많다고 하더라도 이는 B가 서○○에게 차용금을 변제한 것으로 보인다는 이유로 사기죄의 무혐의결정이 난 점, ④ B가 피고인과 금전거래를 한 1999.경부터 2003.6.경까지는 교회의 사택이나 월세 집에서 거주하여 특별한 재산이 없었으며, 남편인 C는 신학대학에 다니며 교회전도사로 활동하고 있었고, B는 피고인을 비롯한 여자들과 금전거래를 하는 외에는 특별한 직업이나 수입이 없었던 점 등에 비추어 B가 피고인에게 4억 8,000여만 원의 채권이 있다고 믿기도 어렵다.

다. 소결론

이와 같이 B의 진술은 신빙성이 없고 달리 이 사건 차용증 및 현금보관증에 표시된 의사표시의 존재와 내용을 부정할 만한 분명하고도 수긍할 수 있는 특별한 사정이 있음을 인정할 증거가 없다. 따라서 이 사건 차용증 및 현금보관증이 허위임을 전제로 하는 이 사건 공소사실은 결국 범죄사실의 증명이 없는 경우에 해당하여 형사소송법 325조 후단에 의하여 무죄를 선고하여야 할 것인바, 이와 달리 이 사건 공소사실을 유죄로 인정한 원심 판결에는 처분문서의 증명력에 관한 법리를 오해하고 사실을 오인하여 판결 결과에 영향을 미친 위법이 있다 할 것이다.

3. 결론

그렇다면 피고인의 항소는 이유 있으므로, 형사소송법 제364조 제6항에 의하여 원심판결을 파기하고, 변론을 거쳐 다시 다음과 같이 판결한다.

이 사건 공소사실의 요지는 "피고인은 자영업에 종사하는 자로서, 사실은 B와 친구 사이로 지내면서 1999년경부터 서로 돈을 빌리고 빌려주는 돈거래를 하였으나, 대부분 그때그때 서로 변제하여 2002. 10. 7.경 당시 B에 대하여 5억 6,500만 원의 채권이 존재하지 않음에도 불구하고, B에게 '사채업자에게 보여주기만 하고 바로 찢어버릴 테니 차용증을 작성해 달라'고 부탁하여 B로부터 2002. 6. 30.경 B 명의의 5억 2천만 원 차용증 1매와, 2002. 10. 17.경 B 명의의 4천 5백만 원 차용증 1매를 각 교부받은 후 이를 찢어버리지 않고 계속 소지하고 있는 점을 이용하여 허위 내용의 위 차용증 2매를 근거로 B로부터 차용증상 금액 상당의 돈도 받아내고, B로 하여금 형사처벌을 받게 할 목적으로, 2005. 6. 27.경 서울 서초구 서초동 소재 홍○○ 변호사 사무실에서 '피고소인 B는 돈을 갚을 의사나 능력이 없음에도 1995. 5.부터 2002. 6. 30.까지 고소인 정○○으로부터 돈 5억 2천만 원을 빌리고 2002. 6. 30.경 그 차용증을 작성해주고, 2002. 9. 2.부터 같은 해 10. 7.까지 돈 4,500만 원을 빌리고 2002. 10. 17.경 그 차용증을 작성해 주었음에도 돈을 한 푼도 갚지 않고 이를 편취하였으니 처벌해 달라'는 취지의 허위 내용이 기재된 고소장을 작성하여 같은 달 29.경 서울 강동구 소재 서울강동경찰서 민원실에 우편 접수하여 B를 무고하였다."라고 함에 있는바, 앞서 항소이유에 관한 이 법원의 판단에서 본 바와 같이 이 사건 공소사실은 범죄사실의 증명이 없는 때에 해당하여 형사소송법 제325조 후단에 따라 무죄를 선고하기로 하여 주문과 같이 판결한다.

그렇다면 민사는?

▶ 그러나 민사는 달랐다. 피고 측에서도 변호사를 선임했고, 이미 제출될 만한 증거는 형사소송을 통해 다 나온 상태였다. 만일 형사에서 유죄판결을 받았다면 민사 역시 피고의 승소일 가능성이 높았다. 왜냐하면 형사의 유죄판결은 증명력이 높기 때문에 이를 뒤집기란 하늘의 별 따기였기 때문이다. 다행히 무죄판결을 받았지만 무죄판결을 받았다고 민사까지 승소하리라는 보장은 없었다. 형사소송에서의 무죄판결은 '유죄라고 인정할 만큼 뚜렷한 증거가 없다'는 뜻일 가능성이 크기 때문이고, 이 사건이 그랬다.

▶ 우리는 더 이상 제출할 게 없을 만큼 많은 증거를 제출한 뒤라서 이제부터는 상대방 주장에 흠집 내기에 집중했다. 예컨대 우리는 이런 식으로 공세를 폈다.

① 만일 피고가 원고에게 받을 돈이 있다면 차용증이나 기타 뭐라도 있어야 할 텐데 왜 증거가 없느냐?

② 피고는 과거에도 현금으로 돈을 받고 통장으로 이체하여 갚으면서 통장기록을 자기에게 유리하게 만든 뒤 상대방에게 돈을 달라고 요구한 전력이 있다. 이 때문에 사기죄로 실형을 선고받았다.

▶ 한편 형사소송 항소심 판결을 적극 활용하여 '차용증이 가짜라고 주장하는 피고'에 대해 '피고의 주장이 의심스럽다면 이는 차용증이 진정성립된 것이다'라고 강조했다.

▶ (상대방 변호사의 반론) 물론 이에 대해 상대방 변호사가 가만히 있을 리는 없다. 그들도 다음과 같이 원고의 약점을 파고들었다.

① 원고의 주장대로라면 12억 정도를 빌려주었던 것인데 그만한 돈을 빌려줄 때 장부도 없이 빌려주었다는 게 말이 되는가?

② 현재 수입 등을 보면 과연 12억을 빌려줄 만한 여력이 되는가?

▶ 한편 상대방 변호사는 피고를 옹호하는 주장도 펼쳤다. 즉 피고가 사기죄로 판결을 받았으나 빌린 돈을 다 갚았기 때문에 정상참작되어 집행유예를 받은 것이라고 당시 판결문을 인용했다.

▶ 그리고 무엇보다 중요했던 '차용증의 진정성립' 문제에 대해서 상대방 변호사는 '형사소송의 무죄판결'이 죄가 있는지 의심스럽다는 것이지 죄가 없음이 뚜렷하다는 게 아니므로 차용증은 여전히 진위 여부가 분명치 않다는 점을 강조했다.

최종 결론

▶ 진흙탕 싸움이 되고 나면 어떤 증거도 더는 인정받기 어려워진다. 민사소송 항소심의 판사 역시 부담감을 크게 느꼈을 것이다. 이 사건은 판사 직권으로 조정으로 넘어갔으며 원고와 피고에게 양보를 요구하여 최종 결론은, 피고가 원고(의뢰인)에게 1억 원을 지불하는 것으로 조정되었다. 우리의 승리였다.

▶ 1심에서 유죄판결(형사)과 패소(민사)를 받았던 사건이 2심에서 무죄판결(형사), 승소에 가까운 조정(피고의 반소를 완전히 배제하고 원고의 주장 일부를 받아들였으므로)이 되는 경우도 드물다. 이런 역전극이 가능했던 것은 진짜 차용증과 가짜 차용증 사이의 차이를 발견한 것과, 여기에는 따로 소개하지 않았지만 자질구레한 메모까지 싹싹 긁어모아 원고가 피고에게 준 돈이 더 많았음을 보여주는 데 기여했던 여러 증거가 큰 역할을 했다.

▶ 진실이 있으면 반드시 이를 입증할 증거가 어딘가에는 있다. 최선을 다해 정직하게 증거를 찾고 또 찾자. 그 증거들이 당신의 진실을 오롯이 밝혀줄 것이다.

5장 소장 작성하기

"이제 소장만 작성하면 게임이 시작된다."

소장 내려 받기

▶ 이제, 준비가 어느 정도 되었을 것으로 보인다. 그럼, 본격적으로 소장을 작성해보자.

▶ 우선, 다음과 같은 과정을 거쳐 소장 양식을 구하자.

① 대법원 사이트 www.scourt.go.kr에 접속한다.
② 상단 메뉴에서 '대국민서비스'를 누른다.
③ 오른쪽에 보면 '전자민원센터'라는 아이콘이 보인다. 누른다.
④ 가운데 큼직한 네모가 4개 있다. 이 가운데 '양식모음'을 누른다.
⑤ 여러 분류가 보인다. '민사'를 누른다.

⑥ 1~12번까지 페이지가 보이는데 '소장'은 6페이지에 있다.

⑦ '소장'을 클릭하면 바로 내려 받을 수 있다.

　　* 이밖에 다른 양식도 이곳에서 대부분 구할 수 있다. 양식은 가나다순으로 배열되어 있다.

▶ 다음은, 이 과정을 통해 내려 받은 소장 양식이다(내려 받은 소장을 출력해서 볼펜으로 내용을 적어도 되고, 문서 프로그램에서 직접 작성한 뒤 출력해도 된다.).

| 소장 양식 |

접 수 인	소　　　　　장

사건번호	
배당순위번호	
담 당	제　　　　단독

사 건 명
원　　고　(이름)　　　(주민등록번호　　-　　)
　　　　　(주소)　　　 (연락처)
1. 피　고　(이름)　　　(주민등록번호　　-　　)
　　　　　(주소)　　　 (연락처)
2. 피　고　(이름)　　　(주민등록번호　　-　　)
　　　　　(주소)　　　 (연락처)

소송목적의 값	원	인지	원
(인지첩부란)			

청 구 취 지

1. (예시)피고는 원고에게 55,000,000원 및 이에 대하여 소장 부본 송달 다음날부터 다 갚는 날까지 연 15%의 비율로 계산한 돈을 지급하라.
2. 소송비용은 피고가 부담한다.
3. 제1항은 가집행할 수 있다.
   라는 판결을 구함.

청 구 원 인

1.
2.
3.

입 증 방 법

1. 계약서
2.

첨 부 서 류

1. 위 입증서류   각 1통
1. 소장부본   1부
1. 송달료납부서   1부

20 . . .
위 원고 ○○○ (서명 또는 날인)

휴대전화를 통한 정보수신 신청

위 사건에 관한 재판기일의 지정·변경·취소 및 문건접수 사실을 예납의무자가 납부한 송달료 잔액 범위 내에서 아래 휴대전화를 통하여 알려주실 것을 신청합니다.

■ 휴대전화 번호 :

20 . . .
신청인 원고   (서명 또는 날인)

※ 종이기록사건에서 위에서 신청한 정보가 법원재판사무시스템에 입력되는 당일 문자메시지로 발송됩니다(전자기록사건은 전자소송홈페이지에서 전자소송 동의 후 알림서비스를 신청할 수 있음).
※ 문자메시지 서비스 이용금액은 메시지 1건당 17원씩 납부된 송달료에서 지급됩니다(송달료가 부족하면 문자메시지가 발송되지 않습니다.).
※ 추후 서비스 대상 정보, 이용금액 등이 변동될 수 있습니다.
※ 휴대전화를 통한 문자메시지는 원칙적으로 법적인 효력이 없으니 참고자료로만 활용하시기 바랍니다.

○○ 지방법원 귀중

◇유의사항◇

1. 연락처란에는 언제든지 연락 가능한 전화번호나 휴대전화번호, 그 밖에 팩스번호·이메일 주소 등이 있으면 함께 기재하여 주시기 바랍니다. 피고의 연락처는 확인이 가능한 경우에 기재하면 됩니다.
2. 첨부할 인지가 많은 경우에는 뒷면을 활용하시기 바랍니다.

작성법 ① 비워둘 곳, 비워두어도 될 곳

▶ '접수인', '사건번호, 배당순위번호, 담당'은 비워둔다(소장이 접수되면 법원에서 '사건번호'를 매기는데 이는 고유의 번호다. 나중에 알게 되면 따로 적어두거나 기억하고 있는 게 좋다.).

▶ '사건명'에는 사건 유형을 적는다. 빌려준 돈을 받는 것이라면 '대여금 청구의 소'라고 적고, 등기 이전과 관련된 문제라면 '소유권이전등기 청구의 소' 등으로 적으면 된다. 이밖에 임금 청구의 소, 전세보증금반환 청구의 소, 위자료 청구의 소 등이 있다. 단, 사건명은 필수 기재 사항이 아니므로 비워두어도 된다(비어 있으면 접수 창구 직원이 적어준다.).

▶ 유형이 다른 소송을 동시에 진행하는 경우에는 '청구의 소'라는 글자 앞에 '등'을 붙인다. 예컨대 빌린 돈을 갚으라는 소송과 함께,

집을 비우라는 소송을 거는 것이라면 '대여금등 청구의 소'라고 하거나 '건물명도등 청구의 소'라고 하면 된다.

작성법 ② 피고의 주민등록번호를 모를 때는?

▶ 다음은 원고와 피고의 인적사항을 적는 칸이다. 문제는 피고다. 보통 인적 사항이란 4가지가 기본이다. 이름, 주민등록번호, 주소(거주지), 연락처. 물론 이름과 회사 주소, 회사 연락처만 알아도 소송은 가능하다. 그러나 나중에 승소한 뒤 압류 등 강제집행을 하려면 최소한 이름과 주민등록번호, 거주지 주소를 알고 있어야 한다(주민등록증에 적힌 주소만 알아도 주민센터에 가서 등본을 발급받아 주민등록번호를 알 수 있다. 주민등록법제29조, 동시행령제47조 별표2).

▶ 그런데 주민등록번호를 모르는 경우에는 어떻게 할까? 소장을 접수한 뒤 소송이 시작되면 담당 재판부에 '사실조회신청'을 한다.

▶ 사실조회신청서에는 원고와 피고의 이름, 사실조회기관, 사실조회를 신청하는 목적, 조회하기를 원하는 내용을 적으면 된다. 신청서는 '소장'을 내려 받은 곳에서 찾으면 된다(대법원)대국민서비스〉전자민원센터〉양식모음〉민사〉'사실조회').

▶ 참고로 판결이 난 뒤에는 '사실조회신청'이 불가능하다. 피고의 인적사항을 모르면 소송에서는 이겨놓고 압류 등 강제집행을 할 수

없다. 기껏 힘들게 판결을 받아놓아도 무용지물이 될 수 있다. 사전에 잘 챙기자.

작성법 ③ 소송목적의 값, 인지

▶ 받으려는 돈이 얼마인가(금전이 아니더라도 환산하는 방법이 법령에 있다.)? 이게 소송목적의 값이다. 액수를 적으면 된다.

▶ 소송을 진행하면 수수료를 내게 된다. 소송수수료를 냈다는 사실은 '인지'를 붙여서 표시한다(인지첩부란에 붙인다.).

▶ 수수료는 소송목적의 값에 따라 달라진다. 다음 내용을 참조하여 금액을 준비한 뒤 법원 내 은행이나 우체국에 가서 인지를 사다가 붙이면 된다.

민사소송에 드는 비용은?

▶ 소송에 필요한 비용은 총 5가지다.

① 인지대
② 송달료
③ 변호사 수임료
④ 감정료
⑤ 증인 여비 등

▶ 이 가운데 필수적인 항목이 1번 인지대와 2번 송달료이고, 나머지는 선택 항목이다.

인지대는 얼마?

▶ ①번 인지대는 소송목적의 값에 따라 달라진다.

- 소송목적의 값이 1천만 원 미만인 경우 : 그 값에 1만분의 50을 곱한 금액(최대 5만 원)
  예) 100만 원인 경우 : (1,000,000) ÷ 10,000 × 50 = 5,000원
- 소송목적의 값이 1천만 원 이상 1억 원 미만인 경우 : 그 값에 1만분의 45를 곱한 금액에 5천 원을 더한 금액(최대 45만 5천 원)

예) 5천만 원인 경우 : (50,000,000) ÷ 10,000 × 45 + 5,000
= 5,000 × 45 + 5,000 = 230,000원

- 소송목적의 값이 1억 원 이상 10억 원 미만인 경우 : 그 값에 1만분의 40을 곱한 금액에 5만 5천 원을 더한 금액(최대 405만 5천 원)

예) 5억 원인 경우 : (500,000,000) ÷ 10,000 × 40 + 55,000
= 50,000 × 40 + 55,000 = 2,055,000원

- 소송목적의 값이 10억 원 이상인 경우 : 그 값에 1만분의 35를 곱한 금액에 55만 5천 원을 더한 금액

예) 50억 원인 경우 : (5,000,000,000) ÷ 10,000 × 35 + 555,000 = 500,000 × 35 + 555,000 = 18,055,000원

송달료는 얼마?

▶ ②번 송달료는 소장 등을 법원에서 원고와 피고에게 보낼 때 드는 우편 비용이다. 소액사건이냐 단독사건이냐 조정사건이냐에 따라, 또 당사자의 수에 따라 달라진다. 예컨대 민사 1심 소액사건으로 당사자(원고와 피고) 수가 2명이면 74,000원이다(당사자수 × 송달 횟수 10회 × 기본료 3,700원). 송달 10회는 사건에 따라 정해져 있는 기준으로, 실제로 10회가 아니어도 먼저 10회분을 낸다(회수가 남는 경우 나중에 돌려받는다.). 사건에 따른 송달료 계산은 다음과 같다.

- 민사 1심 소액사건 : 당사자 수 × 송달 10회 × 기본료(3,700원)
- 민사 1심 단독사건 : 당사자 수 × 송달 15회 × 기본료
- 민사 1심 합의사건 : 당사자 수 × 송달 15회 × 기본료
- 민사 항소사건 : 당사자 수 × 송달 12회 × 기본료
- 민사 상고사건 : 당사자 수 × 송달 8회 × 기본료
- 민사 조정사건 : 당사자 수 × 송달 5회 × 기본료
- 부동산 등 경매사건 : (신청서에 적힌 이해관계자 수 + 3) × 송달 10회 × 기본료

▶ 법원 내 은행에 가서 인지대와 함께 송달료를 지불하고 납부서를 소장과 함께 제출한다.

그럼, 변호사 수임료는?

▶ ③번 변호사 수임료는 자유롭게 책정하도록 되어 있으나 민사에서는 패소한 사람이 변호사 수임료를 내도록 되어 있으므로 일정한 기준을 마련해 두었다. 판결이 선고되면 주문에서 소송비용의 부담 비율을 표시한다. 이를 위해 마련된 것이 '변호사보수의 소송비용 산입에 관한 규칙'이다. 이 범위 안에서 승소한 사람은 패소한 사람에게 변호사 비용을 받을 수 있다. 현실적으로는 규칙에서 정하는 비용보다 실제 변호사 비용이 높은 경우가 많아서 승소하더라도 변호사 비용을 승소자가 일부 부담하는 경우도 있다.

▶ 규칙에서 제시하는 변호사 수임료는 소송목적 값에 따라 달라진다. 규칙에서 정한 기준이다.

| 별표 개정 2007.11.28 |

소송목적의 값	소송비용에 산입되는 비율
1,000만 원까지 부분	8%
1,000만 원을 초과하여 2,000만 원까지 부분 [80만 원+(소송목적의 값-1,000만 원)×$\frac{7}{100}$]	7%
2,000만 원을 초과하여 3,000만 원까지 부분 [150만 원+(소송목적의 값-2,000만 원)×$\frac{6}{100}$]	6%
3,000만 원을 초과하여 5,000만 원까지 부분 [210만 원+(소송목적의 값-3,000만 원)×$\frac{5}{100}$]	5%
5,000만 원을 초과하여 7,000만 원까지 부분 [310만 원+(소송목적의 값-5,000만 원)×$\frac{4}{100}$]	4%
7,000만 원을 초과하여 1억 원까지 부분 [390만 원+(소송목적의 값-7,000만 원)×$\frac{3}{100}$]	3%
1억 원을 초과하여 2억 원까지 부분 [480만 원+(소송목적의 값-1억 원)×$\frac{2}{100}$]	2%
2억 원을 초과하여 5억 원까지 부분 [(만 원+(소송목적의 값-2억 원)×$\frac{1}{100}$]	1%
5억 원을 초과하는 부분 980만 원+(소송목적의 값-5억 원)×$\frac{0.5}{100}$]	0.5%

▶ 예컨대 소송목적의 값이 1000만 원이면 변호사 수임료는 80만 원에 해당한다. 만일 당신이 승소하였다면 80만 원의 비용은 패소한 자가 변제해야 한다는 말이다(만일 당신이 100만 원에 변호사를 선

임했다면 80만 원은 패소한 사람이, 나머지 20만 원은 당신이 부담해야 한다.).

▶ 한 가지 주의할 점이 있다. 이 기준을 적용했을 때 변호사 수임료가 30만 원 미만인 경우가 있다. 이때는 최소 금액인 30만 원으로 한다. 예컨대 소송목적의 값이 100만 원인데 변호사를 선임했다. 별표의 기준에 따르면 변호사 비용은 8만 원이지만 최소 금액을 적용, 30만 원으로 한다는 말이다.

▶ 한편 가압류, 가처분 명령의 신청(변론이나 신문을 한 경우)이나 그 명령에 대한 이의 또는 취소의 신청사건을 변호사에게 맡기는 경우가 있다. 이런 경우 별표 기준액의 절반만 비용으로 책정한다.

소송비용 절감 방안

▶ 소송비용에는 인지대, 송달료, 변호사 수임료, 증인 여비, 감정비용 등이 있다. 이 가운데 가장 큰 비중을 차지하는 게 인지대와 변호사 수임료다.

▶ 인지대는 소송목적의 값(소가)이 올라가면 함께 올라간다. 만일 소송에서 입증에 자신이 없을 때(승소 가능성이 크지 않다고 보일 때) 소송목적의 값(청구금액)을 낮추는 방법이 있다. 예컨대 원래 받아야 할 돈이 100억인 경우, 일부 청구임을 전제로 100억 가운데 1억 원만 우선 청구한다. 나중에 승소 가능성이 높아지면 청구금액을 확장하는 방법이 있다(청구취지 확장 신청).

▶ 청구취지 확장 신청은 항소심까지 소송이 진행되는 동안에는 자유롭게 신청할 수 있으므로 이 방법을 쓰면 패소했을 때 비용 문제를 어느 정도 해결할 수 있다.

▶ 한편 변호사 수임료의 경우, 변호사와 협상할 여지가 있다. 수임료라는 것은 용역 대가이므로 용역의 내용, 여기에 들이는 변호사의 수고, 시간, 의뢰인과 변호사와의 관계 등 다양한 변수가 작용하여 자유의지로 계약하는 것이다. 예컨대 사실 관계를 꼼꼼하고 명확하게 잘 정리하여 제공하면 그만큼 변호사 업무가 줄어든다. 그만큼 의뢰인에게 협상력이 높아져 수임료를 깎아줄 여지가 있다.

* 이와 관련, 필자는 의뢰인에게 늘 당부하는 말이 있다. 설령 변호사에게 사건을 의뢰하더라도 처음부터 끝까지 사건 진행에 깊은 관심을 갖고 가능하면 깊이 참여하라는 것이다. 그런 맥락에서도 사실 관계 정리는 설령 변호사의 도움을 받는다고 하더라도 반

드시 본인이 해보려고 노력해야 한다. 그래야 사건 진행 상황을 속속들이 알게 되고, 대응책을 찾는 데 도움이 되며, 혹시라도 나중에 소송 사건에 휘말렸을 때를 대비하여 노하우를 가질 수 있다. 그리고 무엇보다 사회생활을 하는 데 소송에 휘말리지 않는 대비 노하우도 배울 수 있다.

▶ 변호사 비용을 줄이는 정말 좋은 방법 가운데 하나는, 승소하는 것이다. 청구취지에 보면 '소송비용은 피고가 부담한다'는 항목이 있다. 이는 승소를 전제로 한 말이다. 물론 변호사 비용 전부를 피고가 내는 것은 아니므로 한계는 있다(변호사보수 관련 규칙에서 정한 범위 안에서만 패소자가 지불한다.).

▶ 다만, 변호사 수임료를 너무 깎으려고 하는 게 꼭 좋은 방법만은 아님을 짚고 가야겠다. 세상에 공짜는 없다. 많이 받으면 많이 받은 만큼 일을 하려고 하고 또 평소에 잘 쓰지 않던 방법까지 찾으려고 노력하기 때문에 승소 가능성도 그만큼 높아진다.

작성법 ④ 청구취지 작성하기

▶ 청구취지란 여러분이 이 소송을 통해 얻고자 하는 내용을 적는 곳이다. 받을 돈이 100만 원 있다면, 그 내용을 적는 것이다(나중에 판결문에서는 '주문'으로 표시된다. 그리고 그 내용이 강제집행의 대상이 된다.).

▶ 아래 예시를 보자.

> 청구취지
> 1. 피고는 원고에게 금550,000,000원 및 이에 대하여 2008. 2. 3.경부터 이 사건 소장 부본 송달일까지는 연 5%, 그 다음날부터 다 갚는 날까지는 연 15%의 비율에 의한 금원을 지급하라.
> 2. 소송비용은 피고가 부담한다.
> 3. 제1항은 가집행할 수 있다.
>   라는 판결을 구함.

▶ 1번 문장은 원금을 갚고, 이자 내지는 지연손해금을 지불하라는 얘기다.

▶ 1번 문장에 보면 '송달일'이라는 표현이 나온다. 송달은 법원이 소장을 피고에게 보낸다는 말이다. 참고로 소장은 피고 수에 1부를 더한 숫자만큼 내도록 되어 있다. 예컨대 피고가 3명이면 4부를

제출해야 한다.

▶ 1번 문장을 보면 이자가 두 종류다. ① 변제일이나 혹은 이자를 지급하지 않은 날부터 송달일까지가 하나요, ② 송달일 다음날부터 다 갚는 날까지가 둘이다.

▶ ①번 이자율의 경우, 만일 둘 사이에 맺은 이자율이 있다면 그걸 적용하면 되고, 만일 없다면 민사법정 이자율인 5%를 적용하면 된다(만일 상행위에 따른 상사채무라면 연 6%가 된다.).

▶ 다만, 둘 사이에 맺은 이자율이 25%를 넘지 못하게 되어 있으며 이보다 높을 때는 돌려받거나 원금에 충당할 수 있다(현재 이자제한법 제2조제1항의 최고이자율에 관한 규정에 따라 2014.7.1.부터는 제한 최고이율이 25%이고 그전 2007.6.30.부터 2014.7.14.까지는 30%였다. 단, 대부업자의 경우 34.9%까지가 제한이율이다.).

▶ ②번 이자율의 경우, '소송촉진 등에 관한 특례법 제3조제1항' 본문의 법정이율에 관한 규정에 따라 2015년 10월 1일부터 연 100분의 15(연 15%)로 규정되어 있다. 그 전에는 연 20%였다가 낮춰진 것이다. 물론 약정이율이 15%가 넘으면 제한이율 25% 이내에서 약정이율에 따라 지연손해금을 받을 수 있다.

▶ 청구취지의 2번 항목, '소송비용은 피고가 부담한다'는 내용은 통상적인 문구다. 소송에서 승소하면 패소자가 변호사 비용을 지불한다. 단, 앞에 변호사 비용과 관련해서 설명한 기준액만큼 지불한다(초과 비용에 대해서는 본인 부담).

▶ 청구취지 3번 항목은 '1항에 대해서 가집행을 할 수 있다'는 내용이다. 이 말은 만일 원고가 승소 판결을 받았는데 피고가 항소를 하더라도 1항의 내용에 대해서는 압류 등 강제집행을 할 수 있다는 말이다(원칙적으로 강제집행은 판결이 확정되었을 때부터 할 수 있다.).

▶ 다만 가집행의 대상이 되는 항목은 못 받은 돈 등에 관련된 것이므로 소유권이전등기와 같은 의사의 진술과 관련된 소송에는 해당하지 않는다. 그런 소송은 판결이 확정되어야 집행이 된다('확정'이란 더 이상 소송이 진행되지 않는 상태를 말하는 것으로 1심 판결문을 송달받은 후 2주가 지나는 동안 항소를 하지 않은 경우, 혹은 항소, 상고를 다 거쳐서 판결이 난 경우를 말한다.).

작성법 ⑤ 청구원인 쓰기

▶ 우리는 앞에서 요건사실에 대해서 살펴보았다. 청구원인이란 요건사실을 중심으로 현재 상황에 이른 과정을 간단명료하면서도 구체적으로 적는 곳이다. 앞서 작성했던 경위서/사실확인서가 있을 것이다. 그걸 바탕으로 적는다. 샘플을 보자.

- 청구원인

1. 금전 대여

   원고 김부화(이하 '원고'라고 합니다.)는 2015.1.24.경 소외 박대충의 소개로 알게 된 피고 이채통(이하 '피고'라고 합니다.)에게 금1억 원을 빌려주며 사용기간을 1년으로 한정하고, 이자로 대여금의 월 2푼을 약정한 뒤 바로 그날 인터넷뱅킹을 통해 원고의 계좌에서 피고의 계좌로 송금한 뒤 차용증을 받았습니다.(갑제1호증의1 차용증, 2 예금거래 내역)

2. 원리금 지급 지체

   그런데 약속한 1년이 지났지만 1년간의 이자 빼고는 2016.1.1.경부터 지금까지 한 푼의 원금도, 또 원금의 지연에 따른 이자도 받지 못하여 이 건 소에 이르렀습니다.

▶ 이 사건은 대여금청구 소송으로 빌려준 돈을 받아야 하는 사람이 청구한 소송이다. 따라서 요건사실은 3가지다. 하나는 돈을 빌려준 사실(채권 발생 사실), 둘은 이자를 주기로 약정을 맺은 사실, 셋은 변제일(갚기로 한 날)이 지났다는 사실이다. 이 세 가지만 적고 증거를 붙이면 된다.

▶ 샘플의 청구원인 1번을 보자. 돈을 빌려준 사실, 이자를 받기로 한 사실이 적혀 있다. 실제로 돈을 빌려주었다는 사실을 입증하기 위해 차용증과 예금거래 내역의 두 가지 증거를 제시한다(갑 제1호증

의 1 차용증, 2 예금거래 내역).

▶ 샘플의 청구원인 2번은 변제일이 지났으나 아직 원금도 못 받고, 지연이자도 제대로 못 받고 있다고 적고 있다.

▶ 이 소장은 실제 사례를 약간 바꾼 것으로 실제 내용은 이 정도 분량밖에 되지 않는다. 간단명료한 사건은 이처럼 소장의 길이도 짧기 마련이다. 소장이 길어지는 경우는 사건이 복잡하거나 증거가 불충분하거나 사정 설명이 필요한 경우이다.

▶ 소장 작성에서 핵심이 되는 부분이 바로 청구원인을 적는 곳인데 우리는 앞서 기사문을 통해 어떻게 적어야 하는지 한 차례 배웠다. 요건사실과 육하원칙을 다시 떠올리고, 모르겠으면 앞으로 돌아가서 다시 한 번 읽어보자(혹은 2부를 참고한다.).

작성법 ⑥ 입증방법은?

▶ 요건사실에 대해서는 입증이 필요하다. 물론 앞서 설명한 것처럼 다툼이 없는 사실에 대해서는 증거가 필요 없으나 소송에 임할 때는 늘 상대방의 반격을 대비하고 있어야 하므로 가급적 요건사실에 대해서는 증거를 첨부하는 게 좋다. 물론 상대방의 상황을 파악하기 위해 전략적으로 증거를 미리 제출하지 않는 경우도 있다.

▶ 증거를 붙일 때는 '갑 제1호증', '갑 제2호증'이라고 번호를 매기면 되고, 같은 사실을 입증하는 다른 증거일 때는 '갑 제1호증의 1', '갑 제1호증의 2'와 같이 뒤에 번호를 붙이면 된다. 증명해야 할 다른 요건사실에 대해서는 '갑 제2호증'과 같이 번호를 바꾸면 된다.

▶ 한편 피고가 답변서에 증거를 붙일 때는 '을 제1호증, 을 제2호증'이라고 번호를 매긴다. 피고의 수가 많아지면 재판장이 피고 A에게는 '을가 제1호증, 을가 제2호증', 피고 B에게는 '을나 제1호증, 을나 제2호증' 등으로 붙이도록 한다.

'입증방법' 아래에 보면 '첨부서류'가 있다.

첨부서류
1. 위 입증방법   각 1통
1. 소장부본   1부
1. 송달료납부서   1부

▶ 소장에 첨부하는 서류가 무엇인지 여기에 적으면 된다. 누락되면 안 되니까 하나씩 차분히 적는다. 우선 입증방법은 증거를 말한다. 증거가 2개 이상일 때 '각 1통'이라고 적으면 된다. 소장 부본은 여기서는 1부로 되어 있는데 그건 피고가 1명이기 때문이다. 만일 피고가 2명이라면 소장 부본도 2부가 된다. 송달료납부서란 이 소장을 피고에게 보내기 위해 법원에 돈을 지불하고 받은 납부

서를 말한다. 송달료는 원고가 낸다.

작성법 ⑦ 관할법원은 어디가 될까?

▶ 마지막으로 중요한 게 있다. 끝에 보면 관할법원이 어디인지 적도록 되어 있다. 관할법원을 잘못 기재하면 소송 자체가 각하될 수 있고 이송되는 경우도 있다. 그렇다면 나의 사건은 어느 지방법원에 제기해야 할까?

① 돈을 빌려준 경우 : 돈을 받을 사람(채권자)의 주소지가 관할법원이 된다(조금 더 정확히 표현하면 '의무이행지'라고 하는데 만일 부산 사는 사람이 서울 사는 사람에게 돈을 꿔주고, 광주에서 돈을 갚으라고 계약에 명시했다면 의무이행지는 광주가 된다. 이런 명시가 없는 한 돈을 받을 사람의 주소지가 관할법원이 된다.).

② 부동산 관련 소송인 경우 : 부동산 주소지가 관할법원이 된다.

③ 계약서에 관할법원을 명시한 경우 : 예컨대 공사계약서 등 몇몇 계약서에 '분쟁이 생겼을 때는 어느 곳을 관할법원으로 한다'는 내용이 들어가기 마련이다. 이를 '합의관할'이라고 하는데 계약서에 명시된 법원에 소송을 제기하면 된다.

④ 통상은 피고의 주소지(혹은 거주지)가 관할법원이 된다(회사를 상대방으로 할 때는 회사 주소지).

(* 이밖에 자세한 사항은 법 제1장 제1절에 나오는 보통재판적, 특별재판적 등 관할 규정 그리고 해당 사건에 따른 특별법상 정하는 관할대로 기

재한다. 특히 전속관할의 경우 그 법원에 제소하여야 한다.)

▶ 한편 관할은 여러 곳이 될 수도 있는데 이때는 아무 곳이나 편한 곳에 제출하면 된다.

중요한 서류를 제출할 때는 사건 접수증을 챙기자

▶ 만일 항소(2심 : 지방법원 합의부나 고등법원)나 상고(3심 : 대법원)를 하는 경우라면 한 가지 챙길 게 있다. 항소장이나 상고장 말고 따로 '사건 접수증'을 만들어서 함께 들고 간다. 담당직원에게 항소/상고장을 제출할 때 함께 건네며 도장을 찍어달라고 하면 된다. 혹은 제출문서에 도장(일부인)이 찍힌 서면을 복사하여 받는 경우도 있다. 사건 접수증은 항소/상고장을 제출했다는 것을 입증하기 위해 남겨두는 자료다. 항소나 상고는 1심 판결판결문을 받은 날로부터 2주일(14일) 이내에 제기해야 하기 때문에 시일을 넘기기 쉽다. 이를 대비하여 스스로 입증할 자료를 하나쯤 남겨두는 게 좋다.

▶ 배당이의의 소를 진행하는 경우에는 1심에서도 사건 접수증이 필요하다. 배당이의의 소는 배당기일부터 1주일 이내에 소를 제기해야 하기 때문이다. 이처럼 불변기간이 있는 사건의 경우에는 기간 안에 처리했다는 사실을 자료로 만들어 두었다가 필요할 때 이해관계자에게 제시하면 좋다.

| 사건 접수증 샘플 |

사건 접수증

사건 : 2014고단   대여금

원고 : ○○○

피고 : ○○○

위 사건에 관하여 접수하였음을 확인함.

2016. ○. ○.

소송 개시

"소송 제기부터 최종 판결까지 앞으로 벌어질 일과 내가 해야 할 일"

원고의 소장 접수

▶ 원고가 소장을 제출하면 법원은 사건번호를 붙이고 소장을 심사한 다음, 문제가 있으면 소송을 제기한 사람, 즉 원고에게 '고치라'고 보정을 명하고, 문제가 없거나 보정이 되면 피고에게 소장 부본이 담긴 우편물을 보낸다.

피고의 대응 방법

▶ 이 경우 피고는 어떻게 대응해야 할까? 소송이 개시되었다는 사실을 알았다면 긴급전투태세에 돌입하면서 다음과 같은 조치를 취한다.

① 시간을 멈춰라

피고 입장에서는 소장을 받은 순간부터 소송이 시작되는 것이겠지만, 원고는 이미 그 전부터 작전을 개시했다. 원고는 나의 모든 말과 행동을 살피고 증거를 모으고 있을지 모른다. 증거를 잡기 위해 일부러 나를 만나 화를 북돋을 수도 있다. 혹은 녹음기나 카메라를 들고 지금 당신 옆을 지키고 있을지도 모른다. 제3자를 시켜 나와 내 주변 사람들에 대한 정보를 수집해 두었거나 약점을 잡고 있을지도 모른다. 따라서 피고는 나로부터 혹은 나와 연관된 사람들로부터 정보나 자료가 더 이상 새지 않도록 최대한 경계해야 한다. 모든 것을 정지시킨다. 그런 뒤에 다음과 같이 상황을 정확히 파악해야 한다.

- 원고가 소장에서 주장하는 내용은 무엇인가?
- 내가 인정할 수 있는 내용은 무엇인가?
- 내가 인정하지 못하는 내용은 무엇인가?
- 나는 반박 증거나 논리를 가지고 있는가?
- 원고와 합의 가능성은 얼마나 되는가?
- 원고가 얼마나 사건에 집착하고 있는가?
- 나의 경제적 처지는 어떤가?
- 나를 도와줄 사람은 있는가?
- 원고의 과거 소송 전력은 어떤가?
- 이 사건 과정에서 내가 실수한 부분은 무엇인가?

- 상대방은 나의 약점을 알고 있는가?

▶ 소장은 원고의 생각을 1차적으로 읽을 수 있는 가장 중요한 자료다. 소장을 보면서 원고의 주장 가운데 사실이 아닌 부분을 찾고, 이를 증명할 수 있는 증거나 논리를 마련한다.

② 조언을 구하라

평소 거래하는 고문 변호사나 잘 아는 법조인이 있는가? 그들에게 도움을 구하는 게 가장 좋다. 혹은 법조계통에 종사하는 공무원이나 전문자격증을 갖고 있는 사람이 있는가? 사안이 비교적 단순하다면 이들로도 충분하다. 아니면 과거 비슷한 소송 경험을 갖고 있는 사람이라도 있는가? 이들도 분명 작은 도움이 된다. 그러나 가능하면 비용을 들여 전문가를 찾아라. 시작이 중요하다. 소송은 전쟁과 같아서 처음 수립한 전략이 중요하며, 또한 한 번 정해진 전략을 나중에 바꾸기가 쉽지 않다.

전문가를 만나서 피고가 구해야 할 조언의 핵심은 두 가지다.

- 승소 가능성이 얼마나 되는가?
- 그렇다면 지금 무엇을 해야 하는가?

승소 가능성을 숫자로 나타낼 수는 없으나 조언자라면 어느 정도 감이 있을 것이다. 특히 변호사는 사건의 내막을 들으면 대체적인 가능성을 갖게 된다. 패소 가능성이 짙은 사건이라면 상대방의 주장에 의심스런 점이 있음을 지속적으로 공략하여 합의나 조정을 이끌어내는 게 좋을 수 있고, 만일 증거나 일관성 등에서 자신이 있다면 적극적으로 항변하는 전략을 택할 수도 있다.

다만 '사건 브로커'를 조심하라. 전문적인 지식은 없으면서 '내가 어떤 변호사나 담당재판부 등 법조 인맥을 갖고 있으며, 그들과 함께 승소한 경험이 많으니 해결해주겠다'고 장담하는 자들이 있다. 말은 그럴싸하게 하면서 사건 자체의 세부적인 내용에 대해서는 관심도 없고, 지식도 없다. 그래서 추후에 사건에 대해 물으면 얼렁뚱땅 넘어가거나 제대로 모르는 경우가 다반사이다. 이들을 조심하라.

③ 주장(항변)을 정리하고 증거를 모아라

내가 인정하지 못하는 원고의 주장이 무엇인지 찾고, 그에 대한 주장을 정리하고 증거를 모은다. 주장을 펼칠 때는 증거가 있는지 염두에 두어야 한다. 입증하지 못하면 판사는 받아들이지 않는다.

• **변호사를 만날 때는 자초지종을 다 털어놓자**

한번은 유치권을 행사 중인 사람으로부터 변호 의뢰를 받은 적이 있다. 그는 공사업자로, 유치권부존재청구의 소에서 피고였다. 당시 해당 건물은 경매가 진행 중이었고, 경매채권자가 유치권을 주장하는 의뢰인을 배제시키기 위해 소송을 걸었다.

공사대금을 못 받은 공사업자는 해당 건물을 점유하며 유치권을 행사할 수 있는 권리가 있다. 공사대금을 주기 전에는 그를 쫓아낼 수 없다는 말이다. 그런데 해당 건물의 소유자는 유치권을 행사할 수 없다(공사업자이자 소유자인 경우 그에게는 유치권 행사의 권리가 없다는 말이다.).

당시 나의 의뢰인은 건축주가 공사대금을 지불하지 못하자 친지에게 돈을 빌려 해당 부동산을 인도받았다. 그런데 얼마 뒤 의뢰인은 자금 부족으로 다시 해당 부동산을 친지에게 소유권을 이전했다고 밝혔다. 만일 그 말이 사실이라면 그는 유치권을 주장할 권리가 있는 것이다.

그런데 마침 해당 부동산의 공사를 맡았던 또 다른 공사업자가 의뢰인의 친지를 상대로 공사대금청구의 소송을 진행했다. 친지가 부동산 소유자이므로 그에게 공사대금을 내라고 하는 게 당연한 일. 그런데 친지는 그 소송에서 '나는 소유자가 아니고 돈만 빌려준 것이다. 공사대금은 내 책임이 아니다'라고 진술했다. 즉 해당 부동산에 내가 소유명의자로 되어 있는 건 담보를 잡기 위해서지, 실제로 소유자가 아니라고 주장한 것이다. 의뢰인 사건의 원고가 이 얘기를 놓칠 리가 없었다. 그는 친지의 답변서를 증거로 제출했고, 유리했던 소송은 역공을 받아 끝내 패소 판결을 받았다.

나의 의뢰인은 친지가 소송에 휘말렸다는 사실 자체를 나에게 알리지 않았다. 더욱이 우리의 소송이 상당히 진행된 뒤에 나온 증거라 우리가 할 수 있는 일이 별로 없었다.

변호사에게 숨긴 얘기는 꼭 상대방에게서 나온다. 왜냐하면 나의 약점이 상대방의 공격 포인트가 되기 때문이다. 변호사는 당신이 숨기고 털어놓지 않은 얘기 때문에 변론에 한계를 느끼게 되고 곤란에 빠질 수도 있다.

변호사들은 일반인이 생각하지 못하는 여러 가지 방법이나 노하우를 갖고 있는 경우가 많다. 원고가 마땅히 이길 수 있는 사건도 증거법상 이길 수 없는 경우도 많다. 이는 '절차적 정의', 즉 과정을 중시하는 우리 민사소송 체계상 부득이한 경우다. 이런 노하우가 아무리 많아도 의뢰인이 솔직하지 못하면 그림에 떡이 될 수밖에 없다. 제발, 변호사를 만나면 숨김없이, 가감 없이 다 털어놓자. 그래야 답을 찾게 된다. 참고로 변호사에게는 의뢰인의 비밀을 유지해야 할 의무가 있고(변호사법 제26조), 변호인이 다른 사건으로 법정에 증인으로 소환되더라도 민사상 증언거부권(법 제315조), 형사상 증언거부권(형사소송법 제149조)이 있어 특수한 상황이 아닌 한 의뢰인의 비밀을 발설할 수 없게 되어 있다.

피고의 답변서 제출

▶ 소장을 받으면 피고는 답변서를 보내야 한다. 만일 답변서를 보내지 않으면 원고의 주장에 수긍하는 것으로 보고(의제 자백) 원고 승소 판결을 내린다.

▶ 답변서 제출 기한은 소장 송달일로부터 30일이다. 그러나 이 규정은 훈시규정으로 반드시 지켜야 하는 시간은 아니다. 가급적 시간 안에 답변서를 보내면 좋겠지만 만일 준비가 미흡하다면 일단 '답변서 제출 연기 신청서'를 법원에 제출하여 양해를 구하고(예컨대 '해외 출장 등 현업에 급히 처리해야 할 일이 있어서 언제까지 답변서를 보내겠다'와 같이 납득할 만한 사정을 적는다.) 시간을 버는 게 좋다. 시간을 지키는 것도 중요하지만 답변서를 전략적으로 작성하여 보내

는 것이 더 중요하다.

▶ 답변서에는 어떤 내용을 적어야 하는 것일까? 통상 우선 '다툼이 없는 사실'을 기재한다. 그 다음 원고의 주장에 대해 인정하지 못하는 내용을 적는다. 그런데 이때 인정하지 못하는 그 이유와 증거까지 다 첨부해야 할까? 아니다. 답변서는 간단히 '원고가 주장하는 어떤 내용을 내가 인정하지 못하는지' 적으면 되고, '이유와 증거'에 대해서는 나중에 제출해도 된다.

▶ 예컨대 소장의 청구취지에 '피고는 원고에게 금100원을 갚으라'고 했다면, 답변서에 '피고는 원고에게 금100원을 빌린 사실이 없다'고 적어서 보내면 된다. 자세한 청구원인, 즉 '왜 빌린 적이 없다는 것인지' 상황 설명은 나중에 다시 하면 된다. 만일 원고의 청구취지 가운데 일부는 인정하고 일부만 부인한다면 인정하는 게 뭔지, 부인하는 게 뭔지 구분해서 적는다.

▶ 판사는 답변서를 통해 피고의 의사를 알고 싶어 한다. 피고의 의사표시를 통해 쟁점이 분명해지며, 사건의 처리 방향이 잡히기 때문이다.

▶ 피고가 답변서를 통해 취할 수 있는 행동은 다음과 같다.

① 원고의 청구를 모두 인정한다(청구인락).
② 아예 답변서를 보내지 않는다. 이 경우 법원은 원고의 주장(청구원인)을 모두 인정한 것으로 보고(의제 자백) 변론 없이 판결을 선고한다. 그러나 판결을 선고하기 전에 답변서를 제출하거나 변론재개신청을 하면 선고기일이 취소되고 변론기일이 지정된다.
③ 소송 자체를 각하해달라고 요구한다(소송 각하). 소송 요건에 맞지 않을 때가 있다. 예컨대 관할법원이 잘못 지정되었거나 혹은 '부제소특약'을 맺은 경우다. 부제소특약이란 소송을 제기하지 않기로 맺은 약정을 말한다.
④ 마지막으로 청구를 거부하는 방법이다. 원고의 청구에 대해서 '모두' 혹은 '일부' 거부하는 방법이다.

▶ 한편 ④ 거부하는 방법으로 4가지가 있다.

① 그런 사실이 없었다(부인).
예컨대 '피고는 원고로부터 돈을 빌린 사실이 없다. 따라서 원고의 청구를 기각하라.'고 주장하는 방법이다. 이때는 원고가 '피고의 돈 빌린 사실'을 입증해야 한다.

② 그런 사실을 알지 못한다(부지).
예컨대 '피고는 원고가 피고에게 돈을 빌려준 사실을 알지 못한

다.'고 주장하는 방법이다. '부인'과 흡사하다. 이때도 원고가 '피고의 돈 빌린 사실'을 입증해야 한다.

③ 그런 사실이 없다. 사실은 이렇다(적극부인).
부인은 부인인데 약간 상황이 다르다. 원고의 주장은 사실이 아니며, 실제로는 다른 사실이 있었다고 주장하는 것이다. 이때 피고가 주장하는 내용은 원고의 주장과 양립할 수 없는 내용이다. 예컨대 '나는 제3자가 돈이 필요하다고 해서 그를 원고에게 소개해준 사실밖에 없다. 나는 원고에게 돈을 받아 제3자에게 전달해준 것이다.'라고 주장하는 식이다. 이때도 입증책임은 원고에게 있다.

④ 그런 사실은 있다. 그러나 그 일은 이미 해결되었다(항변).
상대방이 주장하는 요건사실을 인정한다. 그러나 다른 사실에 의해 상대방의 주장을 배척하는 방법이다. 예컨대 '원고에 돈을 빌린 건 사실이지만 2010년 1월 20일 원금과 이자를 모두 갚았다'고 주장하거나 혹은 '원고에게 돈을 빌린 건 사실이지만 채권 소멸시효인 10년이 지나서 채권이 소멸되었다'고 주장하는 방식이다. 이처럼 권리가 소멸되거나 권리가 없거나 상대방의 권리행사를 저지하는 방법 등이 '항변'에 해당한다. 그런데 항변의 경우는 항변하는 자가 이 사실을 입증해야 한다.

* 항변에는 항변 외에 재항변, 재재항변이 있다. 항변과 마찬가지로 재항

변, 재재항변은 모두 주장하는 자가 입증해야 한다. 항변은 다음과 같이 주고받을 수 있다.

주장(원고)   : 금100원을 갚아라.
항변(피고)   : 금100원의 채권은 변제일로부터 10년이 지나 채권이 소멸되었다.
재항변(원고) : 채권이 소멸되기 전인 2010년 5월 1일 부동산을 가압류하여 소멸시효를 중단시켰다.
재재항변(피고) : 원고의 가압류에 대해 이의 신청을 하여 2010년 10월 1일 가압류결정이 취소되어 '가압류에 의한 소멸시효 중단'은 효력이 없다.

답변서 기재사항

▶ 민사소송규칙 제65조에는 답변서 기재사항에 대해 다음과 같은 훈시 규정을 두고 있다.

아래 각호의 사항을 적고, 당사자 또는 대리인이 기명날인 또는 서명한다.

1. 당사자의 성명·명칭 또는 상호와 주소
2. 대리인의 성명과 주소
3. 사건의 표시
4. 공격 또는 방어의 방법

> 5. 상대방의 청구와 공격 또는 방어의 방법에 대한 진술
> 6. 덧붙인 서류의 표시
> 7. 작성한 날짜
> 8. 법원의 표시
> 9. 제4호 및 제5호의 사항에 대하여는 사실상 주장을 증명하기 위한 증거방법과 상대방의 증거방법에 대한 의견

▶ 또한 소장에 관하여 다음과 같은 내용을 적을 것을 요구하고 있다.

> 1. 소장에 기재된 개개의 사실에 대한 인정 여부
> 2. 항변과 이를 뒷받침하는 구체적 사실
> 3. 제1호 및 제2호에 관한 증거방법
> 4. 제3호에 따른 증거방법 중 입증이 필요한 사실에 관한 중요한 서증의 사본

▶ 만약 위 규정에 어긋나는 답변서가 제출되면 재판장은 방식에 맞는 답변서의 제출을 촉구할 수 있다. 그러나 현실적으로는 앞서 이야기한 대로 간략한 답변만으로 충분한 경우가 많다.

답변서 샘플

▶ 다음 답변서는 '부인'하는 경우의 답변서다. 일단 부인하거나 항변하기로 했다면 '원고의 청구를 기각한다'고 적어도 무방하다. 원고의 청구를 받아들이지 않겠다는 의사표시를 하면 충분하다. 그게 아니라면 소장 작성법에서 배운 것처럼 조목조목 설명하며 사실을 해명하고 증거를 붙이면 된다. 혹은 준비서면을 통해 해도 된다. 쓰는 내용은 소장과 동일하다.

답 변 서

사 건 2014가단 ○○○ 대여금
원 고 김 ○ ○
피 고 한 ○ ○

위 사건에 관하여 피고는 다음과 같이 답변합니다.

청구취지에 대한 답변

1. 원고의 청구를 기각한다.
2. 소송비용은 원고의 부담으로 한다.
   라는 재판을 구합니다.

청구원인에 대한 답변

구체적인 답변은 증거를 모아 추후 신속하게 제출하겠습니다.

첨부서류

1. 답변서 부본   1통. 끝.

2016. ○. ○.
피고 한 ○ ○

서울중앙지방법원 제72민사단독 재판장님 귀중

▶ 피고가 답변서를 보내면 답변서가 원고에게 송달된다. 답변서를 받은 원고는 입증책임이 있는 내용에 대해서 증거를 추가하거나 주장을 가다듬어 준비서면을 법원에 제출한다. 원고의 준비서면이 피고에게 송달되면 피고 역시 준비서면을 작성하여 제출한다.

▶ 이 과정을 보통 '변론준비절차'라고 하는데 이때 원고와 피고가 하는 일은 다음과 같다.

① 상대방의 주장에 대한 준비서면과 이를 뒷받침하는 증거를 제출한다.

② 원고나 피고가 직접 할 수 없는 것, 예컨대 증인신청, 감정신청, 현장검증신청, 사실조회촉탁신청, 금융정보제공명령신청, 문서제출명령신청 등을 한다.

한눈에 쏙, 쟁점정리표

▶ 소장과 답변서, 준비서면을 주고받다 보면 쟁점, 즉 다투는 사실이 무엇인지 드러나게 된다. 그 내용을 '쟁점정리표'에 기록한다. 쟁점정리표는 서로 다투고 있는 사실이 무엇인지 일목요연하게 보여주기 때문에 소송의 핵심을 파악하는 데 도움이 된다.

| 쟁점정리표 |

순위	날짜	① 내용	② 증거	③ 반대주장	④ 탄핵증거	⑤ 재반대주장	⑥ 증거	⑦ 비고
1	2012. 4.6	김철수가 김영희에게 1억원 대여	차용증서					
2	2013. 5.8			김영희가 김철수에게 8,000만 원 변제	은행거래 내역			
3	2013. 6.3					위 8,000만 원은 2011. 5.3.자 2억 원 차용금에 대한 변제	2011. 5.3.자 차용증서	

* ①번과 ②번은 원고의 주장과 증거이고, ③번과 ④번은 원고의 주장에 대해서 피고가 '내가 아는 사실은 다르다'며 내놓은 주장과 증거이며, ⑤번과 ⑥번은 피고의 반대주장에 대해서 '당신의 말은 틀렸다'고 주장하는 원고의 주장과 증거다.

▶ 표를 보면 이 사건은 원고 김철수가 피고 김영희에게 1억 원을 빌려주었는데 피고가 원고에게 8,000만 원을 갚았다고 주장하는 것이고, 이에 대해 원고는 피고가 갚은 8,000만 원은 1년 전에 빌린 다른 채무의 일부를 변제한 것이지 이번 소송 사건의 채무가 아니라고 주장하는 내용이다.

▶ 이 과정이 반복되다가 때가 되었다(충분히 주장과 증거가 제출되었다)고 생각되면 판사는 변론기일을 잡는다(혹은 당사자가 변론기일신청을 해서 잡을 수도 있다.).

▶ 그러나 때때로 '변론기일' 전에 '변론준비기일'을 거칠 때도 있다. 변론준비기일은 변론기일보다 비공식적인 기일이다. 보통 재판장이나 주심판사 1명이 공개법정이나 조정실, 판사실 등에서 진행한다. 이름처럼 변론기일 때 진행할 일을 사전에 약식으로 진행하는 시간이라고 보면 된다.

▶ 그러나 당사자는 변론기일처럼 준비해 가야 한다. '변론기일처럼

준비한다'는 말은 '할 수 있는 주장을 모두 다하라'는 말이고, '준비할 수 있는 증거를 다 제출하라'는 얘기다. 소송 절차에 따르면 변론준비절차를 마치면 첫 변론기일에 변론을 종결할 수 있도록 진행하기 때문이다(법 287조제1항). '변론을 종결한다'는 말은 '더 이상의 주장이나 증거를 받지 않고 판결로 가겠다'는 말이다. 물론 특별한 사정이 생기면 변론기일에 참석하여 자료를 제출하겠다고 요청해도 된다. 그러나 특별한 사정이란 게 납득될 만한 게 아니라면 증거 제출을 제한당할 수 있으므로 주의한다.

소액사건과 독촉절차

▶ 민사소송은 한 해에 100만 건 가까이 제기된다. 이 많은 사건을 '정식 절차'로 처리하기는 힘들기 때문에 약식 절차를 만들었는데 그게 소액사건과 독촉절차다. 소액사건은 소액사건심판법에, 독촉절차는 법제6편에 근거를 두고 있다.

▶ 소송목적의 값(소가), 즉 소송을 통해 받아야 할 돈이 2천만 원 미만인 경우에는 소액사건으로 분류된다.

▶ 독촉절차라는 단어보다는 '지급명령신청'이라는 말이 더 익숙할지 모르겠다. 받아야 할 돈이 분명해 보이는 경우, 즉 상대방이 항변 혹은 부인하지 않을 것으로 예상되는 경우 '지급명령신청'을 하게 된다(지급명령신청은 소송목적의 값에 제한은 없다.). 따라서 상대방이 '돈을 빌린 건 맞다'고 인정하고 있다면 '지급명령신청'을 하는 게 좋다.

▶ 소액사건도 물론 소송이기 때문에 변론을 할 수 있는 기회가 있다. 그러나 지급명령신청은 상대방이 이의를 제기하지 않는 이상 변론 기회 없이 증거서류만으로 결정문이 나온다.

▶ 지급명령신청은 독촉하는 절차이기 때문에 상대방에게 송달되지 못하면 지급명령신청 자체가 각하된다. 따라서 상대방의 주소를 모른다면 지급명령신청은 어렵고, 소송을 제기해야 한다(주소를 모른 채 소송이 제기되면 많은 절차를 거친 후 공시송달로 송달절차를 대신하게 된다.).

▶ 지급명령신청은 변론이 없으므로 법정에 출석할 필요도 없다. 상대방이 이의를 제기하지 않으면 지급명령이 확정되고, 이후 강제집행을 진행할 수 있게 된다.

▶ 지급명령신청은 일반 소송보다 비용이 매우 저렴하다(소송의 1/10). 그래서 상대방이 다투지 않는 사건의 경우 추후에 집행권원을 확보하고 소멸시효를 중단하기 위하여 잘 활용할 필요가 있다. 대법원 사이트 www.scourt.co.kr 에 접속하면 양식을 구할 수 있다.

```
                        지급명령신청서

        채 권 자   (이름)         (주민등록번호      -      )
                  (주소)
                  (연락처)
        채 무 자   (이름)         (주민등록번호      -      )
                  (주소)
```

(연락처)

청 구 취 지

채무자는 채권자에게 아래 청구금액을 지급하라는 명령을 구함
1. 금   원
2. 위 1항 금액에 대하여 이 사건 지급명령정본이 송달된 다음날부터
   갚는 날까지
   연   %의 비율에 의한 지연손해금

독촉절차비용

금   원(내역 : 송달료   원, 인지대   원)

청 구 원 인

1.
2.

첨 부 서 류

1.
2.

20 . . .

> 채권자   (날인 또는 서명)
> (연락처   )
>
>   ○○지방법원 귀중
>
> ◇ 유 의 사 항 ◇
> 1. 채권자는 연락처란에는 언제든지 연락 가능한 전화번호나 휴대전화번호(팩스번호, 이메일 주소 등도 포함)를 기재하기 바랍니다.
> 2. 이 신청서를 접수할 때에는 당사자 1인당 4회분의 송달료를 현금으로 송달료수납은행에 예납하여야 합니다.

▶ 지급명령신청과 흡사한 게 이행권고결정이다. 소액사건에서 판사는 피고에게 '빨리 돈을 지불하라'고 이행을 권고하는 결정을 내릴 수 있다. 만일 피고가 권고문을 받은 지 2주 안에 이의를 제기하지 않으면 결정은 확정되고 소송은 종료된다. 다만 소액사건으로 진행한 것이므로 비용은 지급명령신청보다 비싸다. 그러나 상대방이 '나는 갚을 돈이 없다'고 버티면 지급명령신청을 해봐야 이의를 제기할 게 분명하므로 소송을 진행하는 게 좋다.

▶ 소액사건은 신속한 처리를 위해 마련된 절차로, 1회 변론으로 심리를 마치고 즉시 선고할 수 있도록 되어 있다. 또한 소액사건은

당사자의 배우자나 직계혈족, 형제자매가 법원의 허가 없이 소송대리인으로 나와도 된다는 점이 장점이다(일반 소송에서는 소송대리인이 되기 위해서는 허가가 필요하다.).

변론기일이 정해졌다

▶ 변론기일이 되면 법정에 출석한다(처음 가는 경우, 30분 정도 일찍 법원에 도착하는 게 좋다.). 판사는 당일 사건을 순차적으로 처리한다. 판사가 사건 번호를 호명하고 당사자 또는 당사자의 대리인이 출석했는지 확인을 마치면 곧바로 재판에 들어간다.

▶ 이날 재판에서 판사는 다음과 같은 일을 한다.

① 지금까지 제출된 서면과 그 내용을 확인한다. 제출한 문서 증거(서증)에 대해서 몇 호까지 제출했는지 확인한다.
② 증인신문이나 감정인신문, 현장검증 등 증거조사 신청을 받는다. 만일 증거조사 신청을 하여 채택하면 '증거조사기일'을 정한다(물론 판사는 증거조사 신청을 기각할 수 있다.).

▶ '증거조사 신청'이 없으면 판사는 제출한 서면과 내용만 확인한 뒤 부족한 게 있으면 내라고 촉구하고(그러나 부족한 부분을 지적해서 채우라고 얘기하는 건 판사의 의무가 아니다.) 만일 부족하지 않다면 변론을 종결하겠다고 선언한 뒤 판결 선고기일을 정한다.

▶ 만일 쟁점(다투는 사실)이 있으면 판사가 원고와 피고에게 서로 주장하고 이를 반박할 기회를 주기도 한다. 또 간혹 브리핑 등을 하도록 시간을 주기도 한다.

▶ 이 과정에 걸리는 시간이 생각보다 짧다. 다만 증거나 쟁점 등을 확인하는 데 시간이 소요될 수는 있다.

▶ 변론기일에 많은 얘기가 오고갈 것이라는 생각은 착각이다. 이미 소장, 답변서, 준비서면을 통해서 충분히 '변론'이 이루어졌다고 보고 법정에서는 사실을 간단히 확인하고 몇 가지 질문을 던지고 답변을 듣는 식으로 끝나는 경우가 흔하다.

▶ 법 제272조 제1항을 보면 변론은 말이 아니라 서면으로 준비하는 것이 원칙이라고 명시되어 있다. 물론 단독사건(판사 1명이 재판하는 경우)은 서면으로 준비하지 않아도 된다. 그래서 몇 마디 주고받는 것인데 이때도 판사의 허가를 받아야 하고, 말도 많이 못한다. 한마디로 서면 변론이 원칙이지 구두 변론은 예외다.

▶ 재판 중에 판사는 조정에 회부하는 절차를 밟거나 화해권고를 하는 경우가 많다. 원고나 피고 가운데 한 명이라도 이의를 제기하지 않으면 소송이 일단 중지되어 조정절차나 화해절차로 넘어간다.

▶ 조정은 처음부터 조정을 신청하여 진행될 수도 있고, 소송 진행 중에 판사나 원고, 피고의 제안으로 조정절차에 회부되는 경우도 있다. 조정은 양쪽이 한 발씩 물러서는 타협안에 동의하는 것으로

조정기일에 그 자리에서 조정조서 초안이 작성되어 당사자가 확인하고 추후 당사자에게 조정조서를 송달한다. 조정조서는 확정판결과 같은 효력이 있어 재심사유가 없는 한 더 이상 다툴 수 없다.

▶ 화해권고결정은 조정과 비슷하지만 절차에 차이가 있다. 판사가 소송과정의 모든 정상을 참작하여 적절하다고 여기는 내용의 화해 권고 결정문을 우편으로 당사자에게 보낸다. 당사자가 송달을 받은 후 2주 이내에 이의를 제기하지 않으면 확정되어 확정판결과 같은 효력을 갖게 된다.

▶ 판사가 '변론을 종결하겠다'고 하기 전까지는 준비서면을 통하여 새로운 증거나 주장을 제출할 수 있다. 판사는 '변론 종결'을 선언하기 전에 원고와 피고에게 '더 할 말이 있는지, 더 제출할 자료가 있는지' 묻는다. 그 말이 나왔다는 것은 이제 소송이 끝나간다는 말이다.

▶ 변론이 종결되면 판사는 마지막으로 선고기일을 잡는다. 판결을 내리는 날이다. 그 사이 충분한 이유가 있어서 변론재개신청을 하고 받아들여지면 변론이 다시 시작된다. 그리고 더 나올 이야기가 없다면 다시 변론을 종결하고 선고기일을 잡는다.

▶ 가끔 변론 종결 후 참고서면을 제출하기도 한다. 말 그대로 판사

가 판결을 내릴 때 참고하라고 보내는 것일 뿐, 이 서류에 첨부된 증거를 채택하여 판결을 내릴 수는 없다. 만일 판사가 보기에 참고서면의 자료가 중대한 내용이라고 판단되면 다시 변론을 재개할 수는 있으나 드문 경우다.

- **나 말고 대리인을 출석시키면 어떨까?**

  ▷ 변호사도 소송대리인이고, 법적으로 허용되는 사람도 소송대리인이 될 수 있다.

  ▷ 그러나 소송을 진행할 때 당사자의 의견이나 태도가 중요할 때가 있다. '화해권고결정을 내린다'거나 '적당히 이 지점에서 합의하라'고 판사가 말할 때 대리인이 당사자의 의중을 모른다면 어떻겠는가? 이런 점을 감안하면, 소송대리인을 보낼 때 '화해 가능성'을 염두에 두고 대비책을 알려주어야 하고, 판사가 당사자 출석을 요구할 때는 가급적 본인이 나가는 게 좋다.

  ▷ 한편, 판사 입장에서는 당사자들이 소송에 대해서 잘 아는 것도 아니고, 자꾸만 다른 얘기를 하면 소송을 진행하기 힘들어 답답해하는 경우가 많다. 이런 점을 생각하면 사안과 쟁점을 명백히 알고 있는 변호사 등 소송대리인이 참석하는 게 바람직할 때가 많다. 판사의 말을 못 알아들어서 자꾸 엉뚱한 말을 하거나 주장을 하는 경우도 흔한 일 가운데 하나다. 법정에서 오가는 말은 사소한 이야기가 아니다. 말 한마디 잘못 받아들이면 원치 않는 결과로 이어지는 일도 생길 수 있다. 따라서 가장 좋은 방법은 소송대리인과 당사자가 함께 참석하는 것이다.

▷ 변호사 말고 누구를 대리인으로 출석시킬 수 있을까? 단독판사가 진행하는 사건 중 소송목적의 값이 일정한 금액 이하인 사건, 즉 소송목적의 값이 2억 원을 넘지 않거나, 혹은 2억을 넘는 경우라도 수표금·약속어음금 청구사건, 은행 등 금융기관이 원고인 대여금·구상금·보증금 청구사건, 자동차손해배상보장법에서 정한 자동차·원동기장치자전거·철도차량의 운행 및 근로자의 업무상재해로 인한 손해배상 청구사건과, 이에 관한 채무부존재확인사건, 단독판사가 심판할 것으로 합의부가 결정한 사건 등에 대해서는 다음 조건을 갖춘 사람이 소송대리인으로 참석할 수 있다.

① 당사자의 배우자 또는 4촌 안의 친족으로서 당사자와의 생활관계에 비추어 상당하다고 인정되는 경우
② 당사자와 고용, 그밖에 이에 준하는 계약관계를 맺고 그 사건에 관한 통상사무를 처리·보조하는 사람으로서 그 사람이 담당하는 사무와 사건의 내용 등에 비추어 상당하다고 인정되는 경우

  * 다만 주식회사 등 법인의 경우 지배인 등기를 하여 대표이사를 대리하여 사실상 소송대리를 하게 하는 경우도 있다(상법제11조). 지배인은 영업주 대신 그 영업에 관한 재판상 또는 재판 외의 모든 행위를 할 수 있다.

▷ 소송대리를 하기 위해서는 소액사건(2천만 원 미만의 사건)을 제외한 경우 미리 법원에 입증 자료(가족관계증명서, 재직증명서 등)를 첨부한 허가신청서를 제출하여 허가를 받아야 한다.

선고가 끝난 뒤

▶ 선고기일에는 판결이 선고된다. 선고 이후 판결문이 송달되며, 송달받은 날로부터 14일 이내에 항소 여부를 결정하여 제기한다.

▶ 항소심은 1심과 비슷하게 진행되나 좀 더 신속하다. 한편 3심인 상고심은 법률심으로, 통상 1~2심 때 인정된 사실을 기초로, 추가적인 주장과 증거 등을 종합하여 판단한다. 변론기일을 따로 열지 않는다.

원고 승소 판결이 되면

▶ 원고 승소 판결로 막을 내렸다면 원고는 다음과 같은 권리를 갖게 된다.

첫째, 만일 판결문에 가집행 선고가 있다면 원고는 피고의 재산을 강제집행할 수 있다.

둘째, 소장이 제출되면 소멸시효가 중단되고, 판결이 확정되면 그때부터 권리가 10년으로 늘어난다.
예컨대 물품대금을 못 받은 사람이 있다. 3년 동안 돈을 받지 못하면 3년 이후에는 돈 받을 권리가 사라진다. 이것이 소멸시효다. 그러나 3년 안에 민사소송을 제기하면 일단 소멸시효가 중단되고(소송이 진행되는 동안은 시간이 진행하지 않게 됨.) 판결이 확정되어 원고가 승소 판결을 받으면 앞으로 10년 동안은 돈을 달라고 법적으로 요구할 수 있게 된다(강제집행이 가능해진다.).

법원 사용법

1. 법정 찾아가기

▶ 법원은 크게 법정이 있는 공간, 민원실 등 행정을 보는 공간, 판사 등의 개별 집무 공간으로 나눌 수 있다(같은 건물에 있을 수도 있고, 아닐 수도 있다.). 정문에 들어서면 안내도가 그려져 있다. 약도를 보면서 찾아가야 할 법정 번호를 확인하고 이동한다. 모르겠으면 민원실이나 경비원에게 물어본다. 미리 법원에 전화를 걸거나 법원 홈페이지를 통해 위치를 확인해 두는 게 좋다.

2. 재판 시간표 보기

▶ 법정을 찾았다면 재판 시간표를 확인한다. 통상 법정 입구 옆 게시판에 재판 시간표가 있고, 법원 입구에 총괄하여 게시하기도 한다. 이곳에 자신의 재판이 적혀 있는지, 시간은 맞는지 확인한다. 만약 재판 시간표에 자신의 재판이 적혀 있지 않으면 법정 안으로 들어가서(통상 오전 10시, 오후 2시 개정) 뒷자리에 따로 책상을 놓고 앉아 있는 사람(정리)에게 조용히 확인하거나 민원실로 가서 날짜와 법정 번호와 시간을 확인한 뒤 법정을 찾아야 한다. 대도시 법원은 넓어서 법정을 찾기 어려울 수 있으니 처음 찾아갈 때는 최소 30분 전에는 법원 정문을 통과하는 게 좋다.

▶ 재판은 시간표대로 진행된다. 다만 상황에 따라 앞 사건이 늦게 끝나면 시간이 뒤로 밀릴 수도 있고, 앞 사건이 빨리 끝나면 당겨질 수도 있다. 그러므로 10분 전에는 법정에 들어가서 기다리는 게 좋다. 시간보다 일찍 법정에 들어가면 좋은 점이 또 있다. 다른 사람들이 재판하는 모습을 구경하면서 자신의 재판을 어떻게 대처할 것인지 마음에 준비할 수 있다는 점이다. 한편, 변호사가 소송대리인으로 선임되어 있는 경우 변호사가 출석한 사건을 먼저 진행하는 경우도 가끔 있다.

▶ 사전에 대법원 홈페이지에 접속하여 사건 번호와 법정을 확인하여 다시 한 번 체크하면 좋겠다. (인터넷 검색창에 '대법원 나의 사건 검색'이라는 단어를 치면 사이트가 바로 나온다. 사이트를 누르고 들어가면 사건 번호 검색 창이 뜬다. 번호 입력 후 확인. 혹은 www.scourt.go.kr에 접속하여, '대국민서비스'를 누르고 상단 4번째 메뉴 '정보'를 누르면 사건 번호를 검색할 수 있도록 되어 있다.)

3. 법정에 들어서면

▶ 법정에 들어서면 안쪽에 법대(판사의 테이블)가 보인다. 그곳에 판사가 앉아 있는데 단독사건이면 1명이 앉아 있고, 합의부사건이면 3명이 앉아 있다(대개 단독사건은 소송목적의 값, 즉 소가가 2억 원 미만인 경우이고, 2억 원이 넘으면 합의부사건으로 진행한다. 이밖에 2천만 원 미만은 소액사건으로 따로 분류한다.). 그러나 합의부사건이어도 가운

데 앉아 있는 판사가 진행을 도맡아 하므로 소송당사자 입장에서는 큰 차이는 없다. 합의부의 경우 가운데 앉아 있는 판사가 재판장이고 방청석에서 볼 때 왼쪽에 앉아 있는 판사를 좌배석 판사, 오른쪽에 앉아 있는 판사를 우배석 판사라고 한다. 통상 재판 지휘는 재판장이 하고 각 사건마다 주심판사가 정해져 있다.

▶ 재판장 바로 밑에 서로 마주 앉아 있는 두 사람이 있다. 왼쪽에 있는 사람이 사무관(통상 5급 내지 7급)이고, 오른쪽에 실무관(8급 내지 9급)이 앉으며, 필요에 따라 사무관 옆에 테이블을 놓고 증언을 기록하기 위해 속기사가 앉는 경우가 있다.

▶ 그 다음, 방청석과 판사 사이에 원고와 피고, 그리고 소송대리인이 앉는 자리가 마련되어 있다. 왼쪽이 원고 측 자리이고, 오른쪽이 피고 측 자리이다.

▶ 법원사무관, 실무관 자리와 원·피고석 자리 사이에 증언대가 있고 증언이나 신문을 당할 때 증인이나 당사자가 앉는다.

▶ 그리고 마지막 방청석이 있다. 방청석 가상 앞줄에 변호사들이 주로 앉고 그 뒤로 사건을 기다리는 원고와 피고가 앉는다. 공개법정은 아무나 와서 앉아 있어도 상관없으나 주로 앞줄은 변호사들이 앉으므로 가급적 피해서 앉는 게 좋다.

▶ 법정 문 옆에 작은 테이블을 놓고 사람이 앉아 있는데 그가 정리다. 법정의 질서를 잡는 역할을 하고, 또한 원고나 피고, 증인이 출석했는지 방청석을 찾아다니며 조용히 묻기도 하고 미리 증인선서서의 사인을 받아 놓기도 한다.

▶ 법정에서는 판사의 허가 없이 녹음이나 촬영이 절대 금지되어 있다. 위반하면 형사처벌을 받을 수 있으므로 주의해야 한다.

▶ 마지막으로, 법정에서는 부디 예의를 지키길 바란다. 복장을 단정히 입고, 휴대폰은 끄거나 진동으로 변경하고, 모자는 벗는다. 다리도 꼬지 말고, 팔짱도 끼지 말자. 짝다리를 짚고 서 있지 말고, 웃지도 마라. 떠들지도 말고 산만하게 움직이지도 마라. 당신이 알고 있는 것을 겸손하게 말하고, 최대한 정중한 자세를 갖추고 최대한 예의를 지켜라. 당신의 태도 자체로 재판부를 감동시키도록 하라. 그럴 때 정당한 대접을 받고 좋은 판단을 받게 될 것이다.

7장 반드시 알아야 할 소송 전략

"간단하지만 유용한 몇 가지 전략"

가압류/가처분, 하는 게 좋을까?

▶ 소송을 걸기 전에 가압류나 가처분, 즉 보전처분을 해두는 게 좋을까?

▶ 가압류·가처분을 하는 이유는 상대방이 재산을 빼돌릴 수 있기 때문이다. 예컨대 A가 B에게 10억 원을 꿔주었는데 갚지 않았다. A는 B에게 부동산이 있다는 사실을 알고 있었고, 가압류를 고민하고 있었다. B는 그 사이 A를 만나 어떻게든 돈을 마련하겠다며 조금만 기다려달라고 요청했다. 마음 약한 A가 '그러마' 하고 시간을 벌어준 사이, B는 부동산 명의를 가족 앞으로 옮기고 돈도 갚지 않았다. 이 경우, A가 가압류를 걸려면 해당 부동산이 B 명의

로 되어 있어야 한다. 이를 위해 A는 부동산 등기를 다시 B에게 돌려달라고 '사해행위취소 소송'을 제기해야 한다. 사해행위란 채권자에게 금전적 피해가 갈 줄 뻔히 알면서도 재산을 도피시키는 행위를 말한다.

▶ 그런데 문제가 있다. 사해행위는 입증이 어렵다는 점이다. 따라서 받아야 할 빚이 있다면 가압류를 적극 활용하는 게 좋은 방법이다.

▶ 설령 있지도 않은 채권으로 가압류를 건 사실이 밝혀졌다고 하더라도 사기죄가 되지 않는다(대법원 88도55 판결). 보전의 필요성이 있고 피보전채권을 소명할 자료가 있으면 적극 보전처분을 활용할 일이다. 만약 보전신청을 하지 않고 있다가 나중에 재산이 처분되거나 명의가 바뀌면 강제집행에서 어려움을 겪게 된다.

▶ 다만, 소송 준비를 마치지도 않은 상태에서 가압류부터 걸게 되면 상대방은 '어라? 이 사람이 소송을 준비하나 보네.' 하고 낌새를 차리게 되므로 훗날 증거 수집에 제한이 생긴다. 따라서 몰래 증거 수집을 마친 뒤 가압류를 거는 게 순서다. 그러나 시간이 여의치 않다면 준비가 덜 되었더라도 가압류를 미루지는 말자. 기민한 판단이 필요하다.

한편, 원고가 보전처분 없이 소송을 걸었다면, 피고는 어떻게 해야 할까?

▶ 원고가 소송을 걸기만 하고 보전처분을 하지 않는 경우가 있다. 물론 피고가 가진 재산이 넉넉하거나 혹은 돈을 받는 것보다 판결을 받아두는 게 목적인 경우도 있다. 그러나 원고는 당신이 움직이기를 기다리고 있는 것인지도 모른다. 만일 소송 이후 당신이 재산을 옮겼다면 상대방은 당신을 '강제집행면탈죄'로 형사고소를 할 수도 있다.

▶ 형법 제327조에 보면 강제집행면탈죄가 나온다. '강제집행을 면할 목적으로 재산을 은닉, 손괴, 허위양도 또는 허위의 채무를 부담하여 채권자를 해한' 경우를 말한다. 강제집행면탈죄가 적용되려면 '강제집행을 당할 구체적인 위험이 있는 상태'에 있어야 한다. 여기서 '집행을 당할 구체적인 위험이 있는 상태'란 '채권자가 이행청구의 소 또는 그 보전을 위한 가압류, 가처분신청을 제기하거나 제기할 기세를 보인 경우'를 말한다. 따라서 소송이 제기되었다면(이행청구의 소, 즉 돈 갚으라고 소송을 걸었다면) 강제집행면탈죄의 일부요건을 충족하게 되고, 이후 재산을 은닉, 손괴, 허위양도 또는 허위의 채무(있지도 않은 채무)를 부담하게 되면 형사처벌을 받게 된다(대법원 86도1553 판결 참조).

▶ 또한 민사상 사해행위가 되어 '사해행위 취소 소송'을 당하는 경우가 많다. 즉 채무자가 제3자에게 재산을 처분하면 채권자에게 금

전적 해를 끼치려는 의도가 있는 것으로 추정되어, 재산 처분 행위 자체가 무효로 되기 쉽다.

▶ 따라서 일단 소송이 제기되면 재산을 함부로 움직이지 않도록 주의해야 한다. 자칫 상대방이 처놓은 덫에 걸릴 수 있다.

가압류만 걸어두면 돈을 받을 수 있는가?

▶ 가압류는 집행 보전을 위한 것이므로 가압류 결정을 받았다고 해도 바로 돈을 받을 수 있는 것이 아니다.

▶ 소송에서 승소 판결을 얻어야 한다(보통 판결이 확정되거나 가집행이 붙어 있는 판결이면 된다.). 승소 판결을 받으면 원고에게는 집행권원이 생긴다. 집행권원이란, 상대방의 재산을 강제집행할 수 있는 권리를 말한다. 이 권원을 바탕으로 원고는 피고의 동산이나 부동산 등을 경매에 넘길 수 있으며, 나중에 배당이 이루어질 때 판결문 등을 집행권원으로 제출하여 돈을 받게 된다. 물론 패소하면 가압류 취소 신청에 의해 가압류가 취소될 수 있다.

▶ 한편, 채무자는 가압류 재산에 대해서 상당 금액을 법원에 맡기고 가압류를 말소할 수 있다(해방공탁신청).

지금 당장 날짜부터 체크하라

▶ 소송이 개시되면 날짜부터 확인하고 만약 급한 일이 있다면 빨리 손을 써야 한다.

▶ 변호사가 상담할 때 제일 처음 하는 일이 대법원 사이트 www.scourt.co.kr를 검색하는 일이다(사건번호만 알면 검색이 가능하다.). 변호사의 시선은 사건 접수일, 변론종결일, 판결문 송달일 등의 날짜로 향한다. 날짜를 알아야 지금 무엇을 할 수 있는지 알 수 있기 때문이다.

▶ 소송이 개시되면 그때부터 법원의 시곗바늘은 쉴 틈 없이 움직인다. 그 시간이 지나면 할 수 없는 일이 있기 때문에 변호사는 날짜에 촉각을 곤두세우기 마련이다.

▶ '소장 접수일'은 소멸시효 중단과 관련이 깊다. 돈 받을 날짜(변제일)가 지나면 소멸시효가 진행된다. 채권은 보통 10년이며, 경우에 따라 3년, 혹은 5년이다. 만일 이 시기가 지나면 소멸시효가 완성되어 채권이 휴지조각이 된다. 반면 소멸시효가 지나기 전에 소장을 접수했다면 소멸시효는 중단되어 채권이 살아 있게 된다(소멸시효를 중단시키는 방법은, 소장 접수 외에 가압류와 내용증명 등 몇 가지 방법이 있다. 내용증명의 경우는 6개월 이내에 소송을 걸어야 한다.).

▶ 한편 '소멸시효'와 유사한 개념이 있는데 그게 불변기간과 제척기간이다. '소멸시효'는 진행을 중단시킬 수 있지만 불변기간과 제척기간은 중단이 불가능하다. 혹시라도 제척기간이 적용되는 사건이라면 시간을 중단시킬 수 없다는 점을 알고 있어야 한다.

▶ '변론종결일'은 사실 확정의 기준점이 된다. 변론종결은 '더 이상 주장이나 증거를 받지 않고 지금까지 제출한 자료만으로 판결을 내리겠다'는 의미이다. 변론종결 다음은 판결 선고일이다(물론 변론 종결 후 중요한 사유가 생겨 변론 재개를 신청하여 받아들여지면 재판이 속개된다.).

▶ '판결문 송달일'은 항소의 기준일이 된다. 판결문을 송달받은 지 2주 내에 항소를 할 수 있다. 2주가 지나면 판결은 확정되어 더는 어떻게 할 수 없다.
(* 한편, 소송이 제기되면 피고에게 직접 송달하는 게 원칙이다. 그런데 피고의 주소지가 불명이거나 거주지를 찾을 수 없는 경우에는 사람들이 널리 볼 수 있게 '공시송달'을 한다. 공시송달도 공시한 날로부터 2주 안에 항소하지 않으면 판결이 확정된다.)

▶ 소송의 개시와 함께 알아야 할 두 번째 '시간'이 있다. 흔히 채권 추심업체(채권자에게 위임받아 채무자의 변제를 촉구, 압박하는 곳)들 사이에 격언처럼 떠도는 말이 있다. "채권 추심은 타이밍이고, 시간

은 채무자의 편입니다."

▶ '채권 추심은 타이밍'이라는 말은 채무자의 재산 유동 상황을 알아야 한다는 말이다. 채무자가 뭐라도 가진 게 있어야 압류라도 걸 수 있지 않겠는가? 채무자가 재산을 보유하고 있다는 정황이 보이면 그때 움직여야 한다는 말로, 그게 가압류 시점이 되면 좋다.

▶ '시간은 채무자의 편'이라는 말은 '소멸시효'와 연관된 말이다. 채무자로서는 시간이 계속 흐를수록 좋다. 한편 이 말은 채무자의 대응 시간을 줄여야 한다는 의미도 있다. 소송은 상대적으로 원고보다 피고가 다소 유리한 게 사실이다. 왜냐하면 입증책임이 기본적으로 원고에게 있으며, 피고는 원고의 증거를 의심할 만한 주장과 증거를 제출하기만 해도 원고의 전부 승소를 막을 수 있기 때문이다. 따라서 피고 입장에서는 시간이 많을수록 좋고, 원고 입장에서는 피고가 다른 수를 쓰지 못하도록 짧은 시간 안에 압박하는 게 중요하다. 원고가 주춤하는 사이, 피고가 원고의 증거를 약화시키거나 반대되는 증거를 마련한다면 큰일이다. 소송의 빠른 진행을 위해서는 철저한 준비를 통해 증거와 주장을 지체 없이 제출하는 방안 등을 고려할 수 있다(물론 시간을 끄는 전략이 필요할 때도 있다. 때마다 다르므로 상황 판단이 중요하다.).

소송의 목적을 최소 2단계로 나누어 두자

▶ 소송의 목적이야 승소 아닌가? 틀린 말은 아니지만 정확한 말도 아니다. 민사소송에서 승소란 '전부 승소'가 있고, '일부 승소'가 있다. 청구취지에 적힌 내용 전부에 대해서 '승소판결'을 받을 수 있고, 또 전부 패소를 받을 수도 있으며, 일부 내용에 대해서만 승소 혹은 패소 판결을 받을 수도 있다.

▶ 따라서 소송을 걸 때면 청구취지를 100% 다 달성하겠다는 마음으로 임하기는 하되, 여의치 않으면 한 걸음 물러설 수 있도록 준비해야 한다. 왜 이게 중요한가 하면 법정 다툼의 과정은 마치 살아 있는 생물과 같아서 어떻게 변할지 아무도 예측할 수 없기 때문이다. 재판은 종종 원고나 피고의 대응, 판사 등에 따라 전혀 예상치 못한 방향으로 흐를 때가 있다.

▶ 또한 최근에는 법원에서도 중재나 조정을 권하는 경향이 커지고 있기 때문에 '죽기 아니면 살기'라는 마음으로 소송에 임하는 것보다는 타협책을 어느 정도 생각해 두는 게 좋다. 협상을 할 때도 마지노선을 설정하지 않는가? 마찬가지로 처음은 크게 부르고 나중에 조금 줄일 수 있는 방안을 미리 마련하자는 얘기다.

청구취지를 바꾸는 것도 방법이다

▶ 상황이 바뀌면 전략을 바꾸어야 한다. 전부 승소를 받고 싶어서

시작한 소송인데 시간이 흐르다 보면 상황이 불리해질 때가 있다. 이 경우 청구취지를 바꾸면 일부 승소할 수 있는 여지가 생기기도 한다. 그러나 전부 승소를 고집하여 그대로 밀어붙이면 결과는 어떻게 될까? 판사는 청구취지에 없는 청구사항에 대해서는 판결을 내리지 않으므로 전부 패소할 가능성이 높아진다. 고집은 소송에서 가장 해로운 적이다. 유연한 대응이 필요하다.

형사소송을 함께 진행하는 것은 도움이 되는가?

▶ 예전에는 형사소송을 통해 민사 문제까지 한꺼번에 처리하는 경향이 컸다. 빌려준 돈을 받을 때 형사소송, 즉 사기죄로 고소하여 상대방을 압박하면서 합의를 진행하여 민사 문제(돈)를 해결했다. 그러나 문제가 있었다. 사기죄의 형사 공소시효(고소할 수 있는 기간)와 민사 채권의 소멸시효가 똑같이 움직이지 않는다는 점이다.

▶ 과거에는 사기죄의 공소시효가 7년(현재는 10년)이고, 채권의 소멸시효는 10년이었다. 만일 채권이 발생한 지 8년이 지난 시점이라면 사기죄 고소는 불가능하여 민사를 제기해야 한다.

▶ 또한 피의자(형사 고소를 받은 자)가 책임회피를 목적으로 국외로 도망치면 공소시효가 정지되어 7년이던 공소시효가 해외로 도피한 기간만큼 늘어나게 되고(형사소송법제253조제3항), 그 사이 민사상 채권의 소멸시효 10년이 완성되는 경우도 있었다. 그런 일들이

벌어지면서 최근에는 형사와 민사를 동시에 진행하는 경우가 많아졌다.

민사 증거 확보가 필요할 때 형사 고소 활용

▶ 그럼, 어떤 경우에 형사 고소를 하는 게 좋을까? 상대방을 처벌하는 게 목적일 때는 두말할 것 없이 고소해야 한다. 그러나 처벌의 목적 이외에도 민사 증거 확보가 필요할 때도 고소하는 방법이 좋다. 고소를 하면 개인이 나서서 얻기 힘든 정보를 수사를 통해 얻을 수 있으므로 나중에 수사가 종결되면 '문서 송부촉탁' 등의 방법으로 증거를 얻을 수 있다. 이렇게 손에 넣은 공문서는 다른 증거보다 일반적으로 증명력이 높다(공문서의 추정력).

▶ 형사재판을 진행하면 이때도 사실을 확정하고, 민사에서도 사실을 확정하는데 이때 양쪽에서 확정한 사실의 내용이 다를 때가 있다. 이 경우 형사재판에서 확정된 사실을 더 진실성이 있다고 보는 경향이 있다. 민사소송은 당사자가 제출한 증거와 자료만으로 판결에 이르지만 형사재판은 제3자인 검사가 국가권력을 가지고 따로 조사를 벌여 고소한 사람이 제출하지 않은 증거까지 확보하게 되므로 확정된 사실에서 더 높은 점수를 준다. 물론 이 말은 절대적으로 그렇다는 것은 아니다. 다음 판례를 보면 '민사재판은 형사재판의 사실인정에 구속받지 않는 게 원칙'이라고 말하면서도 '형사판결이 유죄로 인정한 사실을 뒤집으려면 특별한 사정이 존

재해야 한다'고 밝힌다.

"원래 민사재판에서는 형사재판의 사실인정에 구속받지 않는다고 할지라도 동일한 사실관계에 관하여 확정된 형사판결이 유죄로 인정한 사실은 유력한 증거자료가 된다 할 것이므로 민사재판에서 제출된 다른 증거들에 비추어 형사판결의 사실판단을 채용하기 어렵다고 인정되는 특별한 사정이 없는 한 이와 반대되는 사실을 인정할 수는 없는 것이고, 더욱이 이 사건과 같이 민사판결이 있은 후에 형사절차에서 장기간에 걸친 신중한 심리 끝에 결국 그것이 소송사기에 의한 판결임이 밝혀져서 유죄의 형사판결이 확정된 경우에는 법원은 그 형사판결의 존재와 내용을 존중하여 거기에서 인정된 사실을 민사판결에서 인정된 사실보다 진실에 부합하고 신빙성이 있는 것으로 받아들여야 함은 당연한 이치라 할 것……" (대법원 93다29051 판결)

▶ 따라서 만일 형사와 민사를 동시에 진행한다면 당연히도 형사에 더 힘을 써야 한다. 형사에서 굳어진 사실은 민사에서도 강력한 힘을 발휘한다.

채무자가 자꾸 도망 다니는 경우

▶ 채무자가 자꾸 도망 다니는 경우가 있다. 오래 전에 경찰에 고소도 했는데 아직 잡히지 않고 있다. 마침 공소시효 만료가 다가오

고 있다. 이런 경우라면 민사라도 판결을 받아서 소멸시효를 연장시켜야 한다.

▶ 특히나 소멸시효가 짧은 채권인 경우에는 번거롭더라도 빨리 민사를 진행하는 게 좋다. 공사대금이나 불법행위의 경우 민사 채권의 소멸시효는 3년밖에 안 된다. 이들을 사기죄로 고소하려고 하면 공소시효 기간이 10년으로, 해외로 도주하게 되면 3년은 훌쩍 지난다. 심지어 장기간 은닉생활을 하다가 나타나는 경우도 있어서 10년 채권의 소멸시효도 금방 지나가는 경우가 있다. 따라서 형사 고소를 생각하고 있다면 지급명령 등을 통해 판결을 받아서 소멸시효를 갱신하는 게 여러 모로 좋다. 한편 상대방이 해외 도주 중이라면 별다른 다툼 없이 판결을 받을 수 있기 때문에 큰 불편이 없다.

반대로 형사소송을 위해 민사소송을 활용하는 경우

▶ 한편 형사소송을 위해 반대로 민사소송을 활용하는 경우도 있다. 민사소송을 진행하면 상대적으로 증거 확보가 쉽기 때문이다. 최근 형사소송의 경우에는 강제 수사가 줄어들고 과학수사나 임의 수사를 하는 경우가 늘었다. 강제 수사를 하려면 수사기관에서 법원에 압수수색영장을 신청해야 한다. 그런데 법원에서 수색영장을 받으려면 수사기관은 구속되거나 엄벌에 처할 만한 상황을 법원에 납득시켜야 한다. 문제는 그게 쉽지 않을 때가 많다는 점. 이

때문에 상대적으로 증거 획득이 편리한 민사소송을 활용하는 것이다. 민사는 정당한 이유만 있으면 법원을 통하여 원하는 자료를 곧장 얻을 수 있다. 특히 상대방의 금융거래나 전화 통화 내역 등 사생활 비밀 보호 내역과 관련된 부분을 쉽게 얻을 수 있다. 특히 전화통화 내역은 개인이 신청하면 6개월치 내역만 조회가 가능하지만 법원을 통하면 1년 동안의 내역을 손에 넣을 수 있다.

취하도 전략이다

▶ 민사가 형사와 다른 점 중 하나는 소송 도중에 취하를 하게 되면 상대방이 끝까지 싸우자고 하지 않는 한 바로 사건이 종결된다는 사실이다(법 제266조).

▶ 소송은 판결이 확정될 때까지 그 전부나 일부를 취하할 수 있다. 다만 상대방이 준비서면을 제출하거나 변론준비기일에 진술하거나 변론을 한 뒤라면 상대방의 동의를 받아야 효력을 가진다. 소취하의 서면이 송달된 날부터 2주 이내에 상대방이 이의를 제기하지 않으면 소취하에 동의한 것으로 본다.

▶ 혹시라도 소를 제기하였는데 뭔가 착오가 있었거나 불리한 점이 눈에 띄었다면 소장이 상대방에게 송달되기 전에 소를 취하하면 소송을 중단시킬 수 있다(이런 판단은 전문적인 영역이므로 변호사 등 전문가와 상의하는 게 좋다.). 이에 반하여 형사고소는 나중에 고소를

취하하더라도 각하나 친고죄 대상이 아닌 한 결론을 내야 한다.

- **민사소송 판결문을 공표해도 될까?**

  ▷ 민사 판결문을 공표하지 말라는 법적 근거는 없다. 그러나 형법상 명예훼손죄가 될 수 있으므로 만일 제3자의 명예에 먹칠을 하는 내용이 있다면 함부로 공표해서는 안 된다. 형법에서는 '진실한 사실로 공익을 위할 때'만 공표할 수 있다고 규정하고 있다. 한편 무죄선고를 받았을 때는 피고인의 의사를 감안하여 자유롭게 공시할 수 있다.

8장 어려워도 필요한 합의
_ 주로 채무자(피고) 입장에서

"불리한 소송을 마무리할 수 있는 가장 좋은 방법"

합의 가능성은 늘 열려 있다

▶ 빌린 돈을 갚는 문제처럼 주어야 할 돈이 명확한 경우에도 '합의금'을 놓고 줄다리기는 가능하다. 상대방이 소송청구액을 다 받을 수 없다고 여기거나 생업이 바쁘면 일정 부분 포기하고 타협할 수 있기 때문이다. 한편 소송이 진행 중이라면 합의는 판결까지 기다릴 필요 없이 소송을 끝낼 수 있는 방법이기도 하다(형사 소송은 합의와 관계없이 재판이 끝까지 진행된다.).

둘 사이의 온도 차이를 이해하라

▶ 만일 당신이 합의금을 주어야 하는 입장이라면 '상대방과의 온도 차이'를 이해해야 한다.

▶ 평범하고 온순한 사람도 소송을 하다 보면 감정이 격해진다. 더욱이 '권리를 침해받았다'고 여기는 사람이라면 극도의 흥분 상태에 있다.

▶ 반면 당신으로서는 돈 문제가 걸려 있으므로 최대한 냉정하게 접근하려고 할 것이다. 여기서 둘 사이의 온도 차이가 발생한다.

▶ 이 온도 차이를 어떻게 줄일 것인지가 합의의 관건이다. 처음 만난 자리에서 합의를 이끌어내기란 어렵다. 어쩌면 여러분은 상대방이 너무 완강하게 나와서 합의의 단초도 찾지 못하고 지레 포기할지 모른다. 그래서 종종 합의를 포기하고 '공탁' 등 다른 수단을 찾는 경우도 있다. 그러나 가능하면 공탁보다는 힘들더라도 합의를 하는 것이 낫다. 특히 형사 문제가 개입되어 있으면 공탁금보다 더 적은 돈으로 더 큰 효과를 볼 수도 있기 때문이다.

▶ '공탁'이란, 합의를 하려고 노력했으나 원고가 요구하는 액수가 너무 크거나 요구 금액을 맞춰줄 능력이 없어서 합의에 실패하였고, 그러나 '나는 아직도 합의할 준비가 되어 있다'는 의사를 표시하기 위하여 법원에 원고 이름으로 일정 금액을 맡기는 제도이다.

▶ 한편 공탁금은 나중에 판결이 나면 갚은 금액으로 계산된다. 판결문에 보면 '언제까지 얼마를 갚아라'는 내용이 있는데 이 액수는

원래 갚아야 할 돈에서 공탁금만큼 뺀 뒤 책정된다.

- **공탁 방법**
  ▷ 절차 : 관할 법원에 가서 '공탁관(공탁 담당 공무원)'을 찾는다. 찾아가면 공탁서(2통), 자격증명서, 주소 소명서, 공탁통지서 등을 작성하도록 시킨다. 이 서류를 작성해서 공탁관에게 제출하면 된다.
  ▷ 공탁 양식과 필요한 사항 : 대법원사이트(www.scourt.co.kr)의 대국민서비스 중 전자민원센터의 양식모음에 가서 확인할 수 있다. 위 양식 내용을 채우고 필요한 서면을 첨부한다.
  ▷ 추후 과정 : 서류를 제출하면 공탁관이 심사하여 수리한다. 이후 공탁소에서 '공탁서'를 받게 되는데 이 서류에 납입기일이 적혀 있다. 기한 내에 공탁물(돈이든 유가증권이든)을 납입하면 된다.

합의를 이끌어내기 위한 전략

▶ 다시 합의금 이야기로 돌아가 보자. 사실 적정한 합의금이란 건 없다. 다만 서로가 주판알을 두드리며 계산한 금액이 있을 뿐이다. 그러므로 합의금을 주어야 하는 입장에서는 적절한 선까지 끌어내리는 게 관건이 된다. 이를 위해 네 가지 팁을 제공한다.

첫째, 상대방이 요구하는 합의금에 너무 민감하게 반응하지 말자.
▶ 여러분이 생각하는 것보다 합의금의 액수가 터무니없이 클 것이

다. 그러나 미리 말해두면 실제 합의금은 처음 요구한 액수보다 적으면 적었지 커지는 경우는 드물다. 합의금은, 시간이 지나면서 줄어드는 경향이 있다.

▶ 이건 형사사건의 사례를 보면 이해가 빠르다. 오래 전, 산부인과 의사의 미숙아 살인 사건을 맡았을 때 일인데(그때는 검사였다.), 당시 피해자는 합의금으로 1억 원을 불렀지만 나중에는 500만 원으로 끝난 적이 있다(당시 물가를 감안하면 1억 원은 매우 큰돈이었다.).

▶ 처음 부른 액수는 실제로 받기를 원하는 객관적인 액수라기보다는 자식을 잃은 부모들의 충격과 상처, 분노의 크기를 대변하는 것으로 보는 것이 옳다. 실제로 사고 직후 원고는 객관성을 유지하기 힘들 만큼 정신적으로 큰 충격을 받은 상태였다.

▶ 다른 문제도 있다. 원고(자식 잃은 부모)가 보험회사 직원도 아니고 어떻게 정확한 피해액을 산정할 수 있다는 말인가. 그래서 일단 손해를 보면 안 된다는 생각에 합의금을 높게 책정하는 경향이 있다.

▶ 그러나 시간이 지나면서 흥분이 가라앉고 주변에서 위로와 조언도 듣게 되면서 조금씩 객관성을 찾게 된다. 대화가 가능한 상태가 되어 간다. 이 시간을 기다려야 한다.

▶ 중요! 처음 상대방이 요구하는 합의금 액수를 들었을 때 너무 놀라거나 당황하여 지레 겁먹고 합의를 포기할 필요는 없다. 일단 액수에 대해서는 부정도 긍정도 하지 않도록 한다. 또 혐의를 모두 인정하기로 마음먹은 게 아니라면 '잘못했다'는 식의 이야기도 꺼내지 않는다. 다만 도의적 책임, 미안한 마음만 표현하며 상대방의 마음이 가라앉기를 기다린다.

둘째, 내가 줄 수 있는 최대의 합의금이 얼마인지 산출한다.

▶ 그러나 이 액수는 마지막에 이르기 전까지는 절대 상대방에게 발설하지 않는다. 실제 협상에서는 이보다 훨씬 낮은 금액으로 시작한다.

▶ 처음 만난 자리에서는 절대 합의금 이야기를 먼저 꺼내지 않는다. 상대방이 합의금에 대해서 말문을 열 때까지 기다린다.

▶ 이 말은 오해하면 안 된다. 합의하지 않겠다는 인상을 주면 곤란하고 최선을 다해 합의에 임하고 있다는 모습을 보이는 것이 중요하다.

▶ 그렇게 이야기가 진행되다가 원고 측에서 얼마까지 합의해 줄 수 있느냐고 물으면 그때 준비한 가장 낮은 액수를 알려준다. 당연히 상대방은 이 금액에 만족할 리 없다. 이때부터 시간을 두고 액수

를 높여가면서 적절한 합의점을 찾아야 한다.

▶ 그러나 처음부터 '제가 드릴 수 있는 건 이게 전부'라고 말을 막으면 합의금의 최저점이 고정되어 협상도 어려워지고 더 많은 합의금이 필요할지도 모른다.

셋째, 무작정 기다린다고 상대방의 분노가 사그라지는 것은 아니다.
▶ 피해 보상을 위해 애쓰고 있다는 것을 상대방에게 보여야 한다. 예전 검사 시절이다. 어느 관광버스 운전자가 사고를 내 사망자가 발생했다. 사고 직후 버스 회사 사장은 피해자 측 사람들이 있는 곳이라면 장례식장 등 장소를 마다 않고 찾아다니며 사죄를 했다. 원고 가족에게 멱살을 잡히거나 욕을 먹는 등 이만저만 수모를 당한 것이 아닌데도 포기하지 않고 사람들을 찾아다니며 고개를 숙였다. 이 과정에서 원고 측의 분노는 조금씩 사그라지며 대화의 통로가 열렸다. 보기가 안쓰러웠는지 대화 자리를 주선하는 피해자 측 사람들도 나타났다. 합의를 위한 첫 걸음이 만들어진 것이다.

▶ 이런 과정 없이 무작정 형편이 안 되어 이것밖에는 못 드린다고 하면 상대방이 알겠다고 수긍하겠는가? 버스 회사 사장이 수모를 당한 만큼 합의금 액수가 줄어들었다는 점을 잘 기억해야 한다.

넷째, 상대방이 타협의 여지없이 너무 무리한 액수를 요구하면 일단은 받아들이고 합의서에 사인을 하는 것도 한 가지 방법이다. 나중에 못 주더라도 말이다.

▶ 주기로 했는데 주지 않았으므로 '사기'가 아니냐고 묻는 사람들이 더러 있다. 그러나 사기죄의 요건에 해당하지 않는다. 사기죄가 되려면 내가 상대방에게 돈을 새로 빌리거나 해야 되는데 그런 게 아니라 내가 주어야 할 돈만 더 늘어난 것이므로 사기가 아니다.

▶ 만일 약속한 합의금을 주지 않으면 어떻게 되나? 만일 합의금을 주기로 사인했고, 그래서 상대방이 소를 취하했다면 소송은 종결된다. 그런데 기껏 소송을 취하했는데 돈을 못 받으면? 그러면 다시 '소송'을 진행할 수 있다. 이게 상대방이 가진 무기다. 추가적으로 설명하면, 소송 취하는 민사의 경우이고, 형사 합의의 경우는 어떻게 될까? 형사 합의를 했는데 돈을 못 받으면 이를 근거로 '민사 소송'을 진행하는 방법이 가능하다.

합의서를 작성할 때 소송을 막는 방법 : 돈을 주어야 하는 사람 입장에서

▶ 그럼, 당신은 어떻게 해야 할까? 두 가지 방법이 있다. 첫째, 상대방이 소송을 다시 걸기 전에 합의금을 재조정하는 방법이다.

▶ 둘째, '불제소합의' 문구를 합의서에 넣는 방법이다. 합의서를 작성할 때 '이후 민형사상 일체의 이의를 할 수 없다'거나 '이후 민형

사상 일체의 손해를 청구할 수 없다'는 문구를 넣는다면 이후로 민사든 형사든 책임을 물을 수가 없게 된다. 즉 불제소합의 문구를 넣어 합의서를 작성하면 훗날 소송을 제기하더라도 각하된다.

▶ 부연 설명 : 만일 당신이 원고라면 말뿐인 가해자의 합의를 믿지 않도록 한다. 가해자가 합의금을 언제 줄지 알 수 없기 때문이다. 따라서 최대한 담보를 확보하는 것이 좋다.

합의해야 할 사람이 여럿일 때

▶ '사촌이 땅을 사면 배가 아프다. 설령 내가 돈을 못 벌더라도 남이 돈 버는 꼴은 못 본다.' 합의할 사람이 여러 명인 경우에는 이 말을 잘 기억해야 한다.

▶ 종종 벌어지는 사건 중 하나다. 회사가 곧 상장되는데 지금 주식을 사면 2~3배의 이익을 볼 수 있다는 꾐에 넘어가 덜컥 투자를 했다가 돈을 떼어먹히는 경우가 있다. 이럴 경우 합의해야 하는 사람은 다수가 될 수밖에 없다. 이때 피해 입은 사람들이 원하는 것은 당연히 피해 보상이다. 그런데 문제는 돈이 충분치 않다는 점. 이 때문에 '이번에는 몇 명만 주고 나중에 돈 생기면 다른 사람도 챙기자'는 생각으로 합의를 시도하는 경향이 있다. 돈도 부족하고, 그 많은 사람들을 일일이 만나러 다니는 게 부담스럽기 때문인데 이는 지나친 자기 편의주의다. 반대로 생각해서, 당신이 비

록 액수는 적지만 피해를 입은 원고라고 하자. 기분이 어떤가? 당연히 나쁠 것이다. 그러니 누가 합의서에 도장을 쾅 찍어주겠는가? 한 번 속은 마당에 두 번 속을 바보는 없다. 그러므로 합의 대상자가 다수인 경우에는 가지고 있는 돈을 최대한 합리적으로 나누어서 마지막 한 명까지 설득하도록 하는 게 좋다.

산재 합의 문제 - 피해자 입장에서

▶ 회사에서 일하다가 사고를 당한 경우(산재사고), 원고 입장에서는 다음 세 가지를 따로따로 생각해야 한다.

1. 〈산업재해보상보험법〉에 의한 보험금 문제
2. 사용자 측에서 고의나 과실이 있으면 〈업무상 과실치사상죄〉나 〈주의의무 관련 특별법 위반〉 등 형사 문제
3. 사용자 측의 고의나 과실에 의한 손해가 있는 경우 민사 문제

▶ 문제는 회사와 형사 합의를 하는 경우이다. 만일 이때 재해를 입은 사람이 회사 등으로부터 형사 합의금을 받으면 당연히 산재 보험에서 받을 수 있는 보험금을 책정할 때 영향이 있을 수 있다. 즉 위의 세 가지 고려 사항이 하나로 뭉뚱그려질 염려가 있다.

▶ 따라서 형사 합의를 하는 경우 산재 보험, 나아가 민사와 무관하다는 점을 명확히 할 필요가 있다. 그래야 산재 보험의 모든 권리

와 민사상의 보상을 최대한 누릴 수 있다. 한편 형사 합의를 할 때 차용증 등을 받을 수 있는데 이때 가능하면 '공증' 등을 받아두면 훗날 별도의 소송 절차 없이 집행할 수 있게 된다.

▶ 한편 같은 맥락에서 산재가 종결된 후에 민사 합의를 하는 게 좋은 방법이다.

형사 합의는 민사 합의에 어떤 영향을 끼치는가?

▶ 형사 합의를 했다고 민사 합의까지 무조건 이루어지는 것은 아니다. 물론 형사 합의금의 액수가 크다면 민사소송에서 위자료 따위를 정할 때 참고하기는 한다. 그러나 둘은 근본적으로 별도의 것이다.

▶ 예컨대 9천만 원을 사기 당한 A가 있다고 하자. 이 사람이 사기범으로부터 형사 합의금으로 2천만 원을 받았다. 그렇다면 이 사람은 민사를 통해 얼마까지 강제 집행을 할 수 있게 될까? 남은 7천만 원일 수도 있고, 9천만 원 전부일 수도 있다. 형사 합의를 할 때 어떻게 했느냐에 따라 달라지기 때문이다. 만일 형사 합의금 2천만 원이 원고의 정신적 손해에 대한 위자료라고 한다면 민사를 통해 9천만 원 전부를 청구할 수 있다. 반면 형사 합의금이 피해 본 원금 9천만 원의 일부를 갚는 형태라고 한다면 민사에서는 7천만 원까지 걸 수 있다. 보통의 경우, 합의서에 별 다른 언급이 없다면

형사 합의금은 원금을 갚는 것으로 보아서 7천 만 원만 청구가 인정될지 모른다. 형사 합의를 할 때 그 관계를 분명히 할 필요가 있다.

기왕이면 합의보다는 조정조서

▶ 주의! 만일 소송이 진행 중이라면 합의보다는 '조정'이 더 좋을 수 있다. '조정'이란 판결까지 가지 않고 한 걸음씩 물러서서 타협하는 제도를 말한다. '합의'와 유사하지만 판사가 끼어 있다는 점이 다르다. 그렇다, '조정'은 판사가 중재자 역할을 하므로 ① 법률관계가 명확히 정리될 뿐 아니라 ② 판결과 똑같은 효력을 가지며, ③ 무엇보다 '조정'을 마친 사건은 두 번 다시 재판을 할 수 없다는 장점이 있다.

▶ 조정을 할 때 주의할 점이 있다. 여러 가지 조건이나 추가적인 내용이 있을 때는 조서에 그 내용이 기재되도록 조정장(판사 포함)에게 말하고, 실재로 기재되었는지 확인해야 한다. 조서에 포함되지 않은 내용은 법적인 효력, 즉 강제집행의 대상이 되지 않기 때문이다.

2부
사건별 승소 전략

2부에서는 대표적인 민사소송 사건 12가지를 뽑았다.
각 유형별로 소장 작성 방법과
사건별 쟁점, 승소 포인트를 짚어본다.

사건1 빌려준 돈을 못 받았다
_ 대여금 청구의 소

사건발생 … 하루는 김부화 씨의 휴대폰 벨이 요란하게 울렸다. 전화를 건 사람은 평소 알고 지내던 박대충 씨. 용건인즉, 돈이 필요한 사람이 있는데 1억 원만 빌려주면 매달 200만 원씩 이자를 주고 1년 후에 갚겠단다. 마침 돈 굴릴 데가 필요했던 김부화 씨는 박대충 씨라면 믿을 만하다고 보고 돈을 빌려주기로 결심했다. 그리고 약속한 날짜에 이채통 씨를 만나 대여 약정을 맺고 바로 인터넷뱅킹을 통해 계좌이체를 시켰다. 이후 1년 동안 이자는 잘 받았다. 그런데 돈을 갚기로 한 날이 지났지만 이채통 씨는 차일피일 시간을 미루며 아직까지 한 푼도 갚지 않았다. 더 이상은 방법이 없어 소송을 제기하기에 이르렀다.

▶ 김부화가 이 소송을 통하여 얻고 싶은 건 두 가지. 빌린 돈을 갚으라는 것과 원금 갚을 때까지 이자를 내라는 것이다. 그렇다면 이 두 가지 목적을 달성하기 위해 소장에는 어떤 내용(요건사실)을 넣어야 할까?

대여금반환청구에 필요한 요건사실

▶ '빌린 돈을 갚으라'고 거는 소송을 '대여금반환청구소송(대여금청구의 소)'이라고 한다. 앞서 우리는 소송을 걸려면 그 사건이 성립하기 위한 요건이 있다고 설명했다. 그게 '요건사실'이다. 대여금반환청구를 하려면 다음과 같은 3가지 요건사실에 해당하는 내용과 관련 경위를 소장에 명시하고 증명해야 한다(다시 한 번 강조하지만

요건사실과 무관한 이야기를 늘어놓는 것은 판사를 번거롭게 만들고, 쟁점을 흐리게 만든다.).

1. **누군가 돈(혹은 대체물)을 빌려주고, 그 돈을 갚기로 약정을 맺었다는 사실 :** 이런 약정을 '소비대차계약'이라고 한다(빌린 돈을 '소비'하고 다시 마련한 돈을 갚는 계약. 빌려준 그 지폐 그대로 갚는 게 아니라는 의미.). 이 계약에는 통상 언제까지 갚겠다는 시일이 포함된다. 갚기로 한 기일을 '변제기(변제일)'라고 한다.

2. **실제로 돈을 지급한 사실 :** 김부화가 돈을 빌려주었다면 빌려준 흔적이 있을 것이다. 계좌이체 내역이라든가 차용증 따위가 증거가 된다.

3. **돈을 갚을 날짜가 넘었다는 사실 :** 이 사건에서는 빌려준 날짜로부터 1년 뒤가 돈을 갚을 날짜였다.

이자청구에 필요한 요건사실

▶ 한편 이자를 내라고 요구하는 것을 '이자청구' 혹은 '부대청구'라고 한다. 이자를 청구하기 위해서도 다음과 같은 3가지 요건사실이 있어야 한다.

1. **원본채권이 발생한 사실 :** 이자란 혼자 생기는 게 아니다. 이자를 받으려면 우선 돈을 빌려준 사실이 있어야 한다. 너무 당연한가? 만일 원금은 받았는데 이자만 못 받아서 소송을 벌이는 경

우라면 먼저 '돈을 빌린 사실'을 증명해야 한다는 사실을 잊지 말자. 참고로, 이 사건에서 원고 김부화 씨가 1억 원을 빌려줌과 동시에 채권이 발생했는데 이를 '원본채권'이라고 한다. '원본채권'이란 빌린 돈 자체에 대한 채권을 의미한다. 반면 이자에 대해서는 '이자채권'이 발생한다. 소멸시효가 완성되어 원본채권이 사라지면 이자채권도 함께 사라진다.

2. **이자를 주기로 약정을 맺은 사실** : 돈은 빌려주되 이자를 안 받기로 했다면 이자를 달라고 요구할 수 없다. 다만 이자에 대한 특별한 약정이 없다면 민사는 민사이자로 연 5%, 상사는 상사이자로 연 6%를 청구할 수 있다.

3. **실제로 돈을 지급한 사실과 언제 빌려주었는지 그 시기** : 원금이야 시간이 지나도 그대로지만 이자는 시간에 비례하여 늘어나므로 빌려주거나 채무자가 일부 지급한 시기가 있어야 경과한 시간을 계산할 수 있다.

요건사실에 맞게 소장 작성하기

▶ 이와 같은 요건사실에 따라 소장을 작성한다. 소장의 뼈대는 크게 세 가지다. ① 청구취지(어떤 판결을 구하는지), ② 청구원인(왜 소송을 걸었는지), ③ 입증방법(증거가 무엇인지)이다. 이 사건에서 원고는 '김부화'가 되고, 피고는 '이채통'이 된다. 자, 실제의 소장을 보자.

- **청구취지**

  1. 피고는 원고에게 금100,000,000원 및 2016.1.24.경부터 다 갚을 때까지 월 2%의 비율에 의한 금원을 지급하라.
  2. 소송비용은 피고의 부담으로 한다.
  3. 제1항은 가집행할 수 있다.
     라는 판결을 구합니다.

- **청구원인**

  1. 금전 대여
     원고 김부화(이하 '원고'라고 합니다.)는 2015.1.24.경 소외 박대충의 소개로 알게 된 피고 이채통(이하 '피고'라고 합니다.)에게 금1억 원을 빌려주며 사용기간을 1년으로 한정하고, 이자로 대여금의 월 2푼을 약정한 뒤 바로 그날 인터넷뱅킹을 통해 원고의 계좌에서 피고의 계좌로 송금한 뒤 차용증을 받았습니다.(갑제1호증의 1 차용증, 2 예금거래 내역)

  2. 원리금 지급 지체
     그런데 약속한 1년이 지났지만 1년간의 이자 빼고는 2016.1.1.경부터 지금까지 한 푼의 원금도, 또 원금의 지연에 따른 이자도 받지 못하여 이 건 소에 이르렀습니다.

- **입증방법**

  1. 갑제1호증의 1 차용증
                  2 예금 거래 내역

▶ 소장이 접수된 이후, 피고 이채통에게 소장 부본이 우편으로 날아왔다. 이제 피고가 대응할 차례다. 원고의 주장을 그대로 인정하거나(청구인낙), 소장에 아무런 반응을 하지 않으면(의제 자백) 재판은 원고 승소 판결로 끝난다(법제257조). 한편 피고 입장에서는 크게 두 가지 대응 방안이 있다. 부인과 항변이다.

피고의 대응 전략 ① 부인

▶ 첫째 방법은 '그런 사실이 없다'고 부인하는 방법이다. 원고가 제출한 소장을 보니 돈을 빌려주기로 약정했다는 계약서(금전소비대차계약)가 첨부되어 있다. 계약서를 보니 피고 이채통의 이름이 적혀 있다(혹은 도장이 찍혀 있다.). 그런데 피고는 이 계약서가 잘못이라고 주장하고 싶다. 계약 자체를 부인하는 방법이다. 계약 자체를 부인하는 방법은 다음과 같은 4가지 갈래가 있다.

1. 계약을 체결한 사실이 없다.
2. 계약서의 서명(사인)이나 날인(도장)이 나의 것이 맞지만 속아서(기망), 혹은 협박을 받고 한 것이다.
3. 계약서에 찍힌 도장(날인)이 내 도장이 맞지만 내가 찍은 적이 없다. 다른 누군가가 내 도장을 훔쳤거나 혹은 도장을 똑같이 파서 찍은 것이다.
4. 계약서의 서명(혹은 날인)은 내가 한 게 아니다.

▶ 내용도 다르고, 입증방식도 전부 다르다.

▶ 만일 1번 '계약을 체결한 사실이 없다'고 주장하면 입증책임은 원고에게 돌아간다. 원고는 계약서에 기재된 서명이나 날인이 피고의 것임을 증거를 통해 입증해야 한다.

▶ 만일 2번 '기망, 협박'을 주장하려면 피고가 '기망'이나 '협박' 사실을 항변으로 입증해야 한다. 원고를 사기죄, 공갈죄 등으로 형사고소를 하여 증거를 얻는 방법도 있다.

▶ 만일 3번 '누군가 도장을 똑같이 파서 찍은 것이다'라고 위조 항변을 하면 원고가 입증해야 한다. 문서 감정 등을 통해 입증하는 방법도 있으나 경험적으로 보면 판사는 대체로 '사문서위조죄' 등으로 고소하여 공소장이나 불기소장(기소유예) 등이 나오면 이를 증거로 제출하기를 기대하는 듯하다.

▶ 그런데 4번의 '계약서 서명(날인)은 내가 한 게 아니다'라는 주장은, 입증책임이 원고에게 돌아간다. 바통이 원고에게 넘어간다는 말이다. 원고가 '이 계약서는 진짜다'라는 사실을 입증해야 한다. 이를 '계약서(처분문서)의 진정성립'이라고 한다.

▶ '계약서의 진정성립'을 입증하려면 어떻게 해야 할까? 방법에 제

한은 없다. 증인이 '내가 보는 앞에서 피고가 사인한 게 맞다'고 말이나 문서로 증언을 해도 되고, 피고의 글씨체를 알고 있는 사람이 '그 사람 글씨가 맞다'고 증언해도 된다. 혹은 사설 감정을 통하거나 법원에 감정 신청을 통해서도 가능하다. 핵심은 판사가 심증을 형성할 수 있을 정도가 되어야 한다. '변론 전체의 취지'로도 가능하다. 반대로 말하면 피고 입장에서는 '계약서의 진정성립'을 의심할 수 있는 증거나 정황을 보여주는 게 중요하다. 1부에서 다루었던 가짜 차용증 사건을 기억하기 바란다.

피고의 대응 전략 ② 항변

▶ 빌린 건 맞지만 내가 갚을 의무가 없다면 그때는 두 번째 방법 '항변'을 해야 한다. 항변에는 다음과 같은 7가지 방법이 있다. 자신이 어떤 입장에 속하는지 따져보고 그에 맞게 주장하자.

1. 다 갚았다(변제).
2. 원고가 갚지 않아도 된다고 했다(채무면제).
3. 나도 받을 돈이 있다. 그 범위 안에서 가감하겠다(상계).
4. 갚을 돈을 법원 공탁소에 맡겼다(변제공탁).
5. 아버지가 진 빚이다. 나는 아버지의 상속인이 맞지만 상속을 포기했다(상속포기). 혹은 물려받은 재산이 있으나 그 범위 안에서만 갚겠다(한정승인). 물론 상속포기나 한정승인은 일정한 기간 안에 가정법원에서 심판을 받아 놓아야 한다.

6. 10년이 지나 갚을 의무가 없다(소멸시효).

7. 원고의 채권이 다른 사람에게 넘어갔다(채권 압류 및 추심 혹은 전부). 원고가 나에게 돈을 달라고 할 이유가 없다.

▶ 피고가 1번 '돈을 갚았다'며 '변제'를 주장하는 경우에 변수가 하나 있다. 만일 피고가 원고에게 여러 건의 채무를 지고 있고, 갚았다는 돈이 빚을 전부 다 갚는 게 아니라면 어떻게 될까? 원고는 받은 돈이 이번 채무가 아닌 다른 채무이므로 이번 사건에 대해서는 변제가 된 게 아니라고 '재항변'을 할 수 있다.

▶ (변제충당) 예컨대 A가 B에게 1년간 3차례에 걸쳐 돈을 빌린 경우를 가정해 보자. 처음은 1천만 원, 두 번째는 2천만 원, 세 번째는 5백만 원을 빌렸다. 그런데 A가 1년 뒤에 1500만 원을 갚았는데 과연 이 1500만 원이 세 번의 대여 가운데 어떤 것을 변제한 것인지 명확하지 않을 때가 문제가 된다. 만일 이번 소송 사건에서 원고가 달라고 했던 그 돈이 변제된 것으로 밝혀지면 이번 소송은 원고 패소가 되며, 해당 금액에 대해서 소송을 다시 시작해야 한다.

▶ 따라서 원고 입장에서 이런 뜻밖의 사태를 피하려면 빌려준 돈을 돌려받을 때 어떤 채무에 충당하는지 알려주어야 한다.

▶ 참고로, 빚을 일부만 갚을 때 어떤 빚에 충당할지 법률은 방법을 정하고 있다(민법 제476~479조).

- 돈을 갚는 자(변제자)가 어떤 빚을 갚는 것인지 지정한다.
- 돈을 갚는 자가 어떤 빚을 갚는 것인지 정하지 않았을 때는 변제받는 자가 돈을 받으면서 어떤 빚인지 정할 수 있다.
- 돈을 갚는 사람도 받는 사람도 모두 어떤 빚인지 정하지 않고 그냥 주고받기만 했다면, 다음과 같은 기준을 따른다. ① 돈 갚을 때가 된 것이 있다면 그 빚 먼저, ② 빚이 전부 갚을 때가 되었거나 혹은 하나도 갚을 때가 되지 않았다면 돈을 갚는 사람에게 유리한 채무부터 갚은 것으로 한다(이자가 크거나 한 것). ③ 어떤 빚을 갚더라도 돈을 갚는 사람에게 유리한 게 없다면 돈 갚을 날짜가 가장 가까운 것 ④ 채무자에게 유리한 것도 없고, 갚는 날짜도 다 같다면 각 채무액의 비례에 따라 갚은 것으로 한다.
- 비용, 이자, 원본(원금)의 순서에 따라 변제에 충당한다.

▶ 다시 '항변' 이야기로 돌아가자. 4번 '변제공탁'의 경우, 채권자가 돈을 받지 않거나 누가 채권자인지 모를 때 공탁절차를 밟아 법원 공탁소에 갚을 돈을 맡기는 방법이다.

▶ 7번 '채권 압류 및 추심/전부'는 피고가 원고에게 빚을 진 것은 맞지만 빚을 갚을 사람이 원고가 아닌 제3자인 경우를 말한다. 예컨대 원고도 빚을 지고 있었고, 그래서 피고에게 받을 돈을 법원을 통해 다른 사람에게 강제로 넘긴 경우다. 만일 그런 경우라면 '돈 갚으라'고 요구할 수 있는 사람은 원고가 아닌 제3자다. 피고로서는 채무에서 벗어난 건 아니지만 채권자가 바뀌었으므로 이와 같이 항변할 수 있다.

▶ 한편 '항변'의 경우는 '부인'과 달라서 입증책임이 항변을 주장하는 '피고'에게 있다.

소멸시효를 주목하라

▶ 항변의 방법 가운데 소멸시효 extinctive prescription 를 주장하는 게 있다. 모든 채권에는 소멸시효란 게 있다. 그 시간이 지나면 채권은 휴지조각이 된다. 소멸시효가 지난 것을 '소멸시효가 완성되었다'고 표현한다.

▶ 대여금 청구 사건에서는 시간이 중요하다. 소멸시효가 완성되었다고 인정되면 채권이 소멸된다. 개인적으로 챙겨주면 받을 수 있겠지만(자연채무) 이제는 법적으로 '돈 갚으라'고 주장할 수 없는 처지가 된다.

| 소멸시효 기간 |

기간	내용
20년	'채권 및 소유권' 이외의 재산권(시효에 걸리지 않는 권리 제외)
10년	① 보통의 채권 ② 판결에 의하여 확정된 채권 (* 주의 : 원래는 5년짜리 채권이라도 판결을 받아서 '갚을 돈이 분명 있다'고 확정되면 소멸시효가 10년이 된다는 말)
5년	① 상행위로 인한 채권 ② 금전의 급부를 목적으로 하는 국가의, 국가에 대한 권리 ※ 그보다 단기의 시효의 규정이 있는 때에는 그 규정에 따른다.
3년	① 이자 · 부양료 · 급료 · 사용료 기타 1년 이내의 기간으로 정한 금전 또는 물건의 지급을 목적으로 한 채권(관리비채권 등) ② 의사 · 간호사 · 약사의 치료 · 노무 및 조제에 관한 채권 ③ 도급받은 자 · 공사의 설계 또는 감독에 종사하는 자의 공사에 관한 채권 ④ 변호사 · 변리사 · 공증인 · 법무사의 직무에 관한 채권 ⑤ 생산자 및 상인이 판매한 생산물 및 상품의 대가에 관한 채권
1년	여관, 음식점, 오락장의 숙박료, 음식료, 입장료 채권 등

▶ 한편 일시적으로 소멸시효를 멈추게 하거나 기간을 연장시키는 방법이 있다. 이를 소멸시효 중단이라고 부른다. 보통 ① 각서(이행각서)를 받거나 ② 소송을 제기하여 판결을 받는 방법이 흔한 소멸시효 중단 방법이다. 각서를 받은 것은 채무승인('갚을 돈이 있는 게 맞다')을 받은 것이고 다시 판결을 받으면 소멸시효가 10년 더 연장된다.

▶ 소멸시효를 중단시키기 위해 내용증명우편을 보내서 '돈 갚으라'고 채권 변제를 촉구하는 경우가 있는데 이때는 '내용증명' 도착일로부터 6개월 안에 소송 등을 제기해야 효력이 생긴다(민법제174

조). 내용증명과 같은 행위를 법률상 최고(peremptory notice, 타인에게 일정한 행위를 할 것을 요구하는 통지)라고 하는데 소를 제기하지 않으면 최고는 무효가 된다. 그러나 채무자가 진짜 돈을 갚을지 믿음이 가지 않을 때는 내용증명보다는 가급적 '언제까지 갚겠다'는 내용으로 각서 1장을 받아두는 것이 시효 연장에 도움이 된다.

| 소멸시효 중단 사유 |

① 소송을 제기한다(재판상 청구)
- '이행 · 형성 · 확인의 소'를 비롯하여 '본소, 반소, 응소'도 가능하다.
(* 이행 : 쉽게 말해 '돈 좀 빨리 갚으라'는 취지로 소송을 제기하면 그게 '이행의 소'다. 형성 : 나는 채권자요, 그 사람은 채무자의 관계에 있음을 법적으로 명확히 하자고 제기하면 그게 '형성의 소'다. 확인 : 내가 그 사람에게 받을 돈이 있다는 사실을 확인하기 위하여 소송을 제기하면 그게 '확인의 소'다. 반소 : 소송이 진행 중일 때 피고가 원고에 대하여 새로운 청구를 하면 그게 '반소'다. 피고로서는 반소를 하지 않으면 소송에서 이겨도 아무런 득이 없다. 응소 : 원고가 소송을 걸었을 때, 이에 피고가 소송에 응하는 것을 '응소'라고 한다. 내가 소송을 걸지 않고 피고 입장이 되기만 해도 소멸시효가 중단된다는 말이다(대법원 2011다78606호 판결).

- 그러나 소의 각하/기각/취하시는 시효중단의 효력이 없다.
(* 각하 : 소송 전에 판사가 살펴보고 이건 소송을 할 수 있는 요건을 갖추지 못했다고 판단하는 경우, 재판장에 올리지 않고 처리하는 것을 '각하'라고 한다. 기각 : 소송에는 들어가지만 증거가 없거나 이유가 없어 보이므로 청구를 거절하는 것이다. 취하 : 원고는 언제든지

소송을 없던 것으로 돌릴 수 있다. 이를 '취하'라고 한다. 다만 피고가 준비서면을 제출하거나 변론을 진술한 뒤에는 피고의 동의를 얻어야 취하가 가능하다.)

- 소를 제기하면 곧바로 '중단'의 효력이 생긴다.
(* 예컨대 소멸시효가 완성되기 하루 전날 소를 제기하면 시간이 멈춘다는 말이다. 판결이 확정되면 1) 패소인 경우에는 다음날 소멸시효가 완성되고, 2) 승소인 경우에는 다시 10년의 소멸시효가 생긴다.)

- 재판이 확정되면 그때부터 소멸시효가 새롭게 진행한다. 예컨대 소멸시효가 10년짜리 채권이라면 재판 확정 후 다시 10년이 시작된다.

② 내용증명을 보낸다(최고)
- 내용증명을 보낸 뒤 6개월 이내에 재판상 청구 · 파산절차참가 · 화해를 위한 소환 · 임의출석 · 압류 · 가압류 · 가처분을 해야 한다. 그렇지 않으면 시효 중단의 효력이 없다.

③ 압류, 가압류, 가처분을 신청한다
- 압류 등이 집행한 후부터 소멸시효가 중단된다(대법원 2011다10044판결).
- 그런데 채무자가 아니라 보증인의 재산에 압류, 가압류, 가처분을 신청하는 경우가 있다. 이럴 때는 압류 등의 사실을 '채무자에게 통지' 해야 비로소 시효 중단의 효력이 생긴다.

④ 승인(이행각서)
- 이행각서란 돈을 빌린 사람이 빌려준 사람에게 '언제까지 얼마를 갚겠다'는 내용으로 적어준 각서를 말한다.

- 이행각서를 작성해 준다는 말은 소멸시효를 재연장한다는 말과 같기 때문에 '시효이익을 포기하겠다'는 내용을 각서에 넣을 수 있는지 궁금해하는 채권자가 있다. 채무자의 '시효이익을 포기한다'는 말은 시효가 완성되어도 빚을 갚겠다는 뜻이다. 그러나 법은 시효소멸 전에 '시효이익을 포기한다'는 이행각서를 쓸 수 없다고 못 박아 두고 있다. 다만 시효소멸이 완성된 이후에는 '시효이익을 포기한다'는 이행각서를 쓸 수 있으며, 만일 그런 내용의 각서를 작성하면 다시 소멸시효가 부활하여 돈을 갚아야 한다.

▶ 참고로, 소멸시효와 유사하지만 중간에 시간을 연장하거나 멈출 수 없는 제척기간이라는 것이 있다. 제척limitation이란 채권자가 일정 기간 안에 '나도 받을 돈 있다'고 신고하지 않으면 변제나 배당에서 '제외한다'는 말이다. 그 기간이 제척기간으로, 이 시간은 소송을 걸어도 연장시킬 수 없다. 중단되지 않는다는 말이다.

| 제척기간 |

1. 제소기간
    ① 채권자취소권 : 취소원인을 안 날로부터 1년, 법률행위가 있은 날로부터 5년(민법 제406조 제2항)
    ② 상속회복청구권 : 침해를 안 날로부터 3년, 침해행위가 있은 날로부터 10년(민법 제999조 제2항)

2. 재판상, 재판외의 행사기간
   ① 법률행위 취소권 : 추인할 수 있는 날로부터 3년, 법률행위를 한 날로부터 10년(민법 제146조)
   ② 매도인의 하자담보책임 : 사실을 안 날로부터 6월 또는 1년(민법 제573조 제575조 제3항, 제582조)
   ③ 수급인의 하자담보책임 : 목적물의 인도를 받은 날 또는 일을 종료한 날, 목적물이 멸실, 훼손된 날로부터 1년(민법 제670조, 제671조 제2항)
   ④ 재산분할청구권 : 이혼한 날로부터 2년(민법 제839조의 2 제3항)
   ⑤ 존속기간의 정함이 없는 형성권(예컨대, 유치권소멸청구권, 계약의 해지/해제권, 매매예약완결권, 임차인의 매수청구권) : 권리가 발생한 때로부터 10년

3. 협의상이혼 신고(가정법원)
   확인서등본을 교부 또는 송달받은 날부터 3개월(가족관계의 등록 등에 관한 법률 제75조 제2항)

▶ 이밖에도 법에는 '불변기간'이라는 게 있다. 소송 행위에서, 변경하지 못하도록 법률로 정해둔 기간이다.

| 불변기간 |

1주
- 즉시항고(법 제444조 제2항)

2주
- 항소/상고(법 제396조 제2항, 제425조)
- '제소 전 화해'에 있어서 소 제기 신청기간(법 제388조 4항)
- 화해권고결정에 대한 이의신청(법 제226조 2항)
- 이행권고결정에 대한 이의신청(소액사건심판법 제5조의 4)
- 지급명령에 대한 이의신청(법 제470조 제2항)
- 조정에 갈음에 대한 결정에 대한 이의신청(민사조정법 제34조 제1항)

30일(알게 된 날로부터)
- 재심기간(법 제456조 제1항)
- 제권판결에 대한 불복기간(법 제491조 제2항) : 단, 판결선고일로부터 3년 안에

사건2

공사대금을 못 받았다
_공사대금청구의 소

사건발생 … 이채통 씨는 가게 건물을 새로 짓고 싶어서 건설업을 하던 김부화 씨에게 공사를 의뢰했다. 김부화 씨는 공사를 완료한 뒤 잔금을 달라고 요구했지만 이채통 씨는 내일 주겠다 모레 주겠다며 자꾸만 시일을 넘기고 있었다. 들리는 소문에 의하면 이채통 씨가 여기 저기 빚도 있다는데 이러다 집이 채권자들에 의해 경매에 넘어가는 건 아닌가? 김부화 씨는 밤잠을 설치며 걱정이다. 이럴 때는 어떻게 해야 할까?

공사대금청구 소송에 필요한 요건사실

▶ 아래 3가지를 기억하자.

1. 건축주(도급인)와 공사 계약(도급계약)을 체결한 사실 : 공사 계약(도급계약)을 맺었는가? 맺었다면 계약서 따위가 있을 것이다.

2. 공사를 전부 끝마쳤거나 혹은 일부라도 진행한 사실 : 계약만 맺고 실제 공사가 없었다면 돈을 청구할 수 없다.

3. 공사대금을 지불할 때가 지났다는 사실(변제기 도래)

▶ 1번 관련, 계약서가 없는 경우가 있다. 말로 계약을 맺은 경우(구두계약)와 계약서를 잃어버린 경우다. 그러나 계약을 맺었다는 점

에서는 차이가 없다. 구두계약이라도 견적서나 입금 내역(계약금) 등 계약 사실을 간접적으로 증명할 수 있는 게 있으므로 증거자료로 첨부하면 된다. 계약서를 잃어버린 경우도 마찬가지다.

▶ 한편, 공사대금을 정하지 않고 공사가 진행되는 경우도 있다. 대금(비용)을 얼마로 할 것인지 정하지 않고 작업을 시작하는 것은 상식적으로 말이 안 되는 것 같다. 그러나 계약 당시 건축자재 비용 등을 미리 계산할 수 없는 상황도 있기 마련이다. 이럴 때 '일단 진행하면서 비용을 산정해 보자'고 공사를 진행할 수 있다. 다만 공사업체 입장에서는 일방적으로 진행한 게 아님을 증명해야 한다. 우선 공사업체가 공사 전후로 여러 차례 진행과정과 대금에 대해서 알렸음을 증명해야 하며(청구서 따위), 공사를 의뢰한 자는 공사가 시작되었음을 알고 있어야 하고, 공사 진행에 대해 별다른 이의를 제기하지 않아야 한다(이 정도면 충분하다 싶을 정도의 기간이 지나야 한다.). 그러면 암묵적으로 계약이 성립된 것으로 본다.

▶ 3번 관련, 계약에 따라 다르지만 통상은 공사대금의 잔금은 공사가 끝나서 건물을 인도할 때 지불하도록 되어 있다. 건물과 돈을 맞바꾼다고 생각하면 된다. 조금 더 구체적으로 말하면 보통은 사용검사필증 교부일이 잔금 치르는 날이 된다. 하도급거래 공정화에 관한 법률 제13조 제2항은 "하도급대금의 지급기일이 정하여져 있지 아니한 경우에는 목적물 등의 수령일을 하도급대금의 지

급기일로 보고" 있다.

▶ 공사가 중단되는 경우도 있다. 이럴 때는 계약 중단을 합의한 날이 공사대금을 지불해야 하는 날짜가 된다. 예컨대 토목공사 완료 후에 대금을 지급하기로 약정하였으나 이후 공사 중단 등 사정이 달라지면 그때로부터 변제기가 도래한다고 보는 판례가 있다(서울고등법원 2009나74757 판결).

요건사실에 맞게 소장 작성하기

- **청구취지**

  1. 피고는 원고에게 금5,000,000,000원 및 이에 대하여 2008.2.3.경부터 이 사건 소장 부본 송달일까지는 연 5%, 그 아래 날부터 다 갚는 날까지는 연 15%의 비율에 의한 금원을 지급하라.
  2. 소송비용은 피고의 부담으로 한다.
  3. 제1항은 가집행할 수 있다.
     라는 판결을 구합니다.

▶ 청구취지 가운데 1번 내용을 보면 지연손해금이 '연 5%'와 '연 15%'의 두 가지로 나뉘는 것을 볼 수 있다. '연 15%'는 소송에 들어가면 요구할 수 있는 소송촉진 등에 관한 특례법 제3조에 따른 이자이고, '연 5%'는 소송촉진특례법의 범위에 벗어나는 기간에 적용되는 민사 법정이율이다. 상거래의 경우 연 6%가 된다.

- **청구원인**

1. 원고 김부화(이하 '원고'라 합니다.)는 2004.5.7.경 피고 이채통(이하 '피고'라고 합니다.) 별지목록기재 토지에 연건평 3,300㎡의 근린생활시설을 지어주기로 하고, 공사대금은 금5,000,000,000원에 하기로 약정했으며 사용승인을 신청함과 동시에 잔금을 지급하기로 하였습니다.(갑제1호증 공사계약서)
2. 2009.7.5.경 원고는 위 건물에 대해 관할 관청인 서울특별시 서초구청에 사용승인을 신청하였으나 피고가 농지전용부담금을 일부 납부하지 않아 사용승인이 떨어지지 않았고, 그 사이 다른 채권자인 소외 박대충에 의해 채권자 대위로 위 건물에 대해 소유권보존등기가 이루어졌습니다.(갑제2호증 등기사항전부증명서)
3. 피고는 원고에게 공사대금으로 금150,000,000원을 준 것 외에 아직까지 한 푼도 주지 않아 이 사건 소에 이르렀습니다.

- **입증방법**

  1. 갑제1호증 공사계약서
  2. 갑제2호증 등기사항전부증명서

(별지)
부동산의 표시

1. 충청북도 옥천군 옥천읍 금구리 114-11 대748㎡
2. 충청북도 옥천군 옥천읍 금구리 114-11, 114-16 주1동
   철근콘크리트구조 평스라브지붕 8층 숙박시설
   1층 여관, 주차장 67.52㎡
   2층 여관 263.45㎡
   3층 여관 263.45㎡
   4층 여관 263.45㎡
   5층 여관 263.45㎡
   6층 여관 263.45㎡
   7층 여관 263.45㎡
   8층 여관 263.45㎡
   옥탑층 물탱크실, 계단실, 기계실 0㎡

▶ 청구원인 1번에 보면 '별지목록기재'라는 표현이 등장한다. '별지' 란 소장 뒤에 따로 별도로 첨부한 종이를 말한다. 그 종이에 보면 해당 토지가 어디인지 기록된 내용이 있다. 이 사건의 대상이 되는 건물이므로 반드시 이와 같이 어느 땅인지, 어느 건물인지 등기부에 기재될 수 있을 만큼 구체적으로 표시해야 한다. 보통 등기부에 기재된 내용을 그대로 제출한다.

피고의 대응 전략

▶ 피고가 할 수 있는 항변에는 다음과 같은 6가지 방법이 있다. 항변이므로 피고가 주장하고 증거를 제출해야 한다.

1. **변제** : 을은 갑에게 공사대금을 모두 지급하였다.
2. **소멸시효** : 공사대금채권 소멸시효 3년이 지났다.
3. **하자담보책임** : 공사를 하였으나 하자가 나는 바람에 10억 원 이상의 비용을 들여 보수했다. 원고가 요구하는 공사대금을 모두 줄 수 없다.
4. **동시이행항변** : 원고가 공사를 하였으나 하자가 많아서 보수해 달라고 요청했다. 그런데 아직까지 제대로 고쳐주지 않아서 공사대금을 줄 수 없다.
5. **해제** : 원고가 공사를 했으나 중대한 하자가 발생하여 공사 계약을 해제했다.
6. **상계** : 원고에 대한 지체상금으로 상계하겠다.

▶ 6번의 '지체상금'이란 공사가 지연되면서 생긴 손해금을 말한다. 지체상금은 다음과 같이 구한다.

지체상금 = 총공사금액 × 지체일수 × 지체상금율

▶ 지체상금율은 따로 정해진 기준은 없으나 국가를 당사자로 하는

경우에는 '국가를 당사자로 하는 계약에 관한 법률 시행규칙' 제75조(지체상금율)에 따라 공사의 경우 1000분의 1로, 물품의 제조·구매에는 1000분의 1.5로 하는 등 규정이 있다. 통상 1000분의 1인 경우가 많으나 공사업체에 따라서 1000분의 3을 지체상금율로 한다고 홍보하는 곳도 있다. 이 요율은 하루를 기준으로 한다.

▶ 이 계산법에 따라 지체상금을 계산해 보자. 총공사금액이 1000만 원이고, 약속한 날로부터 100일이 지났다고 하면 1000만 원 × 100일(기간) × 1/1000(지체상금율) = 100만 원이 된다.

▶ 국가와 일하는 게 아닌 경우, 즉 개인 간 거래일 때는 지체상금율을 구체적으로 약정하는 게 좋다. 그렇지 않으면 지연손해금을 실제로 입증해야 하는 불편이 따른다.

원고 입장에서 주의 사항

▶ 공사대금 채권자는 다음 요건사실을 염두에 두어 언제든지 유치권 행사를 준비해 둔다(민법 제320조). 유치권은 법정 담보 물권으로, 해당 건물이 경매를 통해 낙찰되더라도 돈을 먼저 변제받을 수 있는 효력을 갖고 있다(법세90조제5항).

유치권을 인정받기 위한 공사업자의 요건사실

1. 피담보채권이 존재해야 한다.
2. 유가 증권 또는 물건을 점유해야 한다.
3. 변제기가 되어야 한다.

▶ '피담보채권'이란 '받아야 할 공사대금'을 말한다. 이렇게 어려운 말로 표현한 이유는 공사업체가 지은 건물이 '받을 돈'에 대해서 담보물임을 드러내기 위해서다(공사업체가 지은 건물이 받을 돈에 대한 담보물이 된다.). 그 담보를 남에게 넘기지 않고 꼭 붙들고 있는 게 '점유'가 된다(어렵게 말하면 '사실상의 지배'가 되어 있어야 한다.). 점유가 되지 않으면 물권인 유치권을 취득하지 못하거나 상실하게 된다.

▶ 유치권 행사를 인정받기 위해서는 날짜를 잘 지켜야 한다. 만일 해당 건물이 경매에 넘어갔다면 '경매 개시결정 기입등기' 전에는 반드시 '점유'하고 있어야 한다(대법원 2005다22688 판결). 점유란 좀 쉽게 말하면 건물을 차지하고 있는 것이다. 건물 자체에 거주하거나 관리실에 상주하고 있으면서 플래카드 등으로 유치권 행사 중임을 알리거나 자물쇠로 잠그고 타인이 들어오지 못하도록 막는 것 등이 '점유'다.

 **사건3** **경매로 구입한 집, 세입자가 집을 비워주지 않고 버티고 있다** _건물명도 등 청구의 소

사건발생 … 몇 번의 경매 실패 후에 모처럼 좋은 집을 낙찰 받은 김부화 씨. 일단은 낙찰 받은 집에 살기로 결정하고 집으로 갔으나 임차인(세입자) 이채통 씨가 집을 비워줄 생각을 하지 않는다. 아니, 내 집을 내 마음대로 들어갈 수 없다니, 이럴 때는 어떻게 해야 하나?

 건물명도청구소송에 필요한 요건사실

▶ '건물을 비워달라'고 제기하는 소송을 '건물명도청구소송'이라고 한다. 내 집인데 다른 사람이 차지하고 있으므로 이때 필요한 요건사실은 아래 두 가지다.

1. 원고가 소유권을 취득한 사실
2. 피고가 점유한 사실

 요건사실에 맞게 소장 작성하기

- **청구취지**

1. 피고는 원고에게 별지(* 따로 첨부한 종이) 목록기재 부동산을 인도하고 2013.12.4.경부터 위 부동산을 인도할 때까지 월 500만 원의 비율에 의한 금원을 지급하라.
2. 소송비용은 피고의 부담으로 한다.
3. 제1항은 가집행할 수 있다.
   라는 판결을 구합니다.

- **청구원인**

1. 원고의 별지목록기재 부동산에 대한 소유권 취득
   원고는 2013.11.15.경 별지목록기재부동산(이하 "이 사건 부동산"이라고 합니다.)에 관하여 귀원(* 해당 법원을 높여서 부르는 말로, 이 사람은 이 법원 경매에서 낙찰 받았다는 얘기) 2012타경 2305호(경매번호) 부동산임의경매사건 절차에서 감정가가 1,200,000,000원으로 평가된 것을 금1,000,230,000원에 응찰하여 낙찰되었고 그 후 같은 달 22.경 경매허가 결정이 되었으며 같은 해 12.3.경 매매대금을 모두 완납하여 같은 달 4.경 원고 명의로 소유권이전등기가 경료되었습니다(* '경료'란 법적 절차를 마쳤다는 뜻).(갑제1호증 등기사항전부증명서)

2. 피고의 인도 거부
   원고는 2013.12.3.경 소유권을 취득한 후 피고를 상대로 귀원에 부동산 인도명령을 신청하였으나 기각되어 부득이 이 사건 소에 이르렀습니다.

- **입증방법**

1. 갑제1호증 등기사항전부증명서

▶ 청구원인 2번에 '부동산 인도명령'이란 것이 있다. 경매 낙찰자가 별도의 소송 없이 집을 인도받을 수 있도록 만든 제도다. 인도명령을 받기 위해서는 대금을 완납한 날로부터 6개월 안에 잔금완납증명서를 첨부해 해당 법원에 신청해야 한다. 그러나 이 사건에서는 인도명령 신청이 '기각'되어 어쩔 수 없이 소송에 이르렀다고 적혀 있다.

▶ 여기서 원고가 청구한 월 500만 원은 '월차임'에 상당하는 액수로 '부당이득금/손해배상금'에 해당한다. 보통은 감정평가를 통해 산출한 액수를 따르지만 간혹 부동산의 적정수익률을 부동산 감정가에 곱하여 산출하기도 한다. 최근, 적정수익률은 주택과 상가의 경우 5%, 다가구주택은 7~8%로 계산한다(해당 액수의 예금이자에서 재산세, 취득세 등 세금을 뺀 수준). 만약 부동산이 주택이고 적정수익률이 5%라고 한다면 이 사건의 경우 지연이자로 월 5백만 원을 청구할 수 있다(산식 : 5,000,000원 = 감정가 1,200,000,000원 × 연 5% ÷ 12개월).

피고의 대응 전략 : '대항력'으로 항변

▶ 이런 종류의 사건에서 가장 중요하게 다루어지는 것이, 임차인에게 '주택임대차보호법'이 정하는 대항력이 있는가 없는가 하는 점이다. 만일 대항력의 요건을 갖추고 있다면 건물명도 소송은 원고 패소하고 만다. 임차인이 요건만 갖추고 있으면 임대기간 동안 거

주할 수 있는 권리(대항력)와 보증금을 우선적으로 돌려받을 수 있는 권리(우선변제권)를 주장할 수 있기 때문이다(확정일자를 받는 경우에). 또 원고는 경매에서 보증금까지 책임져야 하는 경우가 생길 수 있으므로 경매 전에 대항력 여부를 확인하는 게 중요하다.

▶ 그럼, 대항력을 갖추려면 무엇이 필요할까? 주택의 인도와 주민등록, 두 가지가 필수 요건이다. 주택의 인도란 세입자가 해당 부동산으로 이삿짐을 옮긴 것이 될 테고(그 집에 들어가서 살면 그게 곧 '주택의 인도'라는 말), 주민등록은 '전입신고'로 하게 된다. 대항력은 세입자가 전입신고를 한 다음날 0시부터 갖게 된다. 3월 1일에 이삿짐을 옮기고 2일에 전입신고를 했다면 3월 3일 0시부터 대항력이 생긴다.

▶ 그런데 전입신고를 할 때 실수로 주소가 잘못 기입되는 경우가 생길 수 있다. 만일 신고한 사람의 실수였다면 정정한 그날부터 대항력이 발생하고, 공무원 실수였다면 처음 전입 신고할 때로 소급하여 대항력이 발생한다.

▶ 주민등록상의 주소와 등기부등본의 주소가 다른 경우도 있다. 이때는 단독주택인지 공동주택인지에 따라 대항력 인정 조건이 조금 다르다(여기서 말하는 단독주택은 다가구용 단독주택도 포함된다. 등기부등본에서는 단독주택과 똑같이 취급하기 때문이다.).

1. 단독주택은 건축물대장 내지 등기부상의 번지수와 주민등록상의 번지수가 일치해야 한다(몇 층 몇 호인지 기재하지 않아도 된다.).
2. 공동주택은 만일 번지수만 기록하고 동·호수를 누락하거나, 혹은 주민등록상 동·호수와 다르게 기재되어 있는 경우에는 대항력을 인정하지 않는다.

▶ 이사를 갔는데 전입신고를 하지 않는 경우도 간혹 있다. 이때는 당연하게도 대항력을 주장할 수 없다. 살던 집에서 나와서 이사를 갔지만 전입신고를 하지 않는 것을 '무단전출'이라고 하는데 주민등록이 말소되는 경우가 있다.

▶ 보증금을 못 받고 시간에 쫓겨 다른 곳으로 이사 가는 세입자는 어떻게 해야 할까? 만일 세입자가 점유를 상실하거나(집을 비워주거나) 주민등록 전출을 하게 되면(전출은 살던 곳에서 다른 곳으로 이사 가는 것을 말한다. 그러므로 주민등록 전출이란 주민등록상 더 이상 이 동네가 거주지가 아닌 게 된다.) 당연히 대항력은 사라진다. 설령 전입신고를 다시 하거나 점유를 되찾게 되어 다시 대항력을 얻더라도 예전의 대항력은 주장할 수 없다(이 말은 말소기준권리보다 전입신고가 늦어지면 대항력도 없다는 말이다. 뒤에 '말소기준권리'에 자세한 설명이 있다.). 다만 주택임대차보호법이 정하는 임차권등기명령제도라는 걸 활용하는 방법이 있다. 이 제도를 통해 임차권등기를 마치면 대항력과 우선변제권을 계속 유지하게 된다. 세입자의 권리를 등

기부에 기재하는 것을 말하는데 집주인은 보증금을 돌려주기 전에 등기를 말소하라고 요구할 수 없다.

▶ 참고로, 법에서 말하는 주택의 인도란 '주택에 대한 점유'를 의미하며, 이사 가는 방식의 현실인도 외에도 간이인도(세입자가 이미 살고 있고, 집주인과 간단한 의사표시만으로 더 살기로 한 경우 등), 반환청구권의 양도(A가 전당포에 물건을 맡기면 A에게는 물건 찾을 권리가 생기는데 이 '물건 찾을 권리'를 B에게 넘길 수 있다는 말로, 주택을 그와 같은 방식으로 인도하는 경우를 말한다.), 점유개정(집주인이 다른 사람에게 집을 팔면서 '이 집에 세입자로 살겠다'고 허락을 받은 뒤 살게 된 경우)도 모두 주택의 인도에 해당된다.

▶ 전입신고, 즉 주민등록과 관련 몇 가지 주의해야 할 사항이 있다.

1. 세입자가 집주인의 가족인 경우가 종종 있다. 이때도 주민등록이 되어 있다면 대항력을 인정한다.
2. 임차인 자신이 전입신고를 하지 못하고 함께 사는 동거인(배우자나 자녀 등)만 전입신고가 된 경우가 있을 수 있다. 이때도 대항력을 인정한다.
3. 간혹 집주인이 주민등록을 하는 경우가 있다. 그러나 집주인의 세입자로서의 주민등록은 적법하다고 인정되지 못한다. 따라서 집주인의 대항력은 인정받을 수 없다. 대항력은 세입자가

실제 거주하면서 주민등록을 마친 경우에만 인정한다.
4. 법인 회사는 주민등록을 할 수 없다. 설령 법인의 직원이 주민등록을 마쳤다고 하더라도 대항력이 없다.

말소기준권리보다 먼저 전입신고가 되어야

▶ 그런데 대항력이 있는지 없는지 확인할 때 한 가지 더 따져야 하는 게 있는데 그게 '말소기준권리'다. 해당 건물에 대해서 여러 가지 권리가 존재할 수 있다. 예컨대 은행에 저당이 잡혀 있을 수도 있고(저당권), 제3의 채권자가 그 집에 가압류를 걸었을 수도 있고, 경매에 넘어갈 수도 있다. 이처럼 부동산 경매에서 낙찰될 경우 이 집을 놓고 돈 받을 사람들이 여럿인 경우, '그 부동산에 존재하던 권리가 소멸하든지, 그대로 남아 낙찰자에게 인수되는지'를 가늠하는 데 기준이 되는 권리가 있는데 그게 말소기준권리다.

▶ 말소기준권리에는 ① (근)저당권 ② 압류, 가압류 ③ 담보가등기 ④ 경매개시결정기입등기 ⑤ 전세권등기 등이 있다. 이런 권리들은 등기부등본을 보면 확인할 수 있는데 만일 이런 말소기준권리가 설정되기 전에 전입신고를 마쳤다면 대항력이 있는 것이고, 반면 말소기순권리가 설정된 후에 전입신고가 되었다면 대항력이 없는 것이다.

▶ 예를 들면, 어제 은행에서 이 집에 저당권을 설정했고, 오늘 내가 전입신고를 했다면 이 집의 말소기준권리인 저당권보다 늦게 신고하여 대항력이 없게 되고, 반면 어제 내가 전입신고를 마쳤고, 오늘 은행이 저당권을 설정했다면 말소기준권리보다 먼저 신고한 것이므로 대항력이 있는 것이다.

경매와 세입자의 권리

▶ 대항력을 가진 세입자는 해당 건물이 경매로 팔리게 되었을 때 어떤 행동을 취할 수 있을까? 세입자는 조건을 갖춘 경우 대항력과 우선변제권이라는 권리를 갖고 있다. 대항력은 '집 못 비워줘!' 하고 계속해서 살 수 있는 권리를 말하고, 우선변제권은 '내 보증금부터 내놔' 하는 권리이다.

▶ 그러나 둘은 함께 주장할 수 없다. 즉 보증금을 받았으면 집을 내줘야 하는 것이고, 임대기간동안 꽉 채워서 살 생각이라면 당장 보증금을 달라고 요구할 수 없다는 뜻이다(전세계약을 해지할 때 낙찰자, 즉 새 집주인에게 달라고 하면 한다.).

▶ 경매가 시작되고, 세입자가 보증금 받기를 희망하여 배당요구를 신청했는데 전액을 다 받을 수 없는 경우가 생긴다. 이때는 경매 낙찰자에 대하여 '임대기간 동안 이 집에 살래!' 하고 대항력을 주장하는 게 좋다. 그러나 해당 건물이 경매로 팔렸으므로 우선변제

권은 이제 사라진다. 만일 해당 건물이 다시 경매 물건으로 나오면 우선변제권이 사라졌으므로 '나부터 보증금 줘야 해.' 하고 주장할 수 없다. 이때는 대항력, 즉 '계약 기간 동안 집에서 살 권리'를 주장할 수 있을 뿐이다(보증금은 전세계약을 해지할 때 새 집주인에게 받는다.).

▶ 한편 우선변제권을 위해 전세권을 등기하는 세입자가 종종 있다. 이와 같이 전세권 등기를 통해 전세권자가 되면 배당참가를 할 수 있고 스스로 경매 청구를 할 수도 있다. 전세권은 실제로 거주하지 못하거나 전입신고를 못하는 경우, 대항력을 확보하기 위해 신청하는 게 좋다. 다만 확정일자나 전입신고, 실제 거주라는 요건을 갖추면 경매에서도 우선배당을 받을 수 있어 전세권의 효과까지 구비되는 경우도 있다. 한편 전세권은 경매가 시작되어 배당신청을 하면 설령 배당을 다 받지 못하더라도 소멸된다는 점, 그리고 첫 전세계약을 맺거나 계약을 갱신할 때 전세권 등기 비용 때문에 집주인과 충돌이 벌어질 수 있다는 점을 명심하자.

▶ 한편, 세입자 A가 전세계약 기간이 만료되어 이사를 갔는데 보증금을 못 받았다. 그 사이 집주인이 다른 사람에게 집을 팔면 세입자 A는 누구에게 보증금을 받아야 할까? 보통은 새 집주인이 임대인의 지위를 승계하게 되어 보증금을 갚아야 한다(주택임대차보호법제3조제4항).

대항력의 행사 대상은?

▶ 대항력이란 말은 새로운 집주인 등 제3자에게 주장할 수 있는 권리를 말한다. 따라서 소유권이전등기를 마친 양수인(새 집주인)에게 당연히 대항력을 행사할 수 있다. 새로운 집주인에는, 미등기 주택의 사실상 양수인, 신탁법상의 수탁자도 해당된다.

▶ 가등기권자에게도 대항력을 행사할 수 있다. 다만 가등기 시기가 대항력 발생시기보다 먼저라면 주장할 수 없다. 한편 처분금지가처분권자, 점유이전금지가처분권자, 가압류권자 등 보전처분을 한 채권자가 법정 다툼에서 승소한 경우, 대항력 발생시기가 보전처분 등기일자보다 먼저인 경우 대항력을 주장할 수 있다.

임차인이 가게를 비워주지 않습니다
_ 건물명도 등 청구의 소

사건발생 … 분양형 상가의 건물 주인인 김부화 씨는 이채통 씨에게 가게를 임대해 주었다. 가게는 장사도 잘되고 월세도 꼬박꼬박 들어왔다. 그런데 몇 달 전부터 월세가 밀렸다. 건물주인 김부화 씨는 뭔가 이상했다. 가게가 발 디딜 틈도 없이 장사가 잘되는데 왜 임대료를 안 내는 것인가? 몇 차례 얘기도 해보았지만 밀린 임대료는 점점 쌓여만 갔다. 더는 두고 볼 수 없어 임대료를 올려주든 아니면 가게를 비워주든 양자택일하라고 내용증명도 보냈지만 임차인 이채통 씨는 복지부동이었다. 이럴 때는 어떻게 해야 할까?

 건물명도청구 소송에 필요한 요건사실

▶ 앞서 살펴본 사건 3번처럼 소송 명칭은 '건물명도청구 소송'이지만 내용이 다르다. 이번에는 가게의 임대차 계약이다. 원고는 임대인 김부화이고, 피고는 임차인 이채통이다. 원고는 이번 소송을 통해서 두 가지를 구하려고 한다. 하나는 건물을 비워달라는 것이요, 다른 하나는 건물을 비울 때까지 임대료를 내라는 것이다. 이 사건의 요건사실부터 알아보자.

〈건물명도 청구〉에 대해서

1. 임대차계약을 체결한 사실
2. 건물을 임차인에게 인도한 사실

3. 임대차가 종료된 사실

〈부당이득청구(부대청구)〉에 대해서

1. 임대목적물을 계속 사용하여 수익을 거둔 사실(계약이 종료되었는데 아무런 법적 근거 없이 건물을 계속 빌려 쓰고 있으므로 임대료에 준하는 부당이득을 반환하라는 얘기).

요건사실에 맞게 소장 작성하기

- **청구취지**

1. 피고는 원고에게 별지목록 기재 부동산을 명도하고(* 비워주고), 2012. 7. 1.경부터 위 명도를 마칠 때까지 월6,050,000원(* 임대료에 준하는 부당이득)을 지급하라.
2. 소송비용은 피고의 부담으로 한다.
3. 제1항은 가집행할 수 있다.
   라는 재판을 구합니다.

- **청구원인**

1. 원고와 피고의 관계
   원고는 별지 목록 기재 부동산(이하 "이 사건 상가"라고 합니다.)의 소유자이자 임대인이고(갑제1호증의 1 내지 4 각 등기사항전부증명서 참조), 피고는 이 사건 건물을 임차한 임차인입니다.(갑제2호증 부동산임대차계약서 참조)

2. 원고와 피고 사이의 임대차 계약의 체결

원고는 2011. 6. 10.경 피고와 이 사건 상가에 관하여 보증금 100,000,000원에, 월차임 5,500,000원(부가가치세 별도)은 매월 30일에, 임대기간은 2012. 6. 30.까지, 계약금은 금5,000,000원은 계약시, 잔금 95,000,000원은 2011. 6. 30.까지 지급하기로 하고, 위 계약서 제6조에 '임차인이 월 임대료를 3회 이상 연체시에는 본 계약을 해지하며, 임대인에게 즉시 건물을 명도해야 한다.'고 명시하였으며,

특약사항으로 '1. 전 임차인 "○○ 차이나"의 시설물을 그대로 승계함에 있어 임대인에게 어떠한 이의를 제기할 수 없다. 2. 부동산의 반환 기일 전에 임대인의 요구가 있을 시 시설물의 모두를 임차인의 부담으로 철거하고 원상 복구하기로 한다. 3. 304호의 일부 비어 있는 부분은 임대인의 요구가 있을 때까지 임시로 사용하기로 한다. 4. 잔금 구천오백만 원(₩95,000,000) 중 일천오백만 원(₩15,000,000)은 현금보관증으로 대체하고 2011년 8월 30일까지 완납하기로 한다.'는 취지로 임대차계약을 체결하였습니다.(갑제2호증 부동산 임대차계약서 참조)

3. 원고의 피고에 대한 임대차 계약 해지 통고

원고는 2012. 3. 29.경 피고에게 내용증명우편으로 2012. 6. 30.까지 지급하기로 한 임대보증금 100,000,000원 중 28,000,000원을 지급하지 아니하고 월차임은 매월 30일에 지급하기로 약정하였음에도 계속 연체되어 '위 임대차계약에 대해 연장할 의사가 없음'을 통고하면서 계약기간 만료일인 2012. 6. 30.까지 이 사건 상가를 원고에게 명도할 것(* 비워서 넘겨줌)을 요청하는 취지의 통보를 한 바 있습니다.(갑제3호증 임대차계약 해지통고서 참조)

4. 결론

따라서 피고는 위 임대차 계약이 임대차기간 만료로 적법하게 종료되었으므로 이 사건 건물을 원상 복구하여 원고에게 명도하고 위 명도가 이루어질 때까지 부당이득으로 월차임과 부가가치세에 해당하는 매월 금 6,050,000원(산식 : 금6,050,000원 = 월차임 5,500,000×1.1(부가가치세 포함)]의 비율에 의한 금원을 지급할 의무가 있습니다.

이에 이 사건 청구에 이르렀습니다.

- **입증방법**

  1. 갑제1호증의 1 내지 4 각 등기사항전부증명서
  1. 갑제2호증 부동산 임대차계약서
  1. 갑제3호증 임대차계약해지통고서

피고의 대응 전략

▶ 피고 입장에서 어떤 대응 방법이 있을까? 총 5가지 항변 방법이 있다.

1. **묵시의 갱신** : 말은 하지 않았지만 계약이 갱신되었다고 주장하는 것이다. 즉 '임대차기간이 종료된 것은 맞지만 나(피고)는 건물을 계속 사용해 왔고, 임대인(원고)이 상당 기간이 지나는 동안 이의를 제기하지 않았다. 그러므로 따로 계약을 갱신하자고 대화를 나눈 적은 없지만 갱신이 된 것으로 본다.'고 주장하는 방법이다. 그러나 위 사건에서는, 소장의 3번 내용을 보면 내용증명을 통해 계약 해지를 통보했기 때문에 묵시의 갱신은 주장

하기 어렵다.

참고로, 계약 해지와 관련된 기준이 있다(상가건물임대차보호법 제3조, 상가건물임대차보호법이 적용되는 임대차의 경우). ① 임대차 기간이 만료되기 6개월 전부터 1개월 전까지 사이에 임대인이 임차인에게 갱신 거절의 통지 또는 조건 변경의 통지를 해야 하며, ② 만일 임대인이 그러지 않고 그 시기가 지난 경우에는 동일한 조건으로 다시 임대차한 것으로 본다. 단, 이때 임대차 기간은 1년으로 본다. ③ 임차인은 언제든지 임대인에게 계약 해지를 통고할 수 있고, 임대인이 통고를 받은 날부터 3개월이 지나면 효력이 발생하게 되어 있다.

2. **유치권 항변** : '건물에 도움이 되는 공사를 내가 진행했고, 그 돈을 받기 전에는 가게를 비워줄 수 없다'고 주장하는 것이다. 예컨대 원고가 분명 동의했고, 그래서 화장실 따위를 개조하거나 방을 늘렸으며 그래서 이 건물의 가치를 높였다는 말이다. 이 경우 피고(임대인)에게는 필요비, 유익비 상환청구권이 생기고, 이 때문에 유치권을 행사할 수 있게 된다. 유치권이 인정되면 비용을 모두 상환받지 않는 한, 건물을 비워줄 필요가 없다.

3. **부속물 매수 청구** : 2번에서 유치권을 주장할 때 근거가 되는 것은 '건물의 가치를 높였다'는 점이다. 똑같이 건물의 가치를 높이기 위해 임대인의 동의를 얻어 시설을 설치했는데 이걸 임대

인이 구입해야 한다고 주장하는 것이다. 예컨대, 전에는 가스와 전기가 들어오지 않는 곳이었는데 설비 공사 후 가스와 전기 사용이 가능해졌다면 매수청구가 가능하다. 그러나 임차인 본인의 편의를 위한 시설은 인정받기 힘들다. 또한 설령 부속물로 인정받더라도 공사비용 전부를 받을 수 없다. 한편 유치권이나 부속물매수청구는 건물을 비워주지 않겠다는 게 아니라 돈을 받으면 나가겠다는 것이므로 '묵시의 갱신'과는 목적이 다르다.

4. 동시이행 항변 : 보증금을 받는 대로 나가겠다고 주장하는 것이다. 다만 보증금을 받기 전까지는 해당 건물을 사용하는 것이므로 그에 해당하는 차임을 빼고 받게 된다. 동시이행이란 건물과 돈을 맞바꾼다는 말이다.

5. 권리금 반환 청구 : 임대인이 임차인에게 가게를 임차할 때 종종 '권리금'을 받고 세를 주는 경우가 있다. 이때 임차인은 '나에게도 권리금을 회수할 수 있는 기회를 보장해 달라'고 임대계약을 맺는 경우가 있다. 만일 임대인이 이를 동의했고, 계약이 중도에 해지되는 경우라면 임차인은 '권리금 회수 기회를 박탈당했<u>으므로</u> 내가 준 권리금을 반환하라'고 청구할 수 있다. 다만 임대인에게 권리금 반환을 청구하려면, 계약이 '중도에서' 해지되어야 한다. 계약기간이 완료되면 불가능하다.

이와 관련, 최근 상가건물임대차 보호법이 개정되었다. 같은 법

제10조의 4에 보면, 임대차기간이 끝나기 3개월 전부터 임대차 종료 시까지 임차인은, 임대인으로 하여금 제3자에게 임차하도록 하여 제3의 임차인으로부터 권리금을 받을 수 있는 기회를 법적으로 제공받을 수 있게 되었다.

피고의 답변서 제출 이후 원고의 준비서면 제출

▶ 이 사건의 이후 진행 과정을 살펴보자. 원고의 소 제기 이후 피고는 답변서를 통해 '항변 1번 묵시의 갱신'이 있었다고 주장한다. 즉 원고는 보증금이 약속한 기일까지 들어오지 않고, 월세도 자꾸 밀리니까 내용증명을 보내 '보증금도 안 주고, 월세도 밀리므로 계약을 종료한다'고 통지했다. 그런데 피고는 이를 '보증금을 다 주고, 밀린 월세도 다 주면 계약 갱신이 가능하다는 말 아니냐?'고 주장했다. 이 점에서 서로의 주장이 엇갈리는 것이다.

▶ 이에 대해 원고는 소송 대리인(필자)을 통해 다음과 같은 준비서면을 제출하며 이중 삼중으로 '계약 해지가 분명하다'는 근거를 제시한다. (이 사건은 크게 어려운 게 없으므로 준비서면과 판결문을 살펴보고 마무리한다.)

• **준비서면**

사 건 2012가단88886 건물명도등
원 고 ○○○
피 고 ○○○

위 사건에 관하여 원고의 소송대리인은 피고의 2011. 9. 5.자 답변서에 대하여 다음과 같이 변론을 준비합니다.

다 음

1. 피고의 답변 요지

   피고는 원고가 이 사건 임대차계약이 연장되기 위하여는 연체되었던 보증금과 차임을 2011. 6. 30.까지 전액 입금하면 문제없는 것으로 구두 합의하여 위 돈을 모두 입금하여 원고와의 계약 연장 의사를 표명하였고, 피고가 재계약할 의사로 2011. 7. 13.경 원고와 만나 계약서의 내용을 협의하였으나 모두 조율되지 않아 계약이 체결되지 않았으며, 원고는 피고에게 계약에 관하여 아무런 의사표시를 하지 않았습니다. 이에 피고는 원고와의 계약이 묵시적으로 갱신되는 것으로 알고 계속 영업을 하였고, 원고의 청구로 월차임을 달라고 주장하는 것은 위 갱신을 인정하는 것이라고 주장하고 있습니다.

2. 피고 주장 자체로 이 사건 임대차 계약은 이미 종료되었음을 확인하고 있습니다.

   가. 임대인인 원고가 임차인인 피고에게 연체금을 입금하도록 요구하고 입금받는 것은 당연한 일이고, 당시 피고에게 보낸 내용증명 우편을 통해 임대차계약 해지 통고(갑제3호증)를 하여 위 임대차계약의 연장의사가 없는 것을 분명히 하였습니다.

피고는 원고에게 위 계약의 연장의사 표시를 하였으나 원고는 이를 받아들이지 아니하겠다는 의사표시를 분명히 하였습니다.

나중에 원고는 피고의 연장의사 표시에 대하여 일단 동일조건에서의 임대차계약은 거부하는 의사표시를 분명히 하였고 만약 재계약한다면 어떻게 할 것인지 등에 대해 피고를 만나 협의하였으나 재계약이 성사되지 않았습니다.

피고 주장 자체로 이미 위 임대차 계약은 종료된 것을 확인할 수 있으며, 원고는 계약 종료를 전제로 피고와 만나 재계약을 검토했습니다. 당시 피고가 계약 연장 의사를 표시하자 원고가 부가가치세를 포함하여 월차임으로 770만 원을 요구하는 등 계약 조건을 제시했으나 피고가 이를 승낙하지 아니하여 새로운 계약이 체결된 바 없습니다. 이러한 상태에서 계약기간 만료로 이미 종료된 계약이 묵시적으로 갱신될 리도 없습니다.

나. '묵시적 갱신'이란 민법 제639조제1항에 규정된 대로 '임대차기간이 만료한 후 임차인이 임차물의 사용, 수익을 계속하는 경우에 임대인이 상당한 기간 내에 이의를 하지 아니한 때'를 말하는 것입니다. 그러나 이 사건에서 피고는 임대차계약이 존속하는 것에 대해 거부의 의사 표시를 하였고 재계약한다면 다른 조건이 될 것이라는 전제로 원고와 피고가 협의를 하다가 피고의 반대로 결렬된 것인데 이를 두고 '임대인인 원고가 아무런 이의를 하지 아니하였다'고 볼 수 없습니다.

피고 주장 자체로 이 사건 임대차계약은 계약기간 만료로 종료되고 달리 원고와의 사이에 임대차 계약이 계속 존속하였다는 증거는 없습니다.

3. 원고는 피고의 재계약연장의사를 받아들인 적이 없습니다.

   가. 우선 원고는 피고를 신뢰할 수가 없습니다.

      피고는 이 사건 상가가 상당한 수익이 나는 사업지임에도 임대차 보증금을 약속한 기일에 지급하지 않았을 뿐만 아니라 차임도 처음 임대차가 시작된 날부터 계속 연체해 왔습니다. 그래서 위 임대차 계약이 종료하기 전에 임대차 계약의 이행을 촉구하면서 임대차 계약을 연장할 의사가 없음을 분명히 하였습니다.

   나. 피고는 관리비 5개월 이상분을 지체하고 있습니다.

      원고는 최근 피고가 이 사건 건물을 사용하면서 납부하지 않은 관리비 내용을 관리사무소에서 확인하여 정리한바 2011.5월경부터는 관리비를 내지 않고 있고 2011.4월분 명목으로 2011.9.1.경 1,307,210원을 냈으나 현재까지 미납액이 8,519,690원에 이르러 5개월 이상분을 납부하지 않아 원고가 경우에 따라 부담해야 될 위치에 있습니다.(첨부#1.관리비 부과/수납 현황 참조)

   다. 만약 재계약을 한다고 하더라도 조건이 달라져야 할 때였습니다.

      피고도 자인하다시피 피고는 임대차 보증금을 연체하였을 뿐만 아니라 차임도 상습적으로 지체해 왔습니다. 그런데다 이 사건 상가에서의 사업이 비교적 잘되고 있는 것으로 알고 있습니다. 따라서 임대인인 원고로서는 다시 계약을 한다고 하더라도 임대차 보증금이나 차임 등 조건을 변경할 수밖에 없는 상황이었습니다. 즉 임차인인 피고가 아니더라도 제3자에게 임대차를 하면 더 많은 수익을 낼 수 있는 상태였습니다.

      그래서 피고 주장대로 이미 임대차 계약은 종료하였지만 피고와 재계약 여부, 재계약조건(차임을 770만 원으로 증가)을 협의하였으나 상호 의견이 일치되지 않아 재계약을 체결하지 못한 것입니다.

라. 그리고 피고에게 전에 체결한 임대차 계약에서 정한 차임을 이 사건 소에서 청구하고 있는 것은 피고가 현재 매월 취득하고 있는 월 차임 상당 부당이득을 반환하도록 하였는바 이는 통상 월차임을 구하기 위하여 별도의 부당이득 감정을 신청하여 감정을 받아야 하나 그에 대한 감정 비용도 들고 시간도 소요되어 편의상 기존 차임액으로 부당이득액을 청구하고 있는 것이지 전 임대차계약을 인정한다고 하여 청구하고 있는 것은 아닙니다.

4. 결론

피고의 주장은 모두 이유 없습니다.
그리고 만약 피고 주장의 묵시적 갱신이 인정될 경우를 대비하여 예비적으로 이 사건 준비서면의 송달로 다시 한 번 이 사건 임대차계약의 해지의 의사표시를 통지하는 바입니다.
원고의 청구를 신속히 인용하여 주시기 바랍니다.

감사합니다.

첨부서류

1. 관리비 부과/납부 현황 1통.
2. 준비서면 부본 1통. 끝.

▶ 이 사건에서 원고와 피고가 서면을 제출하면서 공방을 펼치는 과정은 대략 다음과 같았다.

소장 제출 → 피고의 답변서 제출 → 원고의 준비서면 제출 → 피고의 준비서면 제출 → 원고의 준비서면 제출 →……

▶ 이와 같이 서면 공방이 벌어지는 도중에 변론기일이 잡혀서 법원에 출석했으며, 더 이상 제출할 주장이나 증거가 없자 변론이 종결되고 이후 판결이 선고되었다. 다음은 판결문으로, 쟁점 부분에 대해서 판사가 어떻게 판단을 내리고 있는지 주의해서 살펴보자.

• 주문

1. 피고는 원고에게,
   가. 원고로부터 100,000,000원을 지급받음과 동시에 별지 목록 기재 각 부동산을 명도하고,
   나. 2012. 8. 1.부터 위 각 부동산의 명도 완료일까지 월 6,050,000원의 비율로 계산한 돈을 지급하라.
2. 원고의 나머지 청구를 기각한다.
3. 소송비용 중 1/3은 원고가 부담하고, 나머지는 피고가 부담한다.
4. 제1항은 가집행할 수 있다.

- **청구취지**

주문 제1의 나.항과 같은 판결 및 피고는 원고에게 별지 목록 기재 각 부동산을 명도하라.

- **이유**

1. 기초사실

가. 원고는 2011. 6. 10.경 피고와 사이에 별지 목록 기재 각 부동산(이하, 이 사건 상가라 한다)에 관하여 임대차보증금은 1억 원, 월차임은 550만 원(부가가치세 별도)으로 하되 매월 30일에 지급하기로 하고, 임대차기간은 2012. 6. 30.까지 12개월로 정하여 임대차계약(이하, 이 사건 임대차계약이라 한다)을 체결하였는데, 그 주요 특약사항은 아래와 같다.

   (1) 임대차보증금 중 계약금 500만 원은 계약시에 지급하고, 잔금 9,500만 원은 2011. 6. 30.까지 지급하기로 하되, 잔금 9,500만 원 중 1,500만 원은 현금 차용증으로 대체하고 2011. 8. 30.까지 완납하기로 한다.

   (2) 피고가 임대료를 월 3회 이상 연체시에는 본 계약을 해지하며, 원고에게 즉시 건물을 명도해야 한다.

나. 원고는 2012. 3. 29.경 피고에게 임대차보증금 1억 원 중 2,800만 원을 지급하지 아니하였고 월차임도 계속 연체하였으므로 이 사건 임대차계약을 연장할 의사가 없으니 2012. 6. 30.까지 이 사건 상가를 원고에게 명도하라는 내용의 통지(이하, 이 사건 통지라 한다)를 하였다.

다. 피고는 2012. 6. 29. 원고에게 2,800만 원을 지급함으로써 이 사건 임대차계약에서 정한 임대차보증금 1억 원을 모두 지급하였다.

〔인정근거〕 다툼 없는 사실, 갑 제1 내지 3호증(가지번호 있는 것은 가지번호 포함), 을 제1호증의 6의 각 기재, 변론 전체의 취지

▶ 판사는 원고와 피고가 주장한 내용 가운데 무엇을 사실로 삼을 것인지 가려야 한다. 이때 사실이 되려면 이를 뒷받침하는 근거가 있어야 하는데 이를 '인정근거'라고 한다. '다툼 없는 사실'을 포함하여 '증거자료'와 '변론 전체의 취지'까지 두루 살펴서 사실을 인정한다.

▶ 그럼 이 내용 다음에는 무엇이 올까? 다툼이 있는 사실, 즉 쟁점을 밝힌다.

2. 청구원인에 관한 판단
가. 원고의 주장
(1) 이 사건 임대차계약서에서 정한 기간이 만료되었고 원고가 피고에게 이 사건 통지를 함으로써 위 임대차계약과 동일한 조건으로 다시 임대차계약을 체결하는 등 위 임대차계약을 갱신하는 것을 거절한다는 의사를 명백히 한 바 있으므로 이 사건 임대차계약은 2012. 6. 30. 이미 종료되었다.
(2) 만약 이 사건 임대차계약이 종료되지 아니하고 묵시적으로 갱신되었다면 원고는 이 사건 2012. 9. 20.자 준비서면의 송달로써 이

사건 임대차계약을 해지한다는 의사표시를 하는 바이다.

(3) 만약 2012. 9. 20.자 준비서면의 송달에 의하여서도 이 사건 임대차계약이 해지되지 아니하였다면 피고는 2012. 8. 1. 이후 3회 이상 월차임의 지급을 지체하였으므로 이 사건 2013. 4. 18.자 준비서면의 송달로써 위 임대차계약을 해지한다는 의사표시를 하는 바이다.

(4) 결국 이 사건 임대차계약은 종료되었다고 할 것이니, 피고는 원고에게 이 사건 상가를 명도하고 2012. 8. 1.부터 명도 완료일까지 월 605만 원(부가가치세 포함)의 차임 또는 차임 상당의 부당이득을 지급하여야 한다.

나. 피고의 주장

피고가 일부 임대차보증금 및 월차임의 지급을 지체한 것은 사실이지만 이 사건 통지가 있었던 이후 원고와 피고 사이에 2012. 6. 30.까지 임대차보증금 잔금 및 월차임을 모두 지급하면 이 사건 임대차계약을 갱신하기로 하는 합의가 있었고, 이에 피고는 2012. 6. 30.까지 임대차보증금 잔금 및 월차임을 모두 지급하였으므로, 이 사건 임대차계약은 갱신되어 아직도 종료되지 아니하였다.

▶ 지금까지는 원고의 주장과 피고의 주장이 어떻게 다른지 살펴본 것이고, 아래는 판사가 시시비비를 가리는 내용이다.

다. 판단

설사 피고의 주장과 같이 2012. 6. 30.경 이 사건 임대차계약이 갱신되었다고 하더라도, 피고가 그 이후인 2012. 8. 1.부터 이 사건 임대차계약에서 정한 월차임을 지급하지 아니하였다는 점에 관하여는 당사자 사이에 다툼이 없는바, 원고의 이 사건 2013. 4. 18.자 준비서면이 피고에게 송달된 날임이 기록상 명백한 2013. 4. 26.을 기준으로 3회 이상 월차임의 지급을 지체하였으므로 이 사건 임대차계약에서 정한 바에 따라 원고에게 해지권이 발생하였고, 원고가 2013. 4. 18.자 준비서면의 송달로써 계약을 해지한다는 의사표시를 한 이상, 이 사건 임대차계약은 적법하게 해지되었다고 할 것이다.

따라서 피고는 특별한 사정이 없는 한 원고에게 이 사건 상가를 명도하고 2012. 8. 1.부터 위 상가의 명도완료일까지 월 605만 원(= 월 550만 원×1.1)의 비율로 계산한 월차임 또는 부당이득을 지급하여야 한다.

▶ 판단 내용을 보면 '다툼이 있는 사실'에 대해서는 별다른 언급이 없다. 왜냐하면 '다툼이 없는 사실'만으로도 원고의 주장이 옳다는 것이 드러나기 때문이다. 그런 이유로 원고의 다른 주장에 대해서는 더 이상 언급하지 않은 것이다.

▶ 한편 이 사건에서 피고는 '묵시의 갱신' 외에도 '동시이행항변'을 주장했다. 이에 대한 판사의 판단을 보자.

3. 피고의 동시이행항변에 관한 판단

1. 피고는 이에 대하여 원고로부터 임대차보증금을 반환받을 때까지 이 사건 상가를 명도할 수 없다고 동시이행의 항변을 하므로 살피건대, 피고가 원고에게 임대차보증금 1억 원을 지급하였음은 당사자 사이에 다툼이 없고, 원고의 임대차보증금반환의무는 피고의 이 사건 상가 명도의무와 동시이행의 관계에 있다고 할 것이니, 피고의 위 항변은 이유 있다.

결국 피고는 원고에게, (1) 원고로부터 임대차보증금 1억 원을 지급받음과 동시에 이 사건 상가를 명도하고, (2) 2012. 8. 1.부터 이 사건 상가의 명도완료일까지 월 605만 원의 비율로 계산한 월차임 또는 차임 상당의 부당이득을 지급하여야 한다.

4. 결론

그렇다면, 원고의 이 사건 청구는 위 인정범위 내에서 이유 있어 받아들이고, 나머지 청구는 이유 없어 받아들이지 아니한다.

▶ 동시이행항변에서 중요한 점은 '임차인이 임대인에게 보증금을 냈는지'이다. 그래야 '돈을 주기 전에는 방 못 빼!' 하고 주장할 수 있기 때문이다.

종중 땅을 마음대로 처분하다니!
_ 소유권보존등기말소 등 청구의 소

사건발생 … A는 수십 년 전부터 종중 땅에서 밭농사를 지으며 소출을 얻고 살았다. 그러던 어느 날, 정부에서 미등기로 남은 땅에 대해서 일제히 등기를 마치도록 하는 부동산특조법(부동산 소유권 이전등기에 관한 특별조치법의 약칭, 통상 2년의 유효기간을 두고 있다.)을 발표했고, 이에 A는 부쳐 먹던 종중 땅을 배우자 앞으로 보존등기를 마쳤다. 그렇게 세월이 흘러 이번에는 땅의 주인이 그 집 딸로 바뀌었다. 마침 딸은, 급히 돈이 필요했는지 땅을 저당 잡히더니 끝내 부채를 탕감하지 못하고 말았고, 이에 종중 땅은 경매로 넘어갔다. 이 땅은 대대로 내려온 조상 땅으로 소유주는 분명 종중인데 어떻게 소유권도 없는 개인이 자기 마음대로 팔아치울 수 있다는 말인가? 이제 종중은 잃어버린 땅을 되찾으려면 어떻게 해야 할까?

소유권보존등기말소 소송을 위한 요건사실

▶ 상대방이 가진 소유권을 말소시키기 위해 벌이는 소송을 '소유권보존등기말소 청구 소송'이라고 한다. 이 사건에서는 종중이 원고가 된다. 종중은, 자기들 멋대로 땅을 사고팔거나 처분하였던 모든 사람들을 상대로 소유권보존등기 등을 말소하라고 요청할 계획이다('소유권보존등기' 뒤에 '등'을 붙이는 이유는, 보존등기 말고 이전등기와 가압류등기 따위가 포함되어 있고, 또한 이 사건의 경우 '승낙의 의사표시를 구하는 소송'을 함께 진행했기 때문이다.). 따라서 자기들 마음대로 땅을 사고팔았던 사람들이나 저당권 등 등기가 된 사람들이 피고가 된다. 이때 소장 작성을 위해 필요한 요건사실은 아래 두 가지다.

1. 종중이 해당 부동산의 주인임을 증명해야 한다(원고가 부동산의 소유권을 취득한 사실).
2. 피고들이 자신들 명의로 소유권 등을 보존등기하고 있거나 넘겨받은 사실이 있어야 한다.

요건사실에 맞게 소장 작성하기

▶ 이 사건은 피고가 여러 명이라서 소장의 내용이 길다. 그러나 비슷한 이야기가 중복되므로 하나만 알면 쉽다. 내용은 피고들이 땅을 주고받으며 기재했던 소유권보존등기와 이전등기 따위를 모두 말소하라는 요청이다.

• **청구취지**

1. 원고에게,
   가. 피고 B는 별지 제1목록 내지 제15목록 토지에 관하여 대구지방법원 수성등기소 2008. 2. 12. 접수 제22294호로 마친 소유권보존등기의,
   (* 쉼표 뒤쪽의 내용은 중복이므로 제일 마지막에 한 번만 쓴다.)
   나. 피고 C는 별지 제1목록 내지 15목록 토지에 관하여 같은 등기소 2008. 2. 12. 접수 제22966호로 마친 소유권이전등기의,
   (* 피고 B의 경우는 '소유권보존등기'이고, 피고 C~E까지는 '소유권이전등기'다. '보존등기'는 부동산특조법에 따라 미등기 부동산을 처음으로 '내 소유다'라고 등기를 한 것이고, 나머지 C, D1, D2, E는 소유권을 이전받은 경우다.)

다. 피고 D1, D2는 별지 제1, 2목록 토지에 관하여 위 같은 등기소 2011. 9. 9. 접수 제111778호로 마친 소유권이전등기의,

라. 피고 E는 별지 제3, 4목록 토지에 관하여 위 같은 등기소 2011. 10. 13. 접수 제123690호로 마친 소유권이전등기의, 별지 제12목록 내지 제15목록 토지에 관하여 위 같은 등기소 2011. 10. 13. 접수 제 123391호로 마친 소유권이전등기의,

마. 피고 F(* ○○조합)는 별지 제5, 6목록 토지에 관하여 위 같은 등기소 2008. 2. 13. 접수 제2384호로 마친 근저당권설정등기의,
(* 피고 F와, 아래 피고 G는 피고 E에게 돈을 빌려주고 종중 땅에 근저당을 설정한 사람들이다.)

바. 피고 G는 별지 제5, 6목록 토지에 관하여 위 같은 등기소 2009. 8. 6. 접수 제137765호로 마친 근저당권설정등기의,

각 말소등기 절차를 이행하라.

2. 원고에게 별지 제5, 6목록 토지에 관하여
피고 F, G는 위 같은 등기소 2008. 2. 12. 접수 제22294호로 마친 소유권보존등기 및 위 같은 등기소 2008. 2. 12. 접수 제22296호로 마친 소유권이전등기의,
피고 H는 2010. 10. 14. 위 같은 등기소 접수 제12026호로 마친 가압류등기의.
각 말소등기 절차를 이행하라.

3. 소송비용은 피고들의 부담으로 한다.
라는 판결을 구합니다.

▶ 이 소장의 원문을 보면 원고는 청구취지를 통해 크게 두 가지를 요구하고 있다. 피고들에 대해 '말소등기 절차를 이행하라'는 것과, 이렇게 이루어진 말소등기에 대해서 이해관계에 있는 제3자가 '승낙의 표시를 하라'는 내용이다. 이 가운데 두 번째는 여기서는 인용하지 않았는데 '승낙의 의사표시를 구하는 소'라고 부르는 것으로, 따로 소송이 가능하다. '승낙 의사표시'가 중요한 이유는 등기상 이해관계가 있는 제3자가 나중에 문제 삼을 여지가 있기 때문이다.

▶ 그럼, 청구원인을 통해 이 사건의 자세한 내막을 확인해 보자.

- **청구원인**

    1. 원고 종중은 대표자 김○○의 14대조인 ○○ 할아버지의 후손들로 구성된 종중으로, ○○ 할아버지의 묘가 있는 ○○시 ○○구 ○○동 산 11-11 선산에서 매년 양력 5월 첫째 주 일요일에 시제를 지낸 후 참석한 문중원들이 정기적으로 문중회의를 열어 문중의 대소사를 의논해 오고 있습니다.

▶ 다른 소장과 달리 종중이 원고가 되는 경우에는 1번 문구처럼 시작되는 게 보통이다. 이 내용을 넣는 이유는 종중 이름으로 소송을 걸 수 있는 자격이 있음을 보이기 위해서다. 무슨 말인가? 종중

이라는 이름으로 소송을 걸 수 없는 경우가 있다는 얘기다.

첫째, 종중이 가짜인 경우

원고가 대표한다는 그 종중이 진짜여야 한다. 종중은 선조가 중요하다. 선조가 사망하고, 그와 동시에 자손에 의해서 종중이 성립한다. 따라서 선조가 누구인지 밝혀야 한다. 종중은 아니지만 종중유사단체도 종중으로 인정한다. 예컨대 종중원 가운데 특정 지역에 거주하는 사람들이나 특정 범위 안의 사람들만 모이는 조직도 생각할 수 있다. 만일 이들이 묘를 지키고 제사를 지내며 친목도모를 위해 조직을 구성하여 활동하고 있다면 종중으로 인정할 수 있다는 얘기다. 반면 종중이나 종중유사단체로 인정받지 못하면 종중이라는 이름으로 소송을 걸 수가 없다.

둘째, 원고가 종중을 대표하지 못하는 경우

종중이 소송을 제기했다고 하는데 알고 보니까 어느 종중에 소속되어 있는 사람이 피고에게 앙심을 품고 단독으로 진행한 소송이라면? 이런 일을 사전에 방지하기 위해 몇 가지 요건을 충족해야 한다. 우선 '소송제기'와 관련하여 종원들의 오케이 사인을 받았는지(종중총회에서의 수권결의), 또한 여성 종원을 포함하여 연락가능한 모든 종원에게 모이라고 통지했는지, 뜻을 모으는 자리에 여성들이 참석했는지가 중요한 판단 근거가 된다. '전부터 쭉 해왔다', '가까운 사람 몇 명 모여서 이야기를 마쳤다'는 말은 설령 그런 증거가 있더라도 자격을 인정받지 못한다. 총회가 열렸으면 사진도 찍고, 참석자들이 소송에 찬성하는지 사인도 받아야 한다.

▶ 조금 더 구체적으로 설명하면 다음과 같다.

1. **소집통지 대상** : 족보나 호적등본 등으로 연락 가능한 종원의 범위를 확정한 후 통지 가능한 모든 종중원에게 개별적으로 소집을 통지해야 한다. 세보(족보)에 기재되지 않은 자라도 종원이라면 포함시켜서 소집통지대상이 되는 종원의 범위를 확정해야 한다(대법원 2000다17582 판결). 또한 여성 종원에게도 소집을 통지해야 한다(대법원 2002다1178 전원합의체 판결).

2. **소집통지 방법** : 서면이나 구두 또는 전화도 좋고, 다른 종중원이나 세대주를 통해서 소집을 알려도 된다. 그러나 일부라도 소집통지를 하지 않은 종원이 있을 때는 결의가 무효가 된다(대법원 2007다34982 판결).

3. **결의 방법** : '결의'란 '이번에 종중에서 이런 일을 할 예정인데 찬성하시느냐?'고 물어서 그 뜻을 정하는 것을 말한다. 종규나 관례가 있으면 그에 따르고, 없으면 종원 중 출석자의 과반수로 결의하는 것이 우리나라 관습이다.

- ▶ 종중이 집안일이다 보니 하는 짓이 미운 사람이 있기 마련이다. 또한 사는 동네가 달라 의결권을 박탈하는 경우도 있다. 특히 종중의 규칙인 종규에 보면 '이러한 자는 의결권을 박탈한다'는 내용이 담겨 있는 경우도 있다. 그러나 법원은 종중의 본질이 후손의 모임이라는 점을 들어 이런 종규는 무효라고 본다. 즉 아무리 미운 종원이라도 의결권을 빼앗을 수는 없다(대법원 80다1194 판결).

- ▶ 종권을 박탈하는 것도 마찬가지다. 설령 종중에서 쫓겨난 자라고 하더라도 법률적으로는 종중원으로서의 신분을 그대로 유지한다. 따라서 '종권 박탈 징계처분'이나 일정 기간 종원의 자격을 정지시키는 '종권 정지처분'은 종중 내부에서는 어떤 효력이 있을지 모르나 법적으로는 무효다.

- ▶ 한편 이 사건의 청구원인 1번 내용을 보면, '정기적으로 문중회의를 열어 문중의 대소사를 의논한다'고 밝히고 있다. 이 문장을 넣은 이유는 정기총회가 소집을 대신할 수 있기 때문이다. 정기총회는 종중의 규약이나 관행에 따라 매년 일정한 날에 일정한 장소에서 정기적으로 종중원들이 모여서 종중의 대소사를 처리하는 것을 말하며, 정기총회가 개최되는 경우에는 별도로 종중회의의 소집절차가 필요하지 않다. 반면 갑작스런 안건이 생겨서 임시총회를 열어야 할 때는 종원에게 개별 소집통지를 해야 한다(대법원 2007다34982 판결).

▶ 만일 이런 요건을 갖추지 못하면 피고는 당신이 종중을 대표하지 못한다고 항변할 수 있다. 이를 '본안전 항변'이라고 한다. 원고가 제기한 소송이 요건을 갖추지 못하여 '나는 변론할 수 없다'고 피고가 주장하는 것이다. 보통은 판사가 소송에 흠결이 있는지 따지기 마련인데 피고도 이와 같은 주장을 할 수가 있다. 만일 받아들여지면 소송은 자격이 없다는 이유로 각하된다('각하'는 소송에 들어가지도 못하고 끝나는 것으로, 나중에 요건을 갖춘 뒤에 다시 소송을 제기할 수 있다. 반면 '기각'은 소송에 들어갔으나 이유가 없어서 패소된 것으로, 항소는 가능하지만 다시 소송을 거는 것은 불가능하다.).

2. 원고 종중은 분할 전 ○○시 ○○군 ○○동 100-1 전(이하 '분할 전 토지'라 한다)을 종원인 ×× 외 5인 명의로 명의신탁에 의하여 사정받아 소유해 왔다(* '사정(査定)'이란 일제 강점기 시절에 쓰던 용어인데 당시 토지조사사업을 벌이면서 조선총독부가 소유권을 인정해준 행위를 말한다. 즉 '사정'은 '당신이 이 땅의 소유자다'라고 인정해 주는 걸 말한다. 따라서 종원인 ×× 외 5인 명의였던 '분할 전 토지'가 종중의 소유 재산이 되었다는 말이다.). 분할 전 토지는 1956. 6. 1. ○○동 100-1 전 1236㎡, ○○동 100-3 전 1126㎡, ○○동 100-4 전 1213㎡, ○○동 100-5 전 902㎡, ○○동 100-6 전 1312㎡, ○○동 100-7 선 3983㎡, ○○동 100-8 전 724㎡, ○○동 100-9 전 1392㎡, ○○동 100-10 전 774㎡, ○○동 100-11 전 585㎡, ○○동 100-12 전 578㎡, ○○동 100-13 전 516㎡, ○○동 100-14 전 585㎡, ○○동 100-15 전 407㎡, 100-16 전 932㎡(이하 '이 사건 토지'라 한다), ○

○○동 100-17 임야 1871㎡로 분할되었고, ○○동 100-2 전 1236㎡는 1999. 8. 14. ○○동 100-2 전 1181㎡와 ○○동 100-19 전 55㎡로 분할되었습니다(분할 전 토지에 대한 지적공부는 6.25때 소실되어 1960. 11. 28. 복구되었습니다.).

3. 그런데 피고 B는 이 사건 토지에 관하여 허위의 보증서 및 확인서를 발급받아 소유권이전등기를 경료(* 법적 절차를 마쳤다는 말)하였는바, 그 경위와 내역은 아래와 같습니다.

가. 원고 종중은 이 사건 토지에 관하여 종원인 ××외 5인 명의로 사정받았습니다(* 소유권자로 인정받았다.).
나. 그런데 피고 B는 〈부동산소유권이전등기등에관한특별조치법〉에 따라 대장상 소유자도 아닌 소외(* 소송과 무관한 자를 가리킬 때 쓰는 단어) K로부터 이 사건 토지를 1993. 6. 15. 상속받아(* 정황상 K는 B의 부친인 듯하다.) 소유하고 있다는 허위의 보증서와 확인서를 발급받아 2008. 2. 12. 대구지방법원 수성등기소 접수 제 22294호로 소유권보존등기를 경료(* 법적 절차를 마침)하였습니다.
다. 그러나 원고 종중은 이 사건 토지를 K 등 어느 누구에게도 매도한 사실이 없이 현재까지 소유해 오고 있습니다.

▶ 참고로, 이 사건은 형사 고소도 함께 진행되었다. 즉 원고 종중은 피고 B가 허위의 보증서와 확인서를 발급받아 소유권이전등기를 하였다는 점을 입증하기 위해 피고 B를 형사 고소했다('부동산소유권이전등기등에관한특별조치법' 위반 혐의). 이후 검찰은 피고 B를 기

소하였다. 원고 종중은 그때 만들어진 검찰의 공소장과 수사기록 등을 민사소송의 증거로 제출했다.

3. 이 사건 토지의 소유권 변동에 관하여 살펴보면 아래와 같습니다.

　가. 이 사건 토지는 2008. 2. 12. 피고 B 명의로 소유권보존등기가 경료된 후, 위 같은 날 대구지방법원 수성등기소 접수 제22296호로 2008. 2. 11. 증여를 원인으로 피고 C에게 소유권이전등기가 경료되었습니다.

　나. 그 후 2011. 4. 12. 대구지방법원 수성지원 2011타경 46668호로 임의경매가 진행되어 별지 제1, 2목록 토지는 피고 D1과 동 D2가 각 2분의 1 지분을 경락받아(* 경매를 통해 부동산을 소유하게 되어) 2011. 9. 9. 대구지방법원 수성등기소 접수 제111778호로 소유권이전등기를 경료하였습니다.

　다. 또한 피고 E는 별지 제3, 4목록 토지를 경락받아(* 경매를 통해 소유) 2011. 10. 13. 위 같은 등기소 접수 제123990호로, 별지 제7목록 내지 제11목록 토지를 경락받아 2011. 10. 13. 위 같은 등기소 접수 제123889호로, 별지 제12 내지 제15목록 토지를 경락받아 2011. 10. 13. 위 같은 등기소 접수 제123911호로 각 소유권이전등기를 경료하였습니다.

　라. 또한 피고 E는 별지 제5, 6목록 토지를 2011. 9. 14. 경락받은 후 현재까지 이전등기를 경료하지 아니하고 있습니다.

　마. 한편 별지 제1목록 내지 제15목록 토지에 관하여 피고 F는 2008. 2. 13. 위 같은 등기소 접수 제23884호로 채권최고액 5,200만 원으로 한 근저당권설정등기를, 피고 G는 2009. 8. 6. 위 같은 등기소 접수 제137655호로 채권최고액 3,125만 원으로 한 근저당권설정등기를, 피고 H는 2010. 10. 14. 위 같은 등기소 접수 제12026호로 가압류등기를 각 경료하였습니다.

4. 그러나 피고 B 명의의 소유권보전등기는 위에서 살펴본 바와 같이 원인무효의 등기이고, 이에 터잡아 순차 경료된 C 명의의 이전등기, 피고 D1, 피고 D2 명의의 이전등기, 피고 E 명의의 이전등기와 피고 F 및 피고 G의 각 근저당권설정등기, 피고 H의 가압류등기 역시 무효라 할 것입니다.

5. 한편 원고 종중은 2008. 4. 6.경 시제를 모신 후 정기총회를 개최하여 부당하게 이전된 원고 종중 소유 토지를 원상회복시키기로 결의하였고, 2009. 4. 5.경 시제 후 개최된 정기총회에서 부동산소유권이전등기등에관한특별조치법으로 이전해 간 이 사건 토지를 찾기로 하고, 대표자에게 소송행위를 위임하는 결의를 하였고, 2010. 4. 4.경 시제 후 개최된 정기총회에서 재차 결의를 하였습니다.

피고의 대응 전략

1. 앞서 언급했던 본안전 항변이 있다. '이 사건 청구는 종중이 수권을 받지 아니하고 제기한 것이다.'라고 주장하는 것이다. 정상적인 룰에 따라 종중총회가 개최된 적도 없고 대표자도 자기들 멋대로 뽑았다고 주장할 수 있다.

2. '시효취득'을 주장할 수 있다. 시효취득이란 해당 물건을 오래 가지고 있었던 사람에게 그 소유권을 인정해 주는 제도이다. 물론 요건이 있다. '이건 내가 가질 거야. 내 거야.' 하는 소유의 사를 갖고 땅을 점유하고 있어야 한다. 내가 점유하고 있는데

다른 사람이 내놓으라거나 나를 쫓아내려고 해서는 안 된다. 일정 기간 지속적으로 그래야 한다. 부동산의 경우는 등기가 없는 경우 20년, 등기가 있는 경우 10년이 걸린다. 시효가 만료되면 판결을 얻어 등기를 할 수 있다.

이밖에 종중 문제에서 알아두어야 할 점

대표자로 인정받으려면

종규나 특별한 관례가 있으면 그에 따라 선출하고, 없으면 출석자의 과반수 결의로 선출한다. 만일 대표자가 없고, 따로 규약이나 관례가 없다면 생존한 종중원 가운데 항렬이 가장 높고 나이가 많은 종원(연고항존자)이 대표가 된다(우리나라의 일반적인 관습이다. 대법원 2011다77054 판결).

종중 재산의 성격과 처분

종중 재산은 '총유'라는 형태의 소유권이 인정된다. 종중원이 함께 가지고 있지만 구성원이 분할해 달라고 청구할 수 없고, 여기서 나온 수익 등을 나눌 수 있을 뿐이다. 만일 재산을 처분해야 하는 일이 생기면 종중규약을 따르되 만일 규약이 없으면 종중총회를 열어 결의를 통해 여부를 결정해야 한다. 그러한 절차를 거치지 않은 행위는 무효가 된다(대법원 92다27034 판결).

대표자의 재산 처분이 무효가 되는 경우

재산 처분 결의 이후 종중 대표자는 종중의 대리인 자격으로 재산 처분행위를 할 수 있으나 대리인의 권한을 넘어서면 그 행위는 무효가 된다. 다만 일반적인 경우, 대리인(종중 대표자)을 믿고 그와 거래하는 사람을 보호하기 위해 대리인이 권한을 넘어서서 거래를 해도 인정을 해준다(민법 제126조 표현대리).

대표자의 불법행위에 대한 책임

종중의 대표기관이, 직무와 관련 불법행위를 저지른 경우에는 종중이 손해 배상의 책임을 진다. 물론 대표자가 아닌 거래 상대방이 악의를 갖고 거래했거나 중과실이 있는 경우에는 종중에 책임을 묻지 못한다(민법 제35조).

종중 대표자 아닌 자의 거래

종중은 대표자 대신 사람을 시켜 거래를 하는 경우가 있다. 이때는 민법 제756조 규정을 유추하여 적용한다. 그 조항에 따르면 ① 종중은 해당 사무를 위해 사람을 뽑아서 업무를 시킬 수 있는데 만일 그 사람이 해당 사무집행에 관하여 제3자에게 손해를 끼쳤을 때 종중이 배상해야 한다. 그러나 직원을 '상당한 주의'를 기울여 뽑았거나 사무를 감독했는데도 사고를 쳤다면 이때는 손해의 책임이 해당 직원에게 있다. ② 종중을 대신하여 직원을 감독하는 자가 있을 수 있는데 그 역시 직원이 끼친 손해에 책임을 져야 한다. ③ 만일 직원이 제3자에게 손해를 끼친 경우, 종중이나 종중을 대신하여 감독한 자는 직원에게 구상권을 행사할 수 있다. 구상권이란 '다른 사람의 채무를 대신 갚아준 사람이 원채무자에게 돈을 달라고 요구할 수 있는 권리'를 말한다. 즉 직원의 잘못에 대해서 대신 손해를 배상한 뒤, 직원에게 돈을 갚으라고 청구할 수 있다는 말이다.

명의신탁에 대한 이해 돕기

▶ 재산을 자기 이름이 아닌 다른 사람의 명의를 빌려 등기부에 올린 뒤 소유권을 행사하는 제도가 바로 '명의신탁'이다. 이 제도는 종중의 재산을 인정하기 위해 임의적으로 허용한 것으로 우리나라에만 있다. 민법 어디에도 구체적인 규정은 없고, 판례에서만 그 내용을 찾아볼 수 있었다. 그러나 재산을 은폐하는 데 악용되면서 1995년 부동산 명의신탁이 법으로 금지되었다. 즉 부동산 실권리자명의 등기에 관한 법률이 제정되어 종중이나 부부, 종교단체에서 기존에 명의신탁을 맺은 경우만 예외적으로 인정하며 이외에는 실권리자로 등기되어야 하고 이를 위반하면 과징금, 이행강제금이 부과되기도 하고 형사 처벌될 수도 있다.

▶ 일제가 토지조사사업을 벌이면서 조선총독부에서 해당 토지의 소유권을 인정해 준 것을 '사정'이라고 하는데 당시 종중은 문중 재산을 보호하기 위해 종원 이름으로 사정을 받았다. 이후 부동산특

조법 등이 발표되면서 종원들이 해당 재산을 자기 소유로 등기를 마치면서 종원과 종중 사이에 재산 다툼이 이어지고 있는 것이다.

▶ 특히 이름을 빌려준 종원이 해당 재산의 등기를 마친 경우가 그렇다. 이때 종중이 취할 수 있는 방법은 명의신탁을 해지하고 종원을 상대로 소유권이전등기를 청구하는 것이다.

▶ 그렇다면 종중은 이게 일제시대 사정 당시 명의신탁을 한 것이고, 따라서 종중의 소유임을 증명하기 위해서는 무엇이 필요할까?

① 사정 당시 어느 정도의 유기적 조직을 가진 종중이 존재하였다는 사실을 입증할 것
② 사정 이전에 그 토지가 종중의 소유로 된 과정이나 내용을 증명할 수 있는 자료를 갖고 있거나 또는 여러 정황을 미루어 볼 때 사정 이전부터 종중 소유로 인정할 수밖에 없는 많은 간접 자료가 있을 것

▶ 만일 이 땅이 종중의 소유이고 명의신탁을 통해 A에게 맡겨진 게 사실임이 드러난 경우, A에게 이 땅을 구입한 사람은 어떻게 될까? 이 경우는 명의신탁을 받은 A의 명의 자체는 문제가 없으므로 구입한 사람은 정상적으로 소유권을 취득하게 된다(대법원 96다38896 판결). 즉 이 경우는 소유권 취득자를 보호하는 데 우선순

위를 둔 것이다. 그러나 A가 종중을 속이고 땅을 팔아치우려고 할 때, 매수인이 A의 배임행위에 적극 개입했다면 무효가 된다. 한마디로 이 땅이 종중 땅인 줄 매수인이 알면서도 매입했다면 무효라는 말이다.

▶ 한편 '위토'가 문제가 될 때가 있다. 선조의 묘를 모시려면 비용이 든다. 이 비용을 마련하기 위하여 마련한 땅을 위토라고 한다. 위토라고 하면 흔히 종중의 땅이라고 여기기 쉽다. 그러나 종중뿐 아니라 후손 가운데 어느 개인이 자기 땅을 위토로 설정할 수도 있기 때문에 '위토'로 설정된 땅이라는 이유만으로 종중의 소유로 볼 수 없다.

돈도 안 갚고 재산을 빼돌리다니!
_ 사해행위취소의 소

사건발생 … 김부화 씨는 공사업체 사장 이채통 씨와 알고 지내던 사이였다. 하루는 이채통 씨가 찾아와서 '건물을 지어주기로 했는데 건물주가 연대보증을 요구한다'며 보증을 서달라고 부탁했다. 김부화 씨는 고민스러웠지만 이게 사업 자금을 빌려주는 것도 아니고 공사만 하면 되는 일이라 흔쾌히 보증을 서 주었다. 그런데 사단이 나고 말았다. 이채통 씨가 무슨 일인지 공사도 제대로 하지 않아서 손해만 끼치고 만 것! 건물주는 이채통 씨와 연락이 안 되는지 연대보증자인 김부화 씨를 찾아와 돈을 내놓으라고 요구했고, 김부화 씨는 울며 겨자 먹기로 손해를 대신 변제해 주었다. 그런 뒤 공사업체 사장 이채통 씨를 찾아갔더니 이채통 씨는 재산이 한 푼도 없다며 배 째라고 버티는 게 아닌가! 그가 살던 집은 사촌동생에게 이미 넘긴 뒤였고(증여), 그는 통장에 잔고도 없었다. 이런 황당한 일이!

사해행위취소청구 소송에 필요한 요건사실

▶ 돈을 갚아야 할 사람이 분명 재산이 있는데도 불구하고 이를 몰래 빼돌려 돈을 갚지 않은 것을 '사해행위'라고 한다.

▶ 이채통이 사촌동생에게 집을 증여한 행위가 사해행위에 해당된다. 원고 김부화에게는 민법이 정하는 '채권자취소권'이라는 권리가 있으며, 이에 따라 증여(이채통이 사촌에게 부동산을 넘겨준 것)를 취소해달라고 법원에 청구할 수 있다. 이 소송이 '사해행위취소의 소'가 된다.

▶ 주의할 점은, 이 소송에서 원고는 연대보증을 섰다가 날벼락을 맞

은 김부화이고, 피고는 이채통에게 집을 증여받은 사촌동생이라는 점이다. '사해행위취소의 소송'은 채무자인 이채통이 피고가 되지 않는다. 왜냐하면 지금 그 부동산의 주인은 사촌으로, 그에게 등기를 말소하라고 해야 하기 때문이다.

▶ 이 소송에 필요한 요건사실은 다음과 같다.

1. 원고가 채무자 A에게 받을 돈이 있어야 한다(원고가 A에 대해 채권을 갖고 있다. 이 사건에서 A는 이채통이다.).
2. A는 자신의 유일한 재산을 피고 사촌동생에게 팔아넘겨야 한다(유일한 재산이라고 하는 이유는, 재산이 넉넉해서 갚을 돈이 있는 사람이 일부 재산을 처분한 것이라면 문제가 되지 않기 때문이다.). 혹은 A가 여러 명에게 채무를 지고 있는 경우, 피고 사촌동생에게만 재산을 처분해야 한다. 이를 '사해행위'라고 한다.
3. A가 원고에게 금전적으로 해를 끼칠 의사(사해의사)가 있어야 한다. 다시 한 번 강조하지만 A는 이 소송에서는 피고가 되지 않는다. A에게 부동산 등을 매입하거나 받은 사람이 피고가 된다.

▶ 한편 원고 김부화는 이채통에게 빚을 돈이 있다(연대보증인으로 손해액을 대신 갚았으므로). '사해행위취소의 소'를 진행하면서 동시에 이채통도 피고로 내세워 돈을 달라고 하고 싶다. 그래서 이채통과 사촌동생을 함께 피고로 세운다. 이렇게 되면 '사해행위취소의 소'

와 함께 '구상금청구의 소'가 동시에 이루어지는 것이다.

요건사실에 맞게 소장 작성하기

▶ 여기에 제시된 사례는 '사해행위취소의 소'와 '구상금청구의 소'가 동시에 진행된 경우다. 원고는 김부화고, 피고는 이채통(구상권 문제)과 그의 사촌동생(사해행위 문제)이 된다.

- **청구취지**

    1. 피고 이채통은 원고에게 금1억 123만 원과 2014. 1. 23.경부터 다 갚을 때까지 연 15%의 비율에 의한 금원을 지급하라.
    2. 별지목록기재 부동산 2에 관한 피고 이채통과 피고 사촌동생 사이의 2014.5.3.자 증여계약을 취소한다.
    3. 피고 사촌동생(* 여기서는 편의상 '사촌동생'이라고 표현했지만 실제 이름을 적어야 한다.)은 원고에게 위 부동산에 관하여 서울중앙지방법원 ○○등기소 2010.1.20. 접수 제13420의 '2010.2.3. 증여를 원인으로 한 소유권이전등기'의 말소등기 절차를 이행하라.
    4. 소송비용은 피고들의 부담으로 한다.
    라는 판결을 구합니다.

▶ 청구취지를 보면 1번은 '구상금청구의 소'에 관한 내용이고, 2~3번은 '사해행위취소의 소'에 관한 내용이다.

• 청구원인

1. 채권의 존재 - 금1억 원의 구상금채권

(* 구상금채권 : 보증인이 대신 채무를 변제해준 경우, 원래 채무자에게 달라고 요구할 수 있는 권리를 '구상금채권'이라고 한다.)

원고 김부화(이하 '원고'라고 한다.)는 평소 공사자재공급 관계로 알고 지내는 피고 이채통이 2013.5.4.경 소외(* 원고도 피고도 아닌 자) 아무개 건물주가 발주하는 별지 목록 기재 부동산에 근린생활시설(* 생활편의시설들, 예컨대 슈퍼마켓, 미용실 따위의 시설을 말한다.)을 건축하는 공사 계약을 체결할 때 연대보증인으로 서명날인하였습니다.(갑제1호증 공사계약서)

그런데 피고 이채통은 위 공사를 제대로 하지 않아 하자와 지체상금(* 공사 지연으로 발생한 손해. '사건 2번 공사 관련 사건'에 '지체상금' 항목 참고) 등으로 도리어 1억 5천만 원의 손해를 끼쳤다고 소외 아무개 건물주가 원고 김부화와 피고 이채통을 상대로 손해배상청구소송을 제기하여 왔습니다.

그 사이 피고 이채통은 부도를 내고 도망가고 원고 김부화만 응소하여 소송한 결과 두 사람이 공동하여 1억 원과 지연손해금을 배상하라는 판결을 받아 원고 김부화는 2014.1.23.경 1억 123만 원을 아무개 건물주에게 지급하였습니다.(갑제2호증 판결 갑제3호증 영수증)

따라서 원고는 피고 이채통이 책임질 부분을 대신 갚았으므로 피고 이채통에게 1억 123만 원과 그 지연손해금에 대하여 구상권을 갖게 되었습니다.

(* '구상권'이란 대신 빚을 갚았으므로 당사자에게 돈을 달라고 요청할 수 있는 권리이다. 다만 여기서는 '지연손해금'에 대해서까지 구상권을 청구하고 있음을 주목하자. 지연손해금은, 대신 갚은 '1억 123만 원'을 돌려받을 때까지의 이자를 말한다.)

2. 사해 행위

　　피고 이채통은 부도가 나자 자신이 가진 별지목록부동산 2에 대하여 자신의 공사 일을 도와주는 피고 사촌동생에게 서울중앙지방법원 ○○등기소 2010.1.20. 접수 제13420호 '2010.2.3. 증여를 원인으로 한 소유권이전등기'를 해주었습니다.(갑제4호증 등기사항전부증명서)

　　이로 인해 원고는 피고 이채통에게 강제집행할 수 있는 재산을 확보하지 못하였습니다.

3. 결론

　　이에 원고는 피고 이채통에 대한 구상금 청구와, 채권자인 원고 김부화를 해할 목적으로 체결된 '피고 이채통과 피고 사촌동생 사이의 증여계약'의 취소 및 소유권이전등기의 말소를 구하기 위하여 이 사건 소에 이르렀습니다.

피고의 대응 전략

▶ 여기서 소개하는 항변의 내용은 '사해행위취소의 소'에 대한 것이다. 그러나 1번은 '구상금청구의 소'에 대한 항변이기도 하다.

▶ 따라서 1번은 '사해행위취소의 소'의 피고인 사촌동생과 '구상권청구의 소'의 피고인 이채통 가운데 누구라도 주장하고 입증할 수 있다. 그러나 2~3번은 '사해행위취소의 소'의 피고인 사촌동생이 주장하고 입증해야 한다.

1. 피보전채권의 시효가 소멸되었음을 주장할 수 있다. 소멸시효는 채권의 종류마다 다르다. 이 사건의 경우 원고와 피고가 모두 사업자등록을 하고 공사자재를 거래하는 사이이므로 상인에 해당하고, 따라서 이들 사이의 채권은 상사채권이며, 상사채권의 소멸시효는 5년이다. 여기서 '피보전채권'이란 사해행위취소를 통해 보전(보호)하려는 채권을 말한다. 사해행위를 취소할 수 있다면 채무자에게 재산이 생기므로 원고는 돈을 받을 수 있기 때문에 이렇게 부른다.

2. 본안전 항변으로 '제척기간'이 경과되었음을 주장한다. 제척기간이란 소멸시효와는 다른 것이다. 소멸시효는 중간에 시효를 중단시킬 수 있으나 제척기간은 중단시킬 수 없으며 정해진 시간이 지나면 권리가 소멸된다. 사해행위취소를 청구할 수 있는 기간은, 사건 발생 후 5년까지이며, 사해행위를 안 뒤로 1년이다. 따라서 피고 입장에서 '사건 발생 5년이 지났는지, 상대방이 사해행위를 안 지 1년이 지났는지' 어느 쪽이든 충족 여부를 따져서 항변을 할 수 있다. 만일 제척기간이 지났다면 소송은 각하된다.

3. 집을 매입한 사촌동생 입장에서 '이건 사해행위가 아니다. 나는 사촌 형님에게서 정상적으로 건물을 샀다.'고 항변하는 방법도 있다. 이때 항변의 핵심은 '나는 사촌 형님과 원고 사이에 그런

일이 있는 줄 몰랐다'라고 '사해행위를 인지하지 못하고 있었음'을 알리는 것이다. 그냥 '몰랐다'고 잡아떼는 것으로는 부족하고, 해당 부동산 구입 과정과 이유가 상식적으로 납득할 수 있어야 한다(살 집이 필요했다면 그 집에 실제로 거주해야 하는 따위). 이를 '수익자, 전득자의 선의의 항변'이라고 한다. 수익자란 사해행위를 통해 수익을 거둔 자, 즉 여기서는 집을 얻은 사촌동생이 되고, 만일 사촌동생이 이 집을 다른 사람(K)에게 팔았다면 그 사람(K)이 '전득자'가 된다. 전득자 역시 피고가 될 수 있으며, 만일 사해행위인 줄 모르고 집을 구입한 게 증명된다면 소송은 끝난다. 한 가지 알아두어야 할 점은, 사해행위취소 소송이 벌어지면 판사는 일단 수익자와 전득자가 해당 사정을 모르고 하지 않았을 것으로 추정한다는 점이다. 이를 '수익자, 전득자의 악의 추정'이라고 한다. 그러므로 피고가 만일 '선의의 항변'을 할 것이라면 적극적으로 주장하고 증거를 대야 한다.

▶ 한편 소송 전에는 무일푼이었던 이채통이 소송 중에 돈이 생겨서 갚을 능력이 되었다면 소 취하를 요청하는 방법도 있다. 사해행위의 본질은, 갚을 돈이 없는 상태가 되어 채권자에게 해를 끼쳤다는 점이다. 그런데 소송 중에 이채통에게 갚을 돈이 생기면 상황이 달라진다. 이제는 돈이 있으므로 채권자에게 갚을 능력이 되면 '증여'는 더 이상 사해행위가 되지 않는다. 따라서 소 취하를 요청할 수 있게 된다. 이때 '소송 중'이란 변론 종결 때까지를 말하는

것으로, 그 전에 채무자(이채통)에게 돈이 생기면 소 취하 요청이 가능하다.

사해행위취소 소송을 진행하기 전에 알아두어야 할 사항

▶ 아래는 법원에서 사해행위취소 소송을 처리하는 방법이다. 각 질문에 '예/아니오'로 응답하면서 소송이 가능한지, 어떤 결론에 도달하는지 체크해 보자.

1. **제소기간(제척기간)을 준수하였나? → 아니오 → 각하(소송 자체가 불가능하다.)**

앞서 제척기간에 대한 설명이 있었다. 그 내용이다. 제척기간은 사해행위 사실을 안 날로부터 1년, 사해행위가 있었던 날로부터 5년까지다. 이 기간이 지나면 소송을 걸 수 없다.

2. **수익자 또는 전득자가 피고인가? → 아니오 → 각하**

위의 사건에서 수익자는 사촌동생이다. 사촌동생이 피고가 되어야 한다는 말이다. 만일 채무자, 즉 공사업자 이채통을 사해행위 취소 소송의 피고로 내세운다면 '사해행위취소의 소송'은 각하된다(구상금청구 소송 등은 가능하다.).

3. **채무자에 대한 금전채권 또는 종류채권을 가지고 있나? → 아니오 → 각하/기각**

금전채권이란 '돈으로 받을 수 있는 채권', 종류채권이란 '쌀 한

가마니를 빌려준 경우'와 같이 '내가 빌려준 그 쌀'이 아니라 시중에서 구할 수 있는 어떤 쌀이든 한 가마니로 갚으면 되는 그런 채권을 말한다. 이런 채권의 경우에만 사해행위취소 소송이 가능하다는 말이다.

그러나 이런 경우를 가정할 수 있다. 만일 김부화가 A에게 집을 팔기로 약정하고, 동시에 B에게도 집을 팔기로 약정하는 경우가 있다. 이를 부동산 이중매매라고 하는데 이 경우 A에게 먼저 팔기로 했으므로 A가 '제1매수인'이 된다. 그런데 B가 소유권이전등기를 먼저 마쳤다면 이때 A에게는 '그건 내 집이야!' 하고 집을 달라고 요청할 수 있는 권리(소유권이전등기 청구)가 생기는데 이런 권리를 '특정채권(다른 집이 아니라 그 집에 대한 채권)'이라고 한다. 보통 이 경우 A는 '김부화와 B 사이의 거래를 취소시키기 위해' 사해행위취소의 소송을 생각할 수 있다. 그러나 이런 경우는 사해행위가 인정되지 않는다. 왜냐하면 특정채권은 사해행위취소의 소에서 말하는 채권이 아니기 때문이다.

한편 채권은 사해행위에 앞서서 생겨야 한다. 즉 이 사건처럼 김부화가 이채통 대신 빚을 갚은 뒤 이채통이 사촌동생에게 집을 팔았다면 이 경우는 '채권이 사해행위에 앞서서 생긴 경우'다. 그러나 반대로 채권이 생기기 전에 집을 판 것이라면 '사해행위취소의 소송'을 걸 수 없다는 말이다. 이 원칙에는 약간의 예외가 있다. 채권이 생기기 전에 집을 판 경우라도, 만일 ① 채권이 생길 수 있는 기초적인 법률관계가 존재하고(이 말은 생각보다 넓게 해석된다. 실제로 계약을 체결하지 않았더라도 계약과 관련된 이야기가 많이 진척되어 조만간 계약이 이루어질 것 같은 경우도 포함된다. 물론 이 계약은 채권이 발생되는 내용이어야 한다.), ② 가까운 장래에 채권이 생길 수 있는 고도의 개연성이 있으며, ③ 그래서 실제로 채권이 생겼다면 사해행위 전에 채권이 생긴 것과 같은 것으로 해석한다.

한편 채권이 없다는 말은 '성립하지 않은 경우'이거나 혹은 '시효가 완성되어 채권이 소멸된 경우'로 나누어 생각할 수 있다. 채권 소멸시효가 완성되었다면 역시 소송은 불가능하다.

4. 채무자의 재산권을 목적으로 하는 법률행위·준법률행위가 있나? → 아니오 → 기각

쉽게 말해 채무자가 자기 재산을 팔아치우거나 공짜로 누군가에게 주었는지 묻는 것이다.

여기서 '재산권'이라는 말은 담보로 제공될 수 있는 것을 말한다. 채무자에게 돈을 받기 위해서는 채무자의 재산이 담보로 되어 있어야 한다. 부동산은 담보가 가능하므로 채무자의 재산권에 해당한다.

'통정허위표시'도 사해행위취소 대상이 된다. '통정허위표시'란 거짓으로 행한 법률행위를 말한다. 예컨대 A가 B와 짜고 가짜로 집을 넘겨주었다고 하는 경우가 '통정허위표시'가 된다. 사해행위에서는 재산을 넘겨준 것 자체는 법적으로 하자가 없다.

그러나 통정허위표시는 재산을 넘겨준 것 자체가 법적으로 하자가 되므로, 만일 통정허위표시의 행위가 사해행위에 속한다면 '사해행위취소'의 대상이 되는 것이다.

한편 사해행위취소의 소는 재산에 입은 손해를 문제 삼는 것이므로 '유골을 돌려줘라'와 같은 비재산적인 내용에 대해서는 소송을 제기할 수 없다.

5. 채무자의 재산처분 이후 채무자는 자신의 재산보다 채무가 더 커지거나 혹은 그렇지 않더라도 채무가 상당한 정도로 커졌는가? → 아니오 → 기각

예컨대 하나밖에 없는 부동산을 매각하거나 혹은 가진 재산으로 채무를 감당할 수 없는 상태에서 유일하게 가진 집을 담보로 제공했거나 혹은 채무를 갚을 능력이 사라질 만큼 재산을 분할하는 경우가 '사해행위'에 해당된다.

이때 채무자의 재산을 따지는 시기가 중요한데 보통 재산처분을 했을 당시와 소송에 들어가서 변론을 종결할 때를 기준으로 삼는다(앞서 설명한 내용이다. 소송 전에는 재산이 없었는데 소송 도중 돈이 생겨서 갚을 능력이 되었는지를 따지는 것이다.).

6. 채무자에게 사해의사가 있나? → 아니오 → 기각

채무자가 재산상에 해를 끼칠 의사가 있었는지 아닌지는 원고가 입증해야 한다. 대개 하나밖에 없는 부동산을 팔았다면 사해의사가 있었던 것으로 추정된다. 즉 원고는 채무자의 재산을 파악하여 '팔아치운 그 부동산'이 전체 재산에서 차지하는 비중을 보여줌으로써 사해의사를 추정할 수 있도록 하면 된다.

그러나 하나밖에 없는 집이라도 수익자(재산을 양수한 자)와 몰래 짜고 한 게 아니며, 수익자에게 갚을 빚이 있어서 변제하기 위해 넘긴 경우라면 사해의사가 있었다고 보기 어렵다. 또한 사업 자금이 부족하여 어쩔 수 없이 집을 팔았다면 이때도 사해의사가 있다고 보기 어렵다.

7. 수익자와 전득자에게 악의가 있나? → 아니오 → 기각

채무자가 재산을 팔아치운 그 사람이 '수익자'다. 수익자가 그 재산을 다시 다른 사람에게 팔았다면 그 사람이 '전득자'다. 수익자와 전득자는 일단 '악의가 있었다'고 추정한다. 여기서 '악의'란 이게 사해행위가 되리라는 것을 알고 있었다는 말이다.

만일 악의가 있었다면, 즉 사해행위라고 인정되면 '원고가 받아야 할 돈'의 범위 안에서 재산처분 행위를 취소하게 된다. 이때 '원고가 받아야 할 돈'에는 이자도 포함된다(사해행위 이후 변론종결시까지의 이자). 예외가 있다. 만일 다른 채권자가 배당을 요구할 게 뻔하거나 혹은 달랑 집 한 채라서 이를 나눌 수 없는 경우에는, 설령 '원고가 받을 돈'보다 액수가 더 큰 재산이더라도 재산처분 행위를 취소해야 한다(대법원 2011다49783 판결).

소송 이후 문제 : 원물 반환(원칙)과 가액 배상(예외)

▶ 사해행위취소의 소송이 원고 승소로 끝나면 피고는 재산을 채무자에게 돌려주어야 한다. 이를 '원물반환'이라고 하는데 이게 원칙이다. 그런데 은행에 돈을 빌리면서 담보로 잡혀서 원물반환이 불가능하거나 아니면 반환이 현저히 곤란하거나 '아니, 내가 이 집의 근저당권으로 설정된 빚을 갚았는데 그러면 내가 갚은 빚은 어떻게 되나?' 하고 공평성에 의심이 든다면 이때는 예외적으로 '가액 배상'을 하게 된다. 부동산의 가치를 따져서 이를 돈(가액 : 물건의 가치를 환산한 금전)으로 돌려주는 것을 말하는데 부동산 가격을 따지는 시점은 사실심 변론종결시, 즉 소송이 거의 끝나갈 때이고, 해당 부동산에 걸려 있는 저당권 등의 채무액은 빼고 지불하게 된다. 가액에 대한 이자도 있는데 판결이 확정된 다음 날부터 연 5%가 적용된다(실무례, 대법원 2007다4004 판결).

사건7 재개발을 위해 건물을 철거해야 하는데 왜 집을 비워주지 않는 건가? _ 건물명도 청구의 소

사건발생 … 재개발을 진행하기 위해 만든 A 조합은 최근 관리처분계획(재개발이나 재건축 등의 정비사업을 시행한 후 땅이나 건물을 분양하기 위해 세우는 계획)의 인가를 얻었다. 이제 건물을 철거하면서 개발사업을 시작해야 하는데 몇몇 사람들(부동산 소유자와 세입자)이 '보상금이 적다'는 이유로 집도 안 비우고 버티고 있다. 이럴 때 A 조합은 어떻게 해야 할까?

▶ 우선 재개발과 재건축의 중대한 차이부터 짚어보자. 재개발의 경우는 조합이 설립되면 부동산 소유자는 무조건 조합원이 된다. 반면 재건축은 조합설립에 동의한 사람만 조합원이 되고, 나머지는 조합설립과 함께 매도청구의 대상이 된다. 집을 팔고 나가야 한다는 말이다. 매도청구의 경우 대개 매매가격에서 적정한 타협을 이루기 어렵기 때문에 조합이 원고가 되어 '소유권이전청구소송'으로 가는 경우가 많다. 법정에서 가격이 정해지는 것이다.

▶ 이 사건은 재개발사업으로, 부동산 소유자는 본래 조합원이 되어야 한다. 그러나 이 사건의 사람들은 조합원이 되는 것도 거부하고 있으며, 집도 비워주지 않고 있는 것이다. 이를 위해 A 조합이

할 수 있는 일은 '건물명도청구 소송'을 제기하는 것이다. 법에 요구하고 있는 것은 '집을 비워달라'는 것으로, 철거가 목적이다.

 건물명도청구 소송에 필요한 요건사실

▶ 건물명도청구 소송을 진행하기 위해서는 '명분'이 필요하다. 그게 '관리처분계획'이다. 이 계획은 건물철거로부터 시작되며, 이를 위해서는 기존 주거자에게 손실을 보상해주어야 한다. 그런데도 만일 건물을 비워주지 않고 철거를 거부하게 될 때 '건물명도청구 소송'이 진행된다. 따라서 이 소송에 필요한 요건사실은 3가지가 된다.

1. 관리처분계획이 인가된 사실
2. 피고에게 손실보상을 한 사실
3. 피고가 건물을 점유하고 있는 사실

 요건사실에 맞게 소장 작성하기

- **청구취지**
  1. 원고에게,
     가. 피고 A는 별지 목록 제1항 기재 건물 75.66㎡를,
     나. 피고 B(* 교회), C는 별지 목록 제2항 기재 건물 848.13㎡를,
     다. 피고 재단법인 D, E는 별지 목록 제3항 기재 건물 231.41㎡를,

각 명도하라.
2. 소송비용은 피고들의 부담으로 한다.
3. 제1항은 가집행할 수 있다.
라는 재판을 구합니다.

▶ 피고는 총 5명이고, 이들에게 집을 비우라고 요청하는 내용이다.

- **청구원인**

1. 원고의 사용·수익권

   (* 부동산의 소유자에게는 사용권, 수익권, 처분권이라는 세 가지 권리가 있다. 만일 소유자가 임차인에게 세를 주면 임차인은 사용권과 수익권을 갖게 된다. 여기서 원고는 개발사업을 진행하는 법인으로 소유자를 대신하여 현재 이 동네 부동산에 대해서 사용권과 수익권을 갖고 있는 셈이다. 그래서 제목에 '원고의 사용권, 수익권'이라는 표현을 썼다.)
   원고는 도시 및 주거환경정비법 제18조에 의해 설립된 특수법인으로 ○○뉴타운지구 제6구역 정비구역(서울 ○○구 ○○동 134-1번지 일대)에 대하여 2006. 12. 15. 도시 및 주거환경정비법 제49조의 규정에 의해 관리처분계획인가를 받았으며(갑 제1호증의 1 참조), 관할청인 서울 ○○구청장은 같은 날 도시 및 주거환경정비법 제49조 제3항에 의해 위 관리처분계획인가에 대한 고시를 하였습니다.(갑 제1호증의 2, 3 각 참조)
   (* 이 내용은 '관리처분계획을 인가받았다'는 것으로, 요건사실을 갖추

기 위해 넣은 내용이다.)

따라서 원고는 도시 및 주거환경정비법 제49조 제6항("제3항의 규정에 의한 고시가 있은 때에는 종전의 토지 또는 건축물의 소유자, 지상권자, 전세권자, 임차권자 등 권리자는 제54조의 규정에 의한 이전의 고시가 있은 날까지 종전의 토지 또는 건축물에 대하여 이를 사용하거나 수익할 수 없다. 다만, 사업시행자의 동의를 받거나 제40조 및 「공익사업을 위한 토지의 취득 및 보상에 관한 법률」에 따른 손실보상이 완료되지 아니한 권리자의 경우에는 그러하지 아니하다.")에 따라 피고 A, B, D에 대해 위 법률에 따른 손실보상을 2013.2.14.경 공탁하여 완료하였습니다.(갑 제2호증 공탁서)

(* 이 내용은 '손실보상을 위해 공탁했다'는 것으로, 요건사실을 갖추기 위해 넣은 내용이다. 다만 피고들이 손실보상금을 받지 않고 거부했기 때문에 공탁, 즉 법원에 돈을 맡긴 것이다.)

2. 피고들의 점유사실

피고 A, B, D는 이 사건 각 건물의 소유자이고 피고 C, E는 세입자로서 관리처분계획인가 고시 후 현재도 위 청구취지 각 건물을 점유하고 있습니다.(갑 제3호증의 1 내지 3 각 참조)

(* 피고들이 부동산을 점유하고 있다는 내용으로 요건사실의 마지막 내용을 갖추기 위해 넣었다.)

3. 피고들의 명도 의무

가. 원고는 위 주택재개발사업관리처분계획인가 및 고시에 의해 피고들이 점유하고 있는 토지 및 건물 등에 대하여 배타적인 사용·수익권을 취득하였습니다.

원고는 2006. 12. 15. 도시 및 주거환경정비법 제49조의 규정에 의해 관리처분계획인가를 받았으며, 관할청인 서울강북구청장은 같은 날 도시 및 주거환경정비법 제49조 제3항에 의해 위 관리처분계획인가에 대한 고시를 하였습니다.

따라서 원고는 도시 및 주거환경정비법 제49조 제6항에 의해 관리처분계획의 인가고시가 있으면 별지 목록 기재 각 건물들에 대하여 손실보상을 한 연후에 당연히 사용·수익을 할 권한을 가지며, 목적물의 종전 소유자 및 임차인들인 피고들은 관리처분계획의 인가 고시가 있고 손실보상을 받으면 별도의 사용·수익정지명령이 없어도 당연히 사용·수익할 권리를 상실하는바, 원고는 시행자로서 위 법령에 의하여 피고들에게 불법점유하고 있는 건물의 명도를 청구할 수 있습니다.

나. 피고들의 명도 거부

현재 피고들은 원고의 노력에도 불구하고 토지수용보상금, 이주비 등이 적다는 이유로 별지 목록기재 각 건물을 점유하면서 명도를 극구 거부하고 있습니다.

(* 피고들이 집을 비워주지 않는다는 사실과, 그들이 집을 비우지 않는 이유가 적혀 있다.)

4. 조속한 명도의 필요성

원고 조합 및 조합원들의 손해가 날로 심해지고 있습니다.

원고 조합은 2006. 9.경 소외 대○물산주식회사(이하 '대○물산'이라 합니다)와 ○○제6구역주택재개발정비사업 공사계약을 체결하였고, 이에 따라 원고 조합의 총 조합원 843여 세대 중 대부분이 이주를 완료하였으며, 원고 조합은 2013. 3.경 관할 ○○구청에서 공사착공신고필증을 교부받을 예정으로 신속하게 공사를 진행해야 할 처지에 있습니다.

원고는 위 계약 제13조에 따라 원고의 책임 하에 최초 이주비대여일로부터 10개월 이내에 사업구역내 거주자의 이주 및 철거를 완료하여 삼○물산의 공사일정에 지장이 없도록 하여야 하는 바, 더 이상 사업진행이 지연될 경우 삼○물산은 제반 사업경비의 대여를 중지하고 공사중단의 조치를 취할 수 있으며 원고는 삼○물산으로부터 계약해제와 아울러 사업경비, 이주비, 대여금 등 원리금상환 및 지연손해배상금청구를 당할 우려가 있습니다. 극히 일부인 이 사건 피고들이 이주를 지연하여 공사진행에 막대한 지장을 초래함으로써 위와 같은 손해는 결국 원고조합 뿐만 아니라 모든 조합원들의 책임으로 귀결되어 선량한 조합원들에게 회복 불가능한 손해를 남기게 될 것입니다.

5. 결론

위와 같이 피고들은 각 점유부분을 명도할 의무가 있으므로, 원고 조합의 긴급함과 피해가 막심하게 발생할 수 있는 사정을 감안하시어 변론기일을 조속히 지정하여 조속한 판결을 부탁드립니다.

- **입증방법**
  1. 갑제1호증의 1   관리처분계획인가서
                 2   관리처분계획인가고시
                 3   관리처분계획인가 알림
  1. 갑제2호증   공탁서
  1. 갑제3호증의 1 내지 3   각 건물등기부등본

피고의 대응 전략

▶ 원고 조합의 성립이나 관리처분계획 총회 결의에 하자가 있다고 항변할 수 있다.

▶ 보상금이 적다고 항변할 수 있다. 그러나 이미 결정된 보상금을 공탁하고 소유권이전등기 등을 받아가게 되면 명도 청구사안에 대한 항변이 되기 어렵다. 이때는 별도로 이의 절차를 밟아 행정소송을 제기하여 보상금을 올려달라고 요구해야 한다.

횡단보도를 건너다 차에 치였습니다
_손해배상청구의 소

사건발생 … 40대 남성 A가 횡단보도를 건너다 달려오던 승용차에 부딪쳐 크게 사고를 당했다. 생명에는 지장이 없었지만 넘어지면서 머리를 부딪쳐 두개골이 깨지고 뇌진탕 증세가 왔다. 손해배상을 청구하고 싶은데 어떻게 해야 할까?

손해배상청구 소송에 필요한 요건사실

▶ 차량 간의 사고조차도 최근에는 변호사를 선임하거나 자문을 구하는 경향이 크다. 보험회사를 믿지 못하기 때문이다. 더욱이 차량과 사람 사이의 사고라면, 특히 피해액이 상당한 액수라면 변호사를 선임하는 게 좋다. 피해자가 앞으로 상대해야 할 사람은 변호사 없이 사고를 수습하려는 일반인 가해자가 아니라 보험회사이기 때문이다. 그럼에도 혼자 소송을 제기해야 하는 입장이라면 아래 요건사실을 잘 기억하자.

1. 자동차를 몰던 중 교통사고가 발생하여 사람이 죽거나 다친 사실
2. 피고가 자기를 위하여 그 자동차를 운행한 사실

3. 손해 발생

▶ 1번의 내용은 사고가 발생했다는 사실이다. 자동차 사고를 비롯하여 모든 손해배상청구에는 사고 발생 사실을 적어야 한다.

▶ 2번은 누구를 피고로 세울 것인가 하는 점이다. 예컨대 회사 차량을 운전하다가 사고를 낸 경우, 차량 운전자에게만 손해를 배상케 할 것인지, 아니면 회사가 책임을 져야 하는지 문제가 될 수 있다. 차량 소유자가 운전대를 잡고 있는 경우라면 '자기를 위하여 자동차를 운행했다'고 보는 데 무리가 없다. 그러나 회사 차량의 경우는 회사의 필요로 운행하는 경우가 대부분이므로 누가 피고가 되는지 문제가 발생한다. 이 문제를 해소하기 위해 가해자가 차량 소유자이자 운전자임을 나타내는 표현을 넣으면 된다는 말이다.

▶ 3번 손해 발생은 구체적으로 어떤 손해가 있는지 따지는 것이다. 직장이 있는 사람이라면 치료비 외에도 치료 기간 동안 수입이 사라지게 된다는 점을 손해로 청구할 수 있다. 나아가 정신적 손해배상, 즉 위자료도 청구가 가능하다.

 요건사실에 맞게 소장 작성하기

- **청구취지**

  1. 피고들은 연대하여 원고 A에게 120,000,000원, 원고 B에게 10,000,000원, 원고 C에게 3,000,000원 및 위 각 금원에 대한 2013. 8. 3.부터 다 갚는 날까지 연 15%의 비율에 의한 금원을 각 지급하라.
  2. 소송비용은 피고들의 부담으로 한다.
  3. 제1항은 가집행할 수 있다.
      라는 판결을 구합니다.

- **청구원인**

  1. 원고들과 피고들의 관계

     원고 A는 이 사건 교통사고의 피해자, 원고 B는 원고 A의 처이며, 원고 C는 원고 A의 아들입니다.

     피고 D는 20모 2000호 승용차의 소유자 겸 운전자이고, 피고 E 화재보험주식회사(이하 '피고 E 회사'라고 합니다.)는 각종 보험 및 재보험의 계약체결과 그 계약에 따른 보험료징수 및 보험금의 지급, 기타 부대사업을 하는 회사이자 피고 D 소유의 위 승용차에 관하여 자동차 종합보험계약을 체결한 보험회사입니다.

  2. 손해배상책임의 발생 - 교통사고의 발생

     피고 D는 2013.5.9.경 20모 2000호 승용차를 운전하여 서울 ○○구 ○○4동 25에 있는 ○○마트 앞길의 1차선을 ○○동에서 ○○동 쪽으로 시속 80km로 운전하는 도중, 전방좌우를 잘 살펴 안전을 확인하면서 운전하여야 함에도 마침 진행방향 우측에서 좌측으로 횡단보도를 건너는 원고 A를 위 차 앞 범퍼로 충격하여 원고 A로 하여금 두개골 골절, 뇌진탕 등의 상해를 입게 하였습니다.

     이에 피고 D는 고의 과실에 의한 피해발생자, 피고 E 회사는 피고 D의 승용차에 관하여 자동차 종합보험계약을 체결한 보험회사로서 원고들에게 정신적, 물질적 손해를 배상할 책임이 있습니다.

3. 손해배상의 범위
가. 연령, 성별, 기대여명

원고는 1972.11.9.생으로 이 사건 사고 당시인 2013.5.9. 현재 41년 6개월 된 신체 건강한 남자로 그 또래 우리나라 남자의 평균 기대여명(* 앞으로 살기를 기대되는 햇수. 기대수명에서 현재 나이를 빼면 된다.)은 38.26년이므로 특별한 사정이 없는 한 80세까지는 생존이 가능합니다.

(* 기대수명이나 기대여명은 통계청에서 해마다 발표하는 자료가 있으므로 참조하여 기록한다. 특히 기대수명이나 기대여명은 매년 조금씩 높아지고 있으므로 최신 자료를 찾도록 하자.)

나. 직업 및 수입

원고는 피고 주식회사 ○선산업의 직원으로서 2009.11.2.경부터 성실히 근무하면서 2013.4월경 전후 3개월 평균월급으로 2,400,000원을 받아 왔습니다.

(* 수입을 계산할 때는 '평균임금'이란 걸 따진다. 사고가 있던 날을 기준으로 이전 3개월간 받은 총수입을 해당 기간의 날짜로 나눈 것을 말한다. 이를 통해 3개월간 하루에 평균 얼마를 벌었는지 알 수 있다. 평균임금은 퇴직금이나 휴업수당, 재해보상 등을 산출하는 기초가 된다.)

다. 노동능력 상실률

추후 신체 감정한 후 제출하겠습니다.

▶ '추후'란 '상당한 기간 후'란 뜻으로, 특정되지 않은 미래의 어느 날을 말한다. 노동능력 상실률 같은 경우 전문의사에게 신체감정을 하여야 그 정도를 알 수 있으므로 '추후'라고 기재한 것이다. 나중에 신체감정이 끝나면 이를 서면으로 제출하게 된다.

▶ '노동능력 상실률'이란 사고로 노동능력을 얼마나 잃었는지 따지는 것을 말한다. 사망이면 상실률이 100%이다. 인대파열, 시력손상 등 다친 정도를 따져서 상실률을 잡는다. 이때 기준이 되는 게 '맥브라이드 장해 평가표'로, 상실률을 따지는 데 지침이 된다(주의 : 장해 평가는 엄격하다. 생각보다 상실률 평가가 낮게 나올 수 있다는 말이다.).

▶ 노동능력 상실률과 관련, 판단하기 애매한 몇 가지 경우가 있다.

- 얼굴이나 목과 같이 겉으로 드러나는 외모에 상처가 생기는 경우는 과연 '노동능력상실'이라고 볼 수 있을까? 만일 상처의 부위나 정도, 피해자 성별이나 나이 등과 관련하여 장래의 직종 선택 등에 영향을 미치는 게 현저하다고 판단되면 '노동능력상실'로 인정한다(이때는 치료 전과 치료 후의 상태에 따라서 상실률에 차이가 있을 수 있다. 치료 전에는 흉한 얼굴로 상실률이 클 수 있으나 치료 후에는 말끔히 치료가 되어 상실률이 적을 수 있다.).
- 발기부전장해의 경우, 이번 사고로 생긴 것인지 판단이 매우

어렵다. 심인성, 즉 마음에서 비롯된 경우에는 더욱 판단에 신중을 기한다.
- 예전에 다쳤던 부위였고, 그래서 계속 치료를 받고 있었거나 혹은 상태가 정상의 70~80% 정도였다면 어떻게 될까? 당연히 과거의 부상(기왕증)이 현재의 부상에 어느 정도 영향을 끼쳤는지 따져서 노동능력 상실률을 계산한다.

다. '가동연한' 및 '일실수익'

원고는 이 사건 사고가 없었더라면 직원으로 60세까지는 가동할 수 있다고 할 것이므로 이 사건 사고 당시를 기준으로 앞으로 원고는 18년 6개월을 월로 환산하면 222개월 동안 위 직종에 종사하여 월평균소득 이상의 소득을 올릴 수 있었으나 이를 상당한 정도 상실하게 되었으므로 위와 같은 사실을 기초로 하여 '월 5/12푼의 중간이자'를 공제한 호프만식 계산법에 따라 일시에 그 현가를 구하면 금376,661,280원(산식=2,400,000원×호프만지수156.9422)이 되나 앞으로 실시한 원고 A에 대한 신체감정결과를 보고 '확장청구' 하기로 하고 우선 그 일부로 1억 원을 청구하고자 합니다.

▶ 가동연한이란 일할 수 있는 나이를 말한다. 한마디로 정년이다. 가동연한은 업종마다 다르고, 상황마다 조금씩 차이를 보인다. 일반적으로 판례에서 인정하는 가동연한이 있다. 이걸 기준으로 삼되 변수에 따라 조금씩 달리 적용하는 게 일반적이다. 판례에서

언급하지 않은 업종의 경우는 유사한 업종을 찾아서 그에 맞게 가동연한을 고려하면 될 것으로 보인다.

| 판례에서 인정하는 가동연한 |

(* 법정 나이는 만 나이를 기준으로 따지며, '30세가 될 때까지'란 '30세 생일까지'라는 말이고, '30세가 끝날 때까지'는 31살이 되는 생일 바로 전날까지를 말한다.)

- 30세가 끝날 때까지 : 호스티스
- 35세가 될 때까지 : 다방종업원
- 35세가 끝날 때까지 : 골프장 캐디, 여성패션모델
- 40세가 될 때까지 : 프로야구 선수(투수), 가수
- 50세가 될 때까지 : 잠수부, 다방카운터 종사자
- 50세가 끝날 때까지 : 술집 얼굴마담
- 55세가 끝날 때까지 : 소 중개업자, 채탄광부, 사진사, 설계사무소 건축보조사, 미용사, 중기 정비업자, 제과점 기술자 겸 경영자
- 57세가 될 때까지 : 민간보육시설 보육교사(대법원 2000다59920 판결)
- 59세가 끝날 때까지 : 보험 모집인(대법원 94다28536 판결)
- 60세가 될 때까지(대다수 직업) : 배차원, 개인회사 이사/전무, 양말제조업자, 목공, 건설회사 기술자, 스티로폼 생산업체 전무, 암자 경영자, 행정서사, 수입상품 판매점 경영자, 사설무용학원을 경영하면서 개인교습을 하는 국악인, 피복판매상, 활어구매 및 운송업자, 콘크리트 펌프카 조수, 가스도소매업자, 다단계 판매회사의 판매원, 특수자동차 운전원, 실내장식 인테리어 디자이너, 민요풍 가수(대법원 91다3888 판결), 의료임가공업종사자(대법원 91다29095 판결), 식품소매업자(대법원 93다12749 판결), 어민(대법원 2003다32162 판결), 농업종사자(대법원 96다25852 판결)
- 60세가 끝날 때까지 : 개인택시 운전사(대법원 29다35243 판결)
- 63세가 될 때까지 : 농업종사자(대법원 96다49360 판결)
- 63세가 끝날 때까지 : 농업종사자(대법원 92다18573 판결)

- 65세가 될 때까지 : 간호학원 강사, 플라스틱 제조업자, 지물포 소매업 종사자, 소규모 주식회사 대표이사, 예술가, 수산물중개인(92다38034 판결), 소설가(대법원92다43722판결),농업종사자(96다46491 판결), 의사/한의사(대법원 96다54560 판결), 약사(대법원 2008다3619 판결), 치과의사(대법원 95다1361 판결)
- 70세가 될 때까지 : 법무사(대법원 92다7269 판결), 변호사(대법원 92다37642 판결), 목사(대법원 96다426 판결)

* 농업종사자 : 60~65세까지 / 농업종사자의 경우 소송 당시 나이가 50대 초반에서 60대 초반까지 다양했는데 이런 연령을 고려하여 그때마다 조금씩 다른 나이를 인정하고 있다.

▶ 소장에 '일실수익(逸失收益, 혹은 일실수입)'이란 표현이 등장하는데 정확한 표현으로는 '일실이익'이라고 한다. '사고만 없었다면 벌 수 있는 수익'을 말한다. 그 기준은 '평균임금'이 된다. 그러나 평균임금이 다 지급되는 것은 아니고, 위 소장에서처럼 '중간이자'가 빠지고 지급된다. 월급은 한 달에 한 번 받지만 소송에서는 한 번에 다 배상을 청구하고 지불해야 한다. 목돈이 움직이니까 이자가 발생할 수밖에 없다. 그 이자는 지불액에서 빠지게 된다. '호프만식 계산법'은 법원에서 정한 중간이자 계산법이고, 보험약관은 '라이프니츠계수'를 사용한다(소송으로 가면 '호프만식', 소송 이전에 마무리하면 '라이프니츠계수'를 따라야 한다는 말). '호프만식'은 단리를 적용한 방법이고, '라이프니츠계수'는 복리를 적용한다. 이자를 공제하고 배상을 받아야 하는 입장에서는 최소한 금전적인 면에서는 호프만식이 유리하다.

| 일실이익을 따질 때 참조할 내용 |

- 피해자가 사업소득자인 경우 : 회사 사장이 피해자인 경우 '총수입액'으로 일실이익을 따지는 게 아니다. 총수입액에서 '투자자본에 대한 자본수입', '종업원 월급' 등을 빼고 일실이익을 계산한다. 또한 '임금구조기본통계조사보고서' 상의 통계 소득은 '근로자'의 소득을 추정하는 기준이므로 '사업자'에게 곧바로 적용할 수 없다.
- 실제로 받는 수입(실수입)이 일용보통노임보다 낮은 경우, 일용보통노임을 적용한다.
- 시중노임단가의 적용은 조사시점을 기준으로 하여 각 연도별 5월 1일(같은 해 9월 1일 공표)과 9월 1일(다음 해 1월 1일 공표)을 기점으로 변경된 노임을 적용한다. 즉 8월에 사고가 났다면 아직 9월이 되지 않아 발표되지 않았지만 5월 1일자로 변경된 노임을 적용한다.
- 가동기간(가동연한)의 시점은 성년이 된 때부터이고, 남자의 경우 병역의무 복무기간은 가동기간에서 제외된다.

▶ 한편 피해자가 사망한 경우에는 손해배상금에서 공제되는 항목이 하나 더 생긴다. '생활비 공제'라는 것인데, 사망자는 생활이 불가능하므로 생활비에 해당하는 액수만큼 빼고 주는 것이다. 보통 생활비는 수입의 1/3 정도로 추정하므로 그만큼이 빠지게 된다.

▶ 손해배상이 산재보험과 겹치는 경우가 있다. 이때는 겹치는 항목에 대해서 공제가 가능하다.

▶ 이 소장에는 '확장청구'라는 표현이 있다. 소장을 제기한 시점에서 얼마나 다쳤는지 명확하지 않은 경우가 있다. 또 이 사건 말고도 이혼소송 등에서 상대방의 잘못이 추가적으로 발견되거나 상대방의 재산이 추가적으로 드러나는 경우도 있다. 이때 소장을 작성했을 때와 상황이 달라졌으므로 '청구취지를 변경하겠다'고 신청할 수 있게 된다. 이를 '청구취지변경' 혹은 '청구취지확장' 등으로 부른다. 이 사건에서 월급 240만 원을 가동연한으로 곱하여 약 3억 7천만 원을 언급하면서도 실제 청구액은 1억 원인 이유가 이 때문이다. 추가적으로 피해가 확인되면 액수에 변동이 있을 수 있기 때문에 나중에 '확장청구하겠다'고 적어둔 것이다. 물론 청구액이 달라지므로 인지대를 더 내야 한다(반대로 청구액이 감소할 때는 인지대가 그대로 적용된다.).

▶ 한편 피해자가 치료를 받지 않아서 치료비를 산정하기 어려운 때가 있다. 그러나 감정결과 언젠가는 꼭 받아야 할 치료라고 인정되면 설령 피해자가 변론종결 이전에 실제로 치료받지 않았다 하더라도 치료비로 인정되는 경우도 있다.

마. 개호비 등
　개호비와 향후 치료비 등 원고 A에 대한 신체 감정 후 청구하겠습니다.

▶ '개호비'란 간병인을 쓸 때 발생하는 비용을 말한다. 개호비를 책정할 때 법원은 일반적으로 다음과 같은 기준에 따라서 판단을 내린다(모든 사건에 똑같이 적용되는 기준이 아니므로 주의를 요한다.).

- 1일 8시간을 기준으로 한다.
- 중환자실 입원기간은 제외한다.
- 간병인 인원 계산
    - 의식 있는 사지완전마비 : 1인(계속적 체위 변경 등이 필요한 경우 1.5인)
    - 완전식물인간 : 2인
    - 상지마비 또는 하지마비 : 0.5인

4. 위자료

이 사건 사고로 원고 A는 평생 불구의 몸이 되어 경험칙상 그 정신적, 육체적 고통은 이루 말할 수 없습니다. 그리고 원고 B는 원고 A의 배우자로서 원고 A의 치료를 보조하고 가정 경제를 사실상 책임질 위치에 있어 그 정신적 고통 또한 상당하다고 하겠습니다. 또 원고 C는 원고 A의 아들로서 부친이 불구의 몸이 되고 원고 C를 제대로 훈육할 수 없게 되어 그 정신적 고통 또한 상당하다고 하겠습니다.

그러므로 원고들의 피해를 금전으로나마 위자할(* 위로하고 도와주다) 의무가 있는바 원고 A에게는 금50,000,000원, 원고 B에게는 금10,000,000원, 원고 C에게는 금3,000,000원이 상당합니다.

5. 결론

그렇다면 피고들은 연대하여 원고 A에게는 금150,000,000원, 원고 B에게는 금10,000,000원, 원고 C에게는 금3,000,000원을 지급할 의무가 있습니다.

▶ 위자료는 어떻게 계산될까? 현재 법원은 교통사고나 산재 등으로 사망한 경우 1억 원의 위자료를 상한선으로 보고 있다(2015년 3월 기준). 이를 기준으로 놓고 다친 정도를 따져 위자료를 청구하는 게 일반적이다. 이 사건에서는 다친 정도가 50% 정도라고 보고 5천만 원을 청구한 것이다. 한편 가장의 사고로 가족이 고통에 빠졌으므로 아내와 자녀에게도 각각 위자료를 지급하라고 청구하고 있다. 가족들의 위자료 산정은 특별히 기준이 있는 것은 아니고 피해자와의 관계, 친밀의 정도 등을 감안하여 청구한다.

| 상한선 1억 기준일 때 일반적인 위자료 계산 방법 |

= 1억 원 × 노동능력상실률 × (1−피해자 과실×60%)
예) 노동능력상실률이 20%(2/10), 피해자 과실이 20%(2/10)인 경우, 받을 수 있는 위자료는 다음과 같이 구한다.
100,000,000 × 0.2 × (1−0.2×0.6)
= 17,600,000

> * 무보험차상해보험에 기한 보험금 청구 : 일반 교통사고로 인한 손해배상과 달리 약관에 따라 보험금을 산정한다(중간이자는 라이프니츠계수 적용하여 공제한다.).

▶ 형사합의를 해주는 경우가 있다. 만일 형사합의금을 주었다면 민사합의금은 줄 필요가 없을까? 이 경우는 형사합의금을 줄 때 '이게 위자료인지 아닌지' 정확히 명시되었느냐, 명시되지 않았느냐에 따라 달라진다. 만일 '위자료로 지급된 것이 명시되지 않은 경우'에는 나중에 민사소송에서 손해배상금을 줄 때 그만큼을 빼게 된다. 반면 형사 위자료로 지급한 것이라고 명시된 경우에는 민사소송에서 위자료를 산정할 때 '어, 전에 형사합의를 하면서 위자료를 준 적이 있구나' 하고 참고하는 자료가 될 뿐이다.

⚖️ 피고의 대응 전략

1. **면책** : "피해자의 고의나 자살행위로 사고가 났다."
2. **책임무능력** : "운전자인 피고는 당시 책임을 인식할 지능이 없는 미성년자였거나 심신상실 상태에 있었다." 책임무능력이 인정되면 책임을 물을 수 없게 된다.
3. **운행자 지위 상실** : 차를 운전한 사람과 차의 소유자가 다른 경우가 있다. 이때 소유자가 '운행자'라는 지위에 있다면 소유자 역

시 책임을 져야 한다. '운행자'는 '운행지배'와 '운행이익'을 가진 자라고 법률에서는 정의한다. 운행지배는 차를 소유하고 사용하며 관리하는 등 차를 자기 뜻대로 처분할 수 있는 경우를 말한다. 직접 '지배'하는 경우뿐 아니라 간접 '지배'의 경우도 운행지배로 본다. 예컨대 아들에게 차를 맡겨 출퇴근용으로 쓰게 하는 경우도 아버지가 여전히 차에 대한 지배권을 갖고 있다면 그가 '운행자'인 것이다. 운행이익이란 운행을 통해서 얻는 이익을 말한다. 택시회사의 사장은 기사들에게 택시를 운전하게 하고 그에 따른 이익을 함께 누린다. 이뿐 아니라 정신적인 만족감도 운행이익에 포함된다. 따라서 소유자가 운행자의 지위에 있다면 설령 차를 운전하지 않았더라도 차량 사고에 대해서 책임을 지도록 되어 있다.

그럼, 운행자 지위 상실을 주장할 수 있는 때는 언제인가? 차량을 훔친 사람이 사고를 낸 경우가 대표적이다. 혹은 전 시아버지의 차량을 몰던 전 며느리의 사례가 있다(이혼했으므로 '전 시아버지'). 전 며느리의 친구가 차를 빌려달라고 요구했으나 전 며느리가 거부하자 무단으로 친구가 몰고 나갔다가 사고가 난 경우이다.

또한 사고 자동차를 제3자에게 매각했거나 혹은 수리를 의뢰했다가 자동차공업사에서 사고를 낸 경우라도 운행자의 지위를 상실한 것으로 본다.

4. 소멸시효 : "손해 및 가해자를 안 날로부터 3년이 지났다." 혹은

"사고가 난 때부터 10년이 지났다."

5. 과실상계 : "원고에게도 손해발생에 과실이 있다." 자동차 사고가 나면 '100대 0'은 거의 없다고 한다. 상대도 일말의 잘못은 있다는 말이다. 그렇다면 서로 과실이 있으므로 그만큼 빼고 주는 것이 '과실상계'다.

6. 손익상계 : "이번 사고로 원고에게 이득이 생겼으므로 이를 공제해야 한다." 가해자로부터 합의금을 받았거나 산재보험금 등을 탄 경우, 중복되는 항목이 있으면 보험회사는 이를 빼고 지급한다. 이를 손익상계라고 한다. 사망자의 경우 생활비 명목으로 1/3을 빼는 것도 손익상계에 해당한다(사망자는 생활비가 들지 않으므로 보험금을 타는 사람에게 이익이 있다고 보는 것이다.).

7. 위법성 조각 : 정당방위나 긴급피난, 자력구제, 정당행위에 해당하는 경우에는 설령 행위 자체가 범죄 구성 요건을 갖추었더라도 위법성이 없다고 판단한다. 이를 '위법성 조각'이라고 한다. 환자를 실은 응급차가 접촉사고를 내고 도주하는 경우가 있다. 법원은 이런 경우 응급차에 타고 있는 환자의 상태와 접촉사고 피해의 경중, 환자 이송을 마친 뒤에 응급차 운전자의 대응 등을 따져 위법성 조각 사유에 해당한다고 보면 '뺑소니'에 대해서는 무죄로 판단한다. 사고에 대한 과실 여부만 따진다는 말이다.

사건9 산업재해에 이어 의료사고까지 당했습니다
_ 손해배상청구의 소

사건발생 … A는 공사장에서 일을 하다가 미끄러져 머리를 다쳤다. 병원에 후송되어 치료를 받던 중 수혈 과정에서 문제가 발생, 뇌출혈까지 일으켰다. 이런 경우에는 어떻게 해야 할까?

손해배상청구 소송에 필요한 요건사실

▶ 사건 8과 같이 손해배상청구 소송이다. 요건사실도 흡사하다. ① 재해가 발생해야 하고, ② 이로 인해 피해를 입은 사람이 있어야 한다. 그리고 ③ 직접적인 가해자가 없더라도 타인의 과실이 있어야 한다(책임 질 사람이 있어야 한다는 말.). 이를 다음과 같이 정리할 수 있다.

1. 원고가 재해(산업재해, 의료사고)를 당한 사실
2. 피고의 고의 또는 과실이 있는 사실
3. 손해가 발생한 사실

▶ 여기서는 사건 8과 중복되는 내용은 빼고 필요한 부분만 살펴보자.

요건사실에 맞게 소장 작성하기

• **청구취지**

1. 피고들은 공동하여 원고 A에게 금120,000,000원, 원고 B에게 금30,000,000원, 원고 C에게 금5,000,000원 및 각 이에 대하여 2013.8.3.경부터 다 갚는 날까지 연 15%의 비율에 의한 금원을 지급하라.
2. 소송비용은 피고들의 부담으로 한다.
3. 제1항은 가집행할 수 있다.
라는 판결을 구합니다.

• **청구원인**

1. 원고들과 피고들의 관계
   원고 A는 피고 주식회사 D와 피고 의료법인 E에서 직접 피해를 입은 피해자이고, 원고 B는 원고 A의 처이며, 원고 C는 원고 A의 아들입니다. 피고 주식회사 D는 토목, 건축업을 하는 법인으로 원고 A의 사용자이고, 피고 의료법인 E는 원고 A가 피고 주식회사 D로 사고를 당하여 입원한 병원으로 원고 A를 치료한 정형외과 전문의 소외 F의 사용자입니다.

▶ 관계를 밝히는 대목이다. 공사장 사고의 책임자는 개인인 가해자와 회사가 되며, 의료사고의 민사 책임자는 가해 의사뿐만 아니라

의사를 고용한 의료법인이 된다. 그런데 회사나 의료법인이 책임을 담보하는 경우, 이 사건처럼 가해자나 의사를 직접 피고로 세우지 않는 경우도 있다.

2. 손해배상책임의 발생

가. 산업재해사고 발생

원고 A는 2013.5.9.경 서울 ○○구 ○○4동 10에서 근린생활시설의 신축공사를 하던 중 3층에서 전선관을 설치하다 가설한 발판에 미끄러져 10미터 높이의 지하로 추락하여 우측 슬관절(* 무릎 관절) 전방십자인대 결손 등의 중상을 입었습니다.

피고 주식회사 D는 위와 같은 작업을 하기로 하였으면 가설한 발판을 고정시키거나(* 작업대 관리 문제를 지적하는 내용) 다른 작업자로 하여금 움직이지 않도록 붙잡도록 해야 함에도(* 작업 감독상의 책임을 지적하는 내용) 이를 게을리 하였습니다. 즉 위 피고는 위 작업재의 소유자이자 점유자로서 공작물인 작업대의 설치 보존 관리를 게을리 하여 하자가 생기도록 방치했으며, 동시에 피용자의 작업 감독상의 과실을 저질렀습니다. 이 두 과실이 경합하여 이 건 사고에 이르게 하였습니다(* 한 명이 두 가지 이상의 잘못을 저질렀을 때 이를 '경합한다'고 표현한다. 즉 피고가 작업대 관리 소홀과 감독 소홀이라는 두 가지 문제에 책임이 있다고 주장하는 것이다.).

나. 의료사고 발생

소외 F는 2013.5.10.경 위 병원에서 원고에 대한 수술을 집도했습니다. 당시 출혈이 많으므로 혈액을 보충하기로 했는데 같은 혈액형이더라도 거부반응이 있는지 확인하여야 함에도 이를 게을리 하고, 옆에서 보조하던 간호보조사 소외 G로 하여금 B형 혈액을 수혈토록 하여 원고 A로 하여금 뇌출혈 등의 상해를 입게 하였습니다.
피고 의료법인 E는 소외 F가 수혈과정에서 정한 방식대로 하여야 함에도 이를 감독하지 못한 잘못이 있어 그 사용자로서 책임을 면할 수 없습니다.

3. 손해배상 범위

가. 연령, 성별, 기대여명

원고 A는 1972.11.9.생으로 이 사건 사고 당시인 2013.5.9. 현재 41년 6개월 된 신체 건강한 남자로, 그 또래 우리나라 남자의 평균 기대여명은 43년이므로 특별한 사정이 없는 한 84세까지는 생존이 가능합니다.

나. 직업 및 수입

원고 A는 피고 주식회사 F의 직원으로, 2009.11.2.경부터 성실히 근무하면서 2013.4월경 전후 3개월 평균월급으로 2,400,000원을 받아 왔습니다.

다. 노동능력 상실률

추후 신체 감정한 후 제출하겠습니다.

라. 가동연한 및 일실수익

원고는 이 사건 사고가 없었더라면 직원으로 60세까지는 가동할 수 있다고 할 것이므로 이 사건 사고 당시를 기준으로 앞으로 원고는 18년 6개월, 즉 월로 환산하면 222개월 동안 위 직종에 종사하여 월 평균소득 이상의 소득을 올릴 수 있었으나 이를 상당한 정도 상실하게 되었으므로 위와 같은 사실을 기초로 하여 월 5/12푼의 중간이자를 공제한 호프만식 계산법에 따라 일시에 그 현가를 구하면 금 376,661,280원이 되나 앞으로 실시할 원고 A에 대한 신체감정결과를 보고 확장청구하기로 하고 우선 일부를 청구하고자 합니다.

마. 개호비 등

개호비와 향후 치료비 등 원고 A에 대한 신체감정 후 청구하겠습니다.

4. 위자료

이 사건 사고로 원고 A는 평생 불구의 몸이 되어 그 정신적, 육체적 고통은 이루 말할 수 없습니다. 그리고 원고 B는 원고 A의 배우자로서 원고 B의 치료를 보조하고 가정 경제를 사실상 책임질 위치에 있어 그 정신적 고통 또한 상당하다고 하겠습니다. 또 원고 C는 원고 A의 아들로서 부친이 불구의 몸이 되고 원고 C를 제대로 훈육할 수 없게 되어 그 정신적 고통 또한 상당하다고 하겠습니다.

그러므로 원고들의 피해를 금전으로나마 위자할 의무가 있는바 원고 A에게는 금50,000,000원, 원고 B에게는 금10,000,000원, 원고 C에게는 금3,000,000원이 상당합니다.

5. 결론

피고들은 액수미상의 손해를 공동하여(* 피고가 둘 이상인 경우에 누가 얼마를 낼 것인지 액수를 정하지 않았기 때문에 이렇게 표현한 것이다.) 원고들에게 각 지급할 의무가 있으나 그 일부로 청구취지 기재와 같이 이 사건 소에 이르렀습니다.

피고의 대응 전략

▶ 원고의 상해에 대하여 고의나 과실 혹은 인과관계가 없거나 적다고 주장하는 방법이다. 이 사건처럼 가해자가 둘 이상인 경우를 '공동불법행위자'라고 하는데, 나의 과실 비율을 줄이는 것이 포인

트가 될 수 있다. 물론 피고들이 공동불법행위자가 되면 설령 피고 중 한쪽인 A가 거의 과실이 없더라도 원고는 A에게 배상책임의 전부를 요구할 수 있다. 단, A는 자기 과실 비율을 넘어 손해배상을 한 경우, 다른 공동불법행위자 B에게 B의 과실 비율에 따라 구상금을 청구할 수 있다.

▶ 원고의 과실을 일부 찾는 방법과, 기존에 다쳤던 증상을 찾아서 액수를 줄이는 방법이 있다.

1. **과실상계** : 원고의 과실을 찾아내서 지불할 금액에서 일부를 공제하기 위한 방법이다. "원고도 사고를 미연에 방지하도록 비계(* 건축공사를 할 때 높은 곳에서 일할 수 있도록 설치하는 임시가설물) 등을 설치하고 작업하거나 만일 설치되어 있지 않는 등 안전이 확보되지 않으면 작업을 하지 않을 의무가 있는데 이를 하지 않았다."

2. **기왕증 항변** : 기왕증은 사고 전부터 앓고 있는 병이나 사고로 입은 상처 등을 말한다. "원고는 지난 번 교통사고로 온 몸을 크게 다쳤다. 그게 없었다면 이번에 이 정도로 다칠 리는 없다."

사건10 유산을 받지 못했습니다
_유류분 청구의 소

사건발생 … A는 남편이 이른 나이에 죽자 자식도 없이 힘들게 살았다. 그러다 얼마 전 시어머니가 사망했다는 소식을 접했다. 그런데 주변에 들어보니 '죽은 아들의 처라도 며느리라면 유산을 받을 권리가 있다'고 하는데 왜 내게는 한 푼의 유산도 주지 않는단 말인가? 이럴 때는 어떻게 해야 할까?

유류분 청구 소송에 필요한 요건사실

▶ '옆집 사는 아무개에게 재산의 9할을 주어라'고 유언을 남겨서 재산을 처분하는 경우, 이를 '유증'이라고 한다. '유언에 의한 증여'라는 말이다. 그런데 유언장 어디에도 자식에게 돈을 남긴다는 얘기가 없는 경우, 정말 자식들은 빈손으로 돌아가야 할까? 민법은 이런 불합리를 사전에 막기 위해 1978년부터 '유류분'이라는 제도를 시행하고 있다. 법정상속인의 신분이라면 신분에 따라 재산의 일정한 비율만큼 받을 수 있도록 만든 장치다.

▶ 만일 상속인인데도 ① 한 푼의 재산도 못 받았거나 ② 법적으로 정해진 유류분보다 적게 받았다면(동시에 유류분보다 많은 재산을 받

은 자가 있다면) 그때 '유류분반환청구 소송'이 가능하다. 이 경우 피고는 유류분보다 더 많은 재산을 받은 사람이 된다. 이를 바탕으로 요건사실을 정리하면 다음과 같다.

1. 원고가 상속인인 사실
2. 원고가 유류분보다 적게 상속받은 사실
3. 피고가 유류분보다 많은 재산을 상속받은 사실

▶ 한편 이 사건에서 원고는 '대습상속인'이 된다. 상속인인 아들이 사망한 경우, 아들의 처나 자식이 대습상속인이 되어 유산을 받는다. 다만 재혼을 하게 되면 대습상속인의 지위를 인정받지 못하며, 만일 상속인(아들)과의 사이에 자녀가 있었다면 자녀가 대습상속인이 된다. 다만 이 사건은 원고가 재혼한 사실이 없고, 자녀가 없다는 특수한 점이 있다. 아마 그런 이유로 유산 상속에서 제외되었던 것으로 보인다. 그러나 대습상속인 지위만 인정받을 수 있다면 유류분 상속을 받을 수 있다.

 요건사실에 맞게 소장 작성하기

- **청구취지**

  1. 원고에게
     피고 박성희는 금40,000,000원, 피고 서강순은 금67,000,000원, 피고 박희종, 박희주, 박희현은 각 금9,000,000원, 피고 박수현, 박희진은 각 금23,000,000원 및 이에 대하여 이 사건 소장 부본 송달일 다음 날부터 다 갚을 때까지 연 15%의 비율에 의한 금원을 지급하라.
  2. 소송비용은 피고들의 부담으로 한다.
  3. 제1항은 가집행할 수 있다.
     라는 재판을 구합니다.

▶ 유산 관련 문제는 등장인물이 많다. 이 소송의 피고는 총 7명으로, 피고 박성희는 원고의 시누이이고, 서강순은 원고의 동서다. 박희종, 박희주, 박희현, 박수현, 박희진은 모두 원고의 시댁 조카들이다. 서강순의 남편 박성보(차남)는 생존해 있다. 따라서 박성보의 처인 서강순과, 자녀인 박희종, 박희주, 박희현은 상속인이 아니다. 박수현, 박희진은 사망한 4남 박성후의 자녀들로 대습상속인의 지위에 있다.

- **청구원인**

  1. 당사자들의 신분관계
     가. 소외 망(* 사망자 앞에 붙이는 단어) 정상순(시어머니)은 소외 망

박수일(시아버지)과 1934.10.19. 혼인하여, 그 사이에서 장남 망 박성근, 차남 박성보, 3남 박성구, 4남 박성후, 장녀 박성숙, 차녀 박성희(피고) 등 4남 2녀의 자녀를 두었습니다. 소외 망 정상순(시어머니)는 2003.11.26. 사망하고 소외 망 박수일(시아버지)은 1997.5.14. 사망하였습니다.

위 장남 망 박성근은 1976.1.19. 원고(며느리 1)와 혼인하여 그 사이에 자녀를 출산하지 못한 채 1987.6.30. 사망하였으며, 차남 박성보는 1983.12.12. 피고 서강순(며느리 2)과 혼인하여 피고 박희종, 박희주, 박희현을 출산하였으며, 4남 박성후는 1977.5.18. 김희순(며느리 3)과 혼인하여 그 사이에서 피고 박수현, 박희진을 출산한 후 1979.8.4. 사망하였습니다.

나. 따라서 위 박수일(시아버지)의 법정상속인들로는 원고와 소외 망 정상순(시어머니), 박성숙(장녀), 박성보(차남), 피고 박성희(차녀)가 있고, 이미 사망한 아들인 위 박성근의 처인 원고, 위 박성후(4남)의 유처 김희순(며느리 3)과 자녀들인 피고 박수현(4남의 자녀 1), 피고 박희진(4남의 자녀 2)이 각 대습상속인(* 상속자인 아들이나 형제가 이미 사망한 경우 아들과 형제들의 자녀가 대를 이어 상속한다. 그 자녀를 '대습상속인'이라고 한다.)이 된다 할 것입니다. 또 위 정상순(시어머니)의 법정상속인으로는, 위 박수일(시아버지)의 법정상속인에서 위 정상순(시어머니)을 제외한 박성숙(장녀), 박성희(차녀), 박성보(차남), 박성구(3남), 원고(며느리 1), 김희순(며느리 3), 피고 박수현(4남의 자녀 1), 피고 박희진(4남의 자녀 2)이 된다 할 것입니다.

▶ 집안의 관계를 보여주고 있다. 박수일(시아버지)과 정상순(시어머니) 사이에는 4남 2녀가 있는데 이 가운데 장남과 4남이 사망했으

므로 장남의 처(원고)와 4남의 처(김희순), 그리고 4남의 자녀(박수현, 박희진)가 대습상속인임을 밝히고 있다.

다. 그런데 망 정상순(시어머니)은 1998.4.15.경 ○○시 ○○리 산18 임야 19,240㎡를 피고 서강순(며느리 2), 박희종(차남의 자녀 1), 박희주(차남의 자녀 2), 박희현(차남의 자녀 3)에게 각 1/4씩 증여하였습니다.

▶ 문제의 단초가 여기서 등장한다. 차남의 처인 서강순(며느리 2)과 차남의 자녀 박희종, 박희주, 박희현은 차남이 생존해 있으므로 대습상속인이 아니다. 그런데 정상순(시어머니)이 그들에게 땅을 증여했다. 증여를 통해 재산을 분할하고 난 뒤 남은 재산이 없어서 원고가 유산을 한 푼도 못 받았다면 어떻게 될까? 일단 소장을 통해 자세한 내막을 살펴보자.

2. 원고의 상속분 및 유류분

가. 원고는 위 박성근(죽은 장남)의 처로 망 박수일(시아버지)이나 망 정상순(시어머니)에게 있어 민법제1001조에 따른 피상속인(* 상속인에게 상속을 하는 사람, 즉 부모를 말한다. 여기서는 박수일, 정상순')의 직계비속(* 자기로부터 내려가는 자손. 아들/딸, 손자/손

녀, 증손, 현손 등. 여기서는 '장남 박성근'을 말한다.)의 배우자로 망 박성근(죽은 장남)의 대습상속인이 되었습니다(* 대습상속은 직계비속의 사망 후 남은 가족의 생계를 위해 만든 제도다.).

그 결과 원고는 유증(* 유언으로 증여한 것) 등 특별한 사정이 없는 한 망 박수일(시아버지)이나 망 정상순(시어머니)의 상속재산에 대하여 상속지분이 망 박수일(시아버지)의 경우 2/13, 정상순(시어머니)의 경우 1/6이 됩니다.

산식 :

- 피상속인 망 박수일의 경우 : 1/13=1/(배우자 정상순 상속분 1.5 + 자 상속분 6명×1)×1/2(유류분)
  {* 배우자 상속분 : 망 정상순 1.5 / 자(子) 상속분 : 망 박성근, 박성후, 박성보, 박성희, 박성숙, 박성구 각 1}
- 피상속인 정상순의 경우 : 1/12=1/(자 상속분 6명×1)×1/2(유류분)
  {* 자(子) 상속분 : 망 박성근, 박성후, 박성보, 박성희, 박성숙, 박성구 각 1}

▶ 법에서 정하는 상속 순서가 있다.

    1순위 : 사망자의 직계비속(사망자에게서 직접 아래로 내려가는 가족. 아들/딸, 손자/손녀, 증손, 현손 등)

    2순위 : 사망자의 직계존속(사망자에게서 직접 위로 올라가는 가족. 아버지/어머니, 할아버지/할머니, 증조부모 등)

    3순위 : 사망자의 형제자매

4순위 : 사망자의 4촌 방계혈족

▶ 자식이 있다면 자식에게 우선순위가 돌아간다. 자식이 없으면 손자에게 간다(1순위 직계비속). 손자 이하 증손 또한 없다면 그때는 아버지나 어머니로 간다(2순위 직계존속). 아버지나 어머니가 없으면 할아버지, 할머니로 가고 조부모뿐 아니라 증조부모도 없으면 사망자의 형제(3순위)에게 간다. 형제가 없다면 큰아버지나 작은아버지 등 사망자와 4촌 이내의 방계혈족(4순위)에 돌아간다.

▶ 법정상속분이란 사망자가 따로 유언을 하지 않은 경우 재산을 어떻게 나눌 것인지 법을 통해 정해놓은 유산 분할 방식이다. 이에 따르면 순위가 같은 경우, 균등으로 나눈다. 즉 자녀가 10명이면 자녀 각자는 1/10씩 받게 된다. 한편 사망자의 배우자는 어떻게 될까? 배우자가 만일 직계비속, 즉 자식들과 공동으로 상속하는 입장일 때는 자식들보다 0.5를 더 받는다(자식이 1이라면 배우자는 1.5가 된다.). 위 산식에서 배우자 상속분이 1.5인 이유가 여기 있다. 한편 직계존속과 공동으로 상속하는 경우에도 똑같이 0.5를 더 받는다.

나. 또한 원고는 망 박성근(죽은 장남)의 처로서 적어도 민법제1112조 이하에 따른 유류분을 대습상속하게 되었는바, 망 박성근(죽은 장남)은 망 박수일(시아버지)이나 망 정상순(시어머니)의 자식으로 직계비속이므로 민법제1112조에 따라 그 법정상속분의 1/2의 유류분을 갖는다고 할 것입니다.
그 결과 망 박수일(시아버지)의 상속재산의 경우 1/13, 망 정상순의 상속재산의 경우 1/12의 비율에 의한 상속을 받을 권리가 있었습니다.

▶ 〈가〉 항목은 법정상속분에 대한 이야기이다. 재산에 관한 유언 없이 사망한 경우, 법이 대신 나서서 상속을 정해주는 기준이 된다. 그런데 사망자가 유언을 통해 특정 자식에게 재산을 몰아준 경우가 생기면 나머지 자식들은 어떻게 될까? 남은 가족의 생계를 보장하기 위해 법률은 '유류분'이라는 장치를 마련해 두었다. 〈나〉 항목이 유류분에 대한 이야기이다.

▶ 만일 내가 받은 유산이 유류분보다 많으면 유류분반환 청구 소송은 걸 수 없다. 반대로 내가 받은 유산이 유류분보다 적으면 그때는 유류분만큼 달라고 유류분보다 더 많이 받은 공동상속인(상속을 함께 받는 사람들)에게 반환 청구를 하게 된다.

▶ 유류분은 법정상속분의 1/2에 해당한다(직계비속과 배우자는 법정상

속분의 1/2, 직계존속과 형제자매는 법정상속분의 1/3. 한편 4촌 방계는 유류분을 요구할 수 없다.). 따라서 〈나〉 항목에서 원고는 '내가 받을 유류분은 얼마'라고 밝히는 것이다.

▶ 그런데 왜 〈가〉 항목과 〈나〉 항목으로 나누어서 소장을 작성한 것일까? 문제의 핵심은 유증(유언으로 증여한 재산)에 있다. 원고는 유증이 있는지 없는지 현재 모르는 상태다. 만일 유증이 없다면 법정상속분을 따르면 되고, 유증이 있어서 누군가에게 재산이 갔다면 유류분만큼 받으면 되기 때문이다. 그래서 〈가〉와 〈나〉로 구분해서 자신이 받아야 할 비율이 얼마인지 밝히고 있다.

▶ 한편 법정상속분이든, 유류분이든 시아버지 사망 시의 것과 시어머니 사망 시의 것으로 구분하고 있음을 주목하자. 시아버지 사망 시에도 원고는 권리가 있었으나 받지 못했고, 시어머니가 사망한 뒤에도 받지 못했기 때문에 두 건에 대해서 모두 이야기를 하고 있는 것이다. 권리가 있다면 당연히 시아버지와 시어머니 사망 후에 모두 상속인이 된다.

3. 구체적인 유류분 등

가. 앞에서 본 것처럼 원고의 시부인 망 박수일이 1997.5.14. 사망하고 시모인 망 정상순이 2003.11.26. 사망하여 먼저 사망한 위 박수일을 피상속인으로 하는 유류분과 위 박수일로부터 상속을 받은 망 정상순을 피상속인으로 하는 유류분을 산출해 내야 할 것입니다.

나. 유류분은 피상속인의 상속개시 시(* 사망 직후)에 있어서 가진 재산의 가액(* 물건의 가치를 따져서 환산한 돈)에 증여재산의 가액을 가산하고 채무의 전액을 공제하여 이를 산정하도록 되어 있습니다.(민법제1113조 참조)

그런데 원고는 지금까지 시댁인 피고들의 상속 재산 분쟁에 대하여 2002년 이후 이를 회피하고 적극적으로 대응하지 아니한 결과 지금까지 상속분 내지 유류분의 구체적인 내용을 알지 못합니다. 다만 시부인 망 박수일의 상속재산이 수백억 원에 이르고, 시모인 망 정상순의 상속재산이 수십억 원에 이른 것으로 알려져 있습니다.

이에 지금까지 나타난 자료를 통해 우선 청구취지 금원을 청구합니다.

▶ 현재 원고는 피상속인, 즉 사망자의 상속재산이 얼마인지 모르는 상태다. 그래서 일단 청구취지의 금원을 청구한 것이고, 이후 상속재산이 추가적으로 밝혀지면 확장청구(청구취지변경 신청)를 할 계획을 갖고 있다.

상속 재산의 범위

▶ 유류분을 요구하려면 정해진 재산의 범위가 있어야 한다. 유류분

으로 받을 금액은 유류분 산정의 기초가 되는 재산에 유류분 비율을 곱하면 얻을 수 있기 때문이다. 그렇다면 유류분 산정의 기초가 되는 재산은 어떻게 계산될까?

| 유류분 산정의 기초가 되는 재산 |

= 적극적 상속재산액 + 증여재산의 가액 - 상속 채무액

▶ 상속자 명의의 재산은 기본적으로 상속재산이 된다. 받아야 할 빚이 있다면 이 역시 상속재산이 된다. 또한 '이행되지 않은 증여재산'도 상속재산이 된다. '이행되지 않았다'는 말은 주기로 했으나 아직 주지 않았다는 뜻이다. '유증(유언을 통해 재산을 주는 것)' 역시 적극적 상속재산에 포함된다.

▶ '증여재산의 가액'이란 '누군가에게 증여한 부동산 등의 재산을 그 가치에 따라 환산한 돈'을 말한다. 고인이 사망 전에 누군가에게 증여한 땅이라도 요건에 해당되면 유산에 포함시킨다. 그럼 어떤 경우인가? ① 상속개시 전 1년간(증여계약 체결 기준)에 행해진 증여뿐 아니라 ② 상속개시 1년 이전에 이루어진 증여라도 '주는 사람'과 '받을 사람'이 '이건 유류분 권리자에게 손해가 될 게 뻔하다'는 사실을 알고 한 증여인 경우, 이 역시 유산에 포함된다. 한편

③ 상속인에게 증여한 재산은 모두 유산에 포함된다[1년 전이든 아니든, 손해가 갈지 알든 모르든 상관없다. 설령 증여를 받은 상속인이 상속을 포기하거나 상속인으로서의 자격을 잃은 자여도 상관없다. 무조건 다 유산에 포함시킨다(대법원 95다17885판결)].

▶ '상속 채무'란 빚을 말한다. 개인적인 빚뿐 아니라 세금이나 벌금도 포함된다. 한편 상속재산의 관리비용, 상속재산에 관한 소송비용, 상속세나 유언검인비용 등의 유언집행비용은 상속 채무에 포함되지 않는다(대법원 2012다21720 판결).

▶ 유류분에 대한 소송이 벌어지면 항상 문제가 되는 부분이 있다. 기여분에 대한 것이다. 자식 가운데 부모의 재산 증가에 기여한 것이 인정되는 사람은 유증을 제외한 상속재산 안에서 기여분을 받게 된다(유증을 기여분보다 우선시하기 위해서 유증을 뺀 상속재산의 범위 안에서 기여분을 정한다.). 이때의 기여는 부모를 모시는 경우뿐만 아니라 장기간 부모님 가게에서 일을 한 것처럼 특별한 기여를 한 경우를 말한다. 기여분은 공동상속자끼리 협의하거나 가정법원에서 결정한다. 물론 기여분을 주장하기 위해서는 상속자 지위에 있어야 한다. 기여분이 있는 자를 기여상속자라고 하는데 만일 유류분반환청구 소송에서 기여상속자가 피고가 되는 경우, 과연 기여상속자는 '나는 기여분이 있으므로 그만큼은 공제하고 반환해야 한다'고 주장할 수 있을까? 그러나 법률은 기여분이 결정된

후에는 '공제 후 반환'이 가능하지만 기여분이 결정되기 전에는 멋대로 공제해서는 안 된다고 판시한다(대법원 94다8334판결).

▶ 산재로 사망한 경우를 가정해 볼 수 있다. 이때 남은 가족에게 '유족급여'가 나오는데 과연 '유족급여'를 상속재산으로 봐야 할 것인가 문제가 될 수 있다. 그러나 법률은 유족급여는 민법과 다른 입장에서 유족의 생활을 보장하기 위한 장치로 본다. 즉 유족을 상속인으로 보고 주는 급여가 아니라는 말이다. 그러므로 유족급여는 유류분 산정의 기초 재산에 포함시키지 않는다(서울고등법원 2012나3168판결).

▶ 기타 참고할 게 몇 가지 있다.

- 재산 평가는 상속을 개시할 때를 기준으로 한다. 상속 개시 시기는 사망 직후를 말한다.
- 부동산과 같이 거래 가격이 있는 재산의 경우에는 실제 거래 가격을 기준으로 한다. 이와 관련 부모에게 증여받은 땅을 팔았는데 땅을 매입한 사람이 창고를 세우면서 땅 가격이 올라간 경우에도 실제 거래 가격을 기준으로 해야 할까? 그건 아니다. 대법원은 현재의 땅 가격으로 하면 유류분 권리자에게 부당한 이익을 주게 되므로 증여 당시의 땅 가격을 기준으로 산정해야 한다고 판시하고 있다(대법원 2010다104768판결).

- 사망 전 돈(금전)을 증여한 경우, 이 돈은 증여재산이 되어 상속재산에 넣어야 한다. 그런데 증여 당시의 돈을 그대로 상속재산으로 할 것인지, 아니면 시중 금리를 따져 이를 더한 액수를 증여 금액으로 봐야 하는지, 아니면 물가상승률을 고려하여 그만큼을 더한 가격으로 봐야 하는지 의견이 엇갈린다. 대법원은 물가변동률을 반영하여 상속당시의 화폐가치로 환산해서 산정해야 한다고 판시하고 있다(대법원 2006다28126 판결).
- 만약 증여재산이 주식이라면 어떻게 될까? 주식의 시가 역시 상속 개시 당시를 기준으로 산정해야 한다. 그런데 주식을 판 경우에는 어떻게 될까? 그때는 사실심 변론 종결 시를 기준으로 해당 주식의 시가로 가치를 매겨 액수를 정해야 한다고 판례는 보고 있다(대법원 2004다51887판결).

▶ 이와 같이 유류분 산정의 기초가 되는 재산을 구한 뒤 이를 유류분 비율에 따라 나누게 된다.

승소 후 유류분반환 문제

▶ 유류분반환청구 소송에서 원고가 승소하면 피고는 유류분만큼 돈을 돌려주어야 한다. 그런데 피고가 상속인이 아니라 증여를 받거나 유증을 받은 사람이고, 또한 그 수가 여럿인 경우에는 어떻게 할까? 예컨대 유류분으로 100원을 주어야 하는데 증여를 받은 자가 2명인 경우 똑같이 50원씩 반환하는 게 아니라 증여받은 액수

에 비례하여 반환하게 된다. 즉 한 명이 900원을 증여받고 다른 한 명이 100원을 받았다면 900원 받은 사람이 90원, 100원 받은 사람이 10원을 반환한다(둘 다 똑같이 증여받은 액수의 10%가 된다.).

▶ 반환청구소송의 피고가 두 명 이상의 공동상속인인 경우에는 어떻게 반환할까? 유증이나 증여받은 재산에서 자기가 받을 유류분을 빼고 남은 돈을 그 비율에 따라 반환청구하게 된다. 즉 큰아들이 물려받은 재산은 9000원, 작은아들이 물려받은 재산은 6000원인 경우, 만일 유류분이 3000원이라면, 큰아들은 6000원, 작은아들은 3000원을 기준으로 반환 비율을 정하게 된다. 만일 반환 액수가 900원이라면 큰아들은 작은아들보다 2배 많으므로 2/3를 내고, 작은아들은 1/3만큼 낸다. 즉 큰아들 600원, 작은아들 300원이 된다(둘 다 10%의 비율을 내는 셈.).

소멸시효

▶ 참고로, 이 사건에서 며느리는 대습상속인의 자격이 있으므로 유류분을 청구할 수 있다. 그러나 반환청구 소송을 제기하기 위해서는 시간이 중요하다. 유류분반환청구 소송은 1년 안에 제기해야 한다고 하는데, 판례에서는 이를 '유류분 권리자가 상속이 개시됐다는 사실과 증여 또는 유증이 있었다는 사실 및 그것이 반환해야 할 것임을 안 때'라고 명시했다(대법원 2006다46346 판결). 즉 그 사실(상속이 개시되었다, 증여나 유증이 있었다, 증여나 유증에서 유류분을

반환해야 한다는 사실)을 안 때로부터 1년 안에 제기해야 한다는 말이다. 원고가 이 사실을 언제 알았는지는 피고(시효의 이익이 있는 자)가 증명해야 한다. 한편 원고가 알든 모르든 상관없이 상속 개시로부터 10년이 지나면 소멸 시효가 완성되므로 역시 반환청구를 할 수 없다.

사건11 경매에서 낙찰된 부동산에 채권자라고 우기는 사람들이 나타났습니다 —배당이의의 소

사건발생 … 빚을 지고 있던 K의 부동산이 끝내 경매를 통해 팔렸다. K에게 받을 돈이 있던 사람들이 돈을 받기 위해 배당요구를 했는데 이 가운데는 채권이 없는데도 배당을 달라고 하거나 실제 액수보다 더 많이 달라고 요구한 사람이 있었다. K는 이럴 때 어떻게 해야 할까?

배당이의 소송에 필요한 요건사실

▶ 그때 필요한 것이 '배당이의 소송'이다. 배당에 문제가 있다고 이의를 제기하는 것이다. 배당이의 소송에 필요한 요건사실은 다음과 같다.

1. **배당이의를 한 사실** : 배당기일에 실제로 참석하여 배당표(낙찰금을 어떤 채무에 어떤 순위로 얼마나 나눌지 정한 표)에 대해 이의를 제기해야 한다.

2. **배당순위에 오류가 있거나 배당채권이 소멸한 사실** : 배당순위는 법률이 정하고 있다. 그 순서가 잘못되었거나 혹은 배당받을 채권이 전부 또는 일부 없어야(소멸해야) 한다.

3. 원고에게 배당수령권이 있는 사실 : 배당이의 소송은 아무나 제기하는 게 아니라 배당받을 권리가 있는 사람이 할 수 있다.

요건사실에 맞게 소장 작성하기

- **청구취지**

  1. 서울서부지방법원 2011타경1995 부동산임의경매사건에 관하여 같은 법원이 2012. 5. 23. 작성한 배당표 가운데 피고 A에 대한 배당액 10,000,000원을 삭제하고, 피고 B에 대한 배당액 25,000,000원을 삭제하고, 피고 C에 대한 배당액 금48,515,983원을 금4,000,000원으로 경정하고(* 바르게 고치고) 원고에게 79,898,033원을 배당하는 것으로 경정한다.
  2. 소송비용은 피고들의 부담으로 한다.
     라는 판결을 구합니다.

▶ 이 소송의 피고는 모두 3명이다. 원고는 피고 A와 피고 B가 배당요구를 할 자격이 없다고 주장하고 있고(왜냐, 그들에게는 채권이 없으므로), 피고 C는 액수가 잘못되었다고(원래 채권보다 더 많다고) 주장하는 내용이다. 한편 '청구취지'에는 등장하지 않지만 이 부동산을 경매에 넘긴 채권자 D도 있다.

▶ 이 소송의 원고는 부동산의 지분을 1/3 소유하고 있던 사람이다.

피고 C는 원고와 형제 사이로 이 부동산에 대해 1/3의 지분을 소유한 사람이다. 그런데 피고 C는 원고에게 돈을 빌려주었고, 그래서 배당요구를 하고 있는 것이다. 한편 경매에 나온 부동산은 원고 소유 지분(1/3)의 부동산으로 피고 C의 부동산은 아니다.

▶ 배당이의 소송을 제기할 수 있는 자는 앞서 언급한 것처럼 우선 배당기일에 출석하여 배당표에 대해 이의를 제기한 사람이어야 한다. 그런데 이때 이의를 제기한 그 사람은 채권자이거나 채무자여야 한다.

- '이의를 제기한 채무자'란 경매로 나온 부동산의 소유자를 말한다. 그런데 이때 소유자란 '진정한 의미의 소유자'는 중요하지 않다. 경매개시결정기입등기 당시의 소유자로 등기되어 있는 자여야만 '이의 제기를 할 수 있는 채무자'로 인정한다. 경매개시결정기입 등기 이후에 등기를 마쳤더라도 집행법원에 권리신고를 하지 않으면 배당이의 소송을 제기할 자격이 부여되지 않는다.
- 채권자가 배당이의 소송을 제기할 때는 '자기의 이해관계 안에서만' 소송을 걸 수 있다. 즉 피고들에게는 돈을 받을 권리(채권)가 없다는 것을 주장하고 증명하면 끝이 아니라 '나도 받을 권리가 있다'고 주장하고 증명해야 한다. 그러나 채무자(혹은 소유자)는 '나도 받을 권리가 있다'고 주장할 필요가 없으므로

단지 '피고에게는 채권이 없다(갚을 빚이 없다)'고 주장하고 증명하는 것으로 충분하다.

● **청구원인**

1. 원고는 별지 목록기재 각 부동산을 모친인 소외 망 E, 피고 C와 함께 각 3분의 1씩 지분을 소유하고 있었습니다.
2. 그러던 중 별지 목록 기재 부동산 중 원고의 지분 3분의 1에 대하여 D의 신청에 의하여 귀원 2011타경1995 부동산임의경매 사건으로 진행되었다가 소외 김ㅇㅇ에게 낙찰되어 2012. 5. 23.경 배당 기일이 실시되었습니다.

당시 작성된 배당표(갑제1호증) 중
매각대금 148,292,000원 중 집행비용을 공제한 금 145,558,906원을 채권자들에게 배당함에 있어서 제1순위 임차인(소액) A(ㅇ피아노교습소)에게 10,000,000원을 배당하고, 제2순위 교부권자(당해세) 은평구에 382,050원을 배당하고, 제3순위 임차인 B(ㅇ쿠르트 성북점)에게 25,000,000원을 배당하고, 제4순위 근저당권자 C는 채권최고액 범위 내의 채권원리금 43,000,000원, 이자 5,515,983원 도합 48,515,983원을 배당하고, 제5순위 신청채권자겸근저당권자인 D에게는 채권최고액 범위 내의 채권원리금 60,000,000원과 남은 잔액인 1,660,873원을 전부 배당하는 것으로 작성하였습니다.
이에 위 배당기일에 원고는 아래와 같이 채무자로서 피고 A, B, C에 대하여 이의를 제기하였습니다.

▶ 경매 부동산을 낙찰받은 사람이 돈을 지불하면 법원은 배당기일을 정하게 된다. 보통 낙찰자가 돈을 지불한 지 3일 이내에 지정하게 되며, 날짜는 4주 안쪽으로 결정한다.

▶ 만일 배당에 대해서 이의가 있는 사람이라면 배당기일에 참석하여 이의를 제기해야 한다. 이게 요건사실 첫 번째 항목 '배당이의를 제기한 사실'에 해당한다. 배당이의를 제기하지 않으면 정해진 배당에 동의한 것으로 간주하기 때문이다.

3. 이의사유
　가. 피고 A, B에 대하여
　　위 피고들은 이 사건 부동산에 관하여 원고와 임대차계약을 체결한 적도 없고, 원고에게 임대차보증금이나 차임을 지급한 적이 없습니다. 따라서 원고는 이 사건 부동산에 관하여 임대인으로서 위 피고들에 대한 의무나 채무가 전혀 없어 피고들에 대한 배당을 인정할 수 없습니다.
　나. 피고 C에 대하여
　　피고 C는 위 부동산의 공유자로, 모친인 소외 망 E가 2009. 11. 26.경 사망한 이후 2009. 12월경부터 원고 소유의 이 사건 부동산을 임의로 사용했으며 또한 위 부동산을 제3자에게 임대하여 매달 240만 원 상당을 받았습니다. 그러나 최소한 그 절반인 120만 원을 원고에게 사용료로 지급하여야 함에도 이를 지급한 바 없습니다.

따라서 피고 C는 원고가 차용한 4,000만 원에서 2009. 12월경부터 2012. 5월경까지의 부당이득 매달 120만 원 상당씩 도합 3,600만 원(산식 : 3,600만 원 = 30개월(2009. 12월경부터 2012. 5월경까지) × 월 120만 원)을 제외하면 피고 C가 이 사건 부동산 배당금에서 받을 돈은 400만 원에 불과합니다.

4. 결론

따라서 2012. 5. 23. 실시된 서울서부지방법원 2011타경13995 부동산임의경매사건에 관하여 같은 법원이 작성한 배당표(갑 제1호증) 가운데 피고 A에 대한 배당액 10,000,000원, 동 B에 대한 배당액 25,000,000원을 각 삭제하고, 피고 C에 대한 배당액 48,515,983원은 4,000,000원으로 경정하고, 그 집행비용을 제외한 잔액인 79,898,033원(산식 : 79,898,033원 = 배당할 금액 148,292,166원 − 집행비용 2,733,260원 − 채권자 C 4,000,000원 − D 61,660,873원(60,000,000원+1,660,873원))을 채무자인 원고에게 배당하여야 함이 상당합니다.

• **입증방법**

1. 갑제1호증   배당표

▶ 배당이의 소송과 관련해서 조금 더 언급할 게 있다. 이 사건은 원고가 채무자, 즉 경매물건이 낙찰되기 전의 소유자 A였다. 그런데 원고가 채권자인 경우, 그가 주장할 수 있는 내용은 다음과 같다.

- 피고의 채권은 처음부터 없었다.
- 피고의 채권은 변제되었거나 혹은 시효 소멸이 완성되었다(채권 소멸시효 참조).
- 피고의 채권이 타인에게 양도되었다.
- 피고의 채권이 원고의 채권보다 우선순위에 있다는 판단은 잘못되었다.
- 피고의 압류나 배당요구는 무효이다('피고의 압류를 취소하는 재판 결과가 있다.').
- 피고와 원고 사이에 (일부 혹은 전부) 배당을 우선적으로 한다는 합의가 있었다.

▶ 또한 채권자가 배당이의 소송을 제기하는 경우, 채권자는 채무자를 대신하여 피고들에게 항변할 수 있다(채권자대위권 : 채권자가 자기 채권을 보호하기 위해 자기 이름으로 채무자의 권리를 대신 행사할 수 있는 권리. 일종의 법정재산관리권에 해당한다.).

피고의 대응 전략

1. 만일 원고가 채권자인 경우, 피고는 원고가 주장하는 방법(위에 언급한 내용)을 모두 똑같이 사용하여 항변할 수 있다. 즉 원고의 채권은 없다고 주장하거나 우선순위에서 원고는 피고보다 후순위라고 주장하거나 또는 원고와의 사이에 특약이 있다는

등의 주장을 모두 활용할 수 있다.

2. 제소기간(제척기간) 지적 : "배당기일로부터 1주일이 지나 소가 제기되었다." 배당이의 소송은 배당기일에서 1주일 안에 제기해야 한다. 이 항변은 본안전 항변으로, 만일 받아들여지면 소송이 각하된다.

〈배당순위〉를 알아보자

▶ 경매에 나온 부동산이 있다. 이 부동산 앞으로 미납된 세금(조세채권)이 있고, 또 저당권이나 전세권이 있는 경우가 있다. 이 경우 배당순위는 어떻게 될까?

① 저당권/전세권이 세금보다 먼저 설정된 경우

※ 저당권/전세권이 세금(조세채권)의 법정기일보다 먼저 등기되어 있는 경우

1순위 : 집행비용
2순위 : 저당물(저당이 잡혀 있는 물건)의 제3취득자(임차인 등)가 그 부동산의 보존/개량을 위하여 지출한 필요비/유익비
3순위 : 소액임차보증금채권, 최종 3개월분 임금과 최종 3년간의 퇴직금 및 재해보상금(경합시 동순위 채권으로 배당)
4순위 : 집행목적물에 부과된 국세, 지방세와 가산금(당해세)
5순위 : 국세 및 지방세의 법정기일 전에 설정 등기된 저당권/전

세권에 의하여 담보되는 채권, 확정일자를 갖춘 주택 또는 상가건물의 임차보증금반환채권, 임차권 등기된 주택 또는 상가건물의 임차보증금반환채권

6순위 : 임금 기타 근로관계로 인한 채권

7순위 : 국세/지방세 및 이에 관한 체납처분비, 가산금 등의 징수금

8순위 : 국세 및 지방세의 아래 순위로 징수하는 공과금 중 산업재해보상보험료, 건강보험료, 연금보험료, 고용보험료, 의료보험료

9순위 : 일반채권

② **세금이 저당권/전세권보다 먼저 설정된 경우**

※ 세금(조세채권)의 법정기일이 저당권/전세권보다 먼저 등기되어 있는 경우(* 1~3순위까지는 ①번과 동일)

4순위 : 조세, 기타 이와 동순위의 징수금(당해세 포함)

5순위 : 조세 아래 순위의 공과금 중 납부기한이 저당권/전세권의 설정등기보다 앞서는 구국민의료보험법상의 의료보험료, 국민건강보험법상의 건강보험료 및 국민연금법상의 연금보험료

6순위 : 저당권/전세권에 의하여 담보되는 채권

7순위 : 임금 기타 근로관계로 인한 채권

8순위 : 조세 다음 순위의 공과금 중 산업재해보상보험료, 의료보험료, 연금보험료 및 납부기한이 저당권/전세권의 설정등기보다 후인 의료보험료, 건강보험료, 연금보험료

9순위 : 일반채권

③ 경매 부동산에 저당권 따위로 담보하는 채권이 없는 경우

(* 1~3순위까지는 ①, ②번과 동일)

4순위 : 임금 기타 근로관계로 인한 채권

5순위 : 조세, 기타 이와 동순위의 징수금(당해세 포함)

6순위 : 조세 아래 순위의 공과금

7순위 : 일반채권

사건12 회사 사정으로 퇴직을 권고받았는데 월급과 퇴직금을 받지 못했습니다 — 임금청구의 소

사건발생 … 다니던 회사가 갑자기 사정이 악화되었다면서 나가라고 합니다. 어쩔 수 없이 회사를 그만두었는데 여태 월급과 퇴직금을 주지 않고 있습니다. 이럴 때는 어떻게 해야 할까요?

 임금청구 소송에 필요한 요건사실

1. **고용계약을 체결한 사실** : 요즘은 의무화되어 작은 사업장에서도 근로계약서를 쓴다. 그 자료를 제시하면 된다.
2. 원고가 노동을 제공한 사실
3. 원고가 임금 또는 퇴직금 등을 지급받지 못한 사실

 요건사실에 맞게 소장 작성하기

- **청구취지**

  1. 피고는 원고에게 금128,803,979원 및 이에 대하여 이 사건 소장 부본 송달일 다음날부터 다 갚을 때까지 연 15%의 비율에 의한 금원을 지급하라.
  2. 소송비용은 피고의 부담으로 한다.
  3. 제1항은 가집행할 수 있다.
     라는 판결을 구합니다.

- **청구원인**

  1. 원고와 피고의 관계

     원고는 전기엔지니어로서, 감리컨설턴트매니저(이른바 "CM") 업무를 주로 맡아서 하던 자이고, 피고(갑 제1호증 법인등기부등본)는 전기, 계장 및 설비자동화에 관한 기술용역업, 전기공사 감리업 등을 하는 주식회사입니다.

  2. 근로계약의 체결

     원고와 피고는 2012. 1월 초경 당진 제철소인 '주식회사 카ㅇ'에서 진행하는 프로젝트에 건설관리 팀으로 참여했습니다. 원고는 프로젝트 개시일인 2012. 1. 16.부터 프로젝트 종료 시까지 전기감리업무를 맡기로 하고 근로계약(이하 "이 사건 근로계약")을 맺었습니다(갑 제2호증의 1. 고용계약서, 2. 특별약관. 다만, 갑 제2호증의 1.'의 고용계약서가 작성된 날짜는 2012. 1월 초경이나, 미리 근로시작일인 2012. 1. 16. 체결된 것으로 기재하였습니다.).
     원고와 피고가 체결한 이 사건 근로계약의 내용 중 중요부분을 요약하면 아래와 같습니다.

〈갑 제2호증의 1. 고용계약서〉
3. 계약기간 : 2012. 1. 16.부터 프로젝트 종료 시까지
4. 재계약 : 계약만료일 전에 상호협력하여 결정한다. 계속근무 합의 시에는 연봉계약서를 합의 작성하고 계약기간은 1년을 원칙으로 한다.
6. 월 급여 및 지급시기 : 4,000,000원, 매월 15일 지급(해외근무 특별약관은 내용 별도)
1) 퇴직금 : 퇴직금은 만 1년 근속을 기준으로 지급하며 계약기간 중도 퇴직 시 1년 이상 일한 자에 한해서 일할 계산하여 지급한다.

〈갑 제2호증의 2. 특별약관〉
1. 해외수당 : 해외수당은 월 50만 원을 지급하며, 별도 정산하지 아니한다.
3. 숙박비 및 식비
 - 식비 : 식비는 1식에 5,000원(한화)을 기준으로 한 달치 지급하며, 별도 정산하지 아니한다.
8. 자동계약 : 계약종료 전 이의제기 없이 계약기간을 경과하는 경우, 본 계약은 같은 조건으로 자동갱신된 것으로 간주한다.

그리하여 피고는 이 사건 근로계약에 따라 2012. 1월 초경 라오스로 이동하여 2012. 1. 16.부터 위 프로젝트가 종료된 2013. 12. 15.까지 근무를 하였습니다(갑 제3호증의 1. 명함 사본, 2. 근로증명서 사본.). (업무는 ○○이엔지의 소속 근로자로서 당진 제철소인 '주식회사 카○' 프로젝트에 참여하는 형태로 이루어졌습니다. 한편, 위 갑 제3호증의 2 근로증명서에는 2012. 1. 20.부터 2013. 12. 31.까지 근로한 것으로 나와 있으나, 실제로 일한 기간은 2012. 1. 16.부터 2013. 12. 15.까지입니다.).

다. 피고의 급여 및 수당 지급의무 불이행

1) 피고의 월 급여 및 해외근로수당, 식비 미지급

그런데 첫 월급날인 2012. 2. 15. 원고가 월급계좌(갑 제4호증 자립예탁금거래명세표 : ○○은행 00000-11-111111)를 확인하여 보니 월 급여, 31일치 식대, 해외수당을 모두 포함하여 4,965,000원이 입금되었어야 하는데 들어온 금액은 불과 2,885,930원이었습니다. 그리고 그 아래 2개월은 4,295,180원이 입금되었습니다. 한편 같은 해 5. 15.에는 피고로부터는 2,188,930원만이 입금된 반면, 원고와는 아무런 연관이 없는 신청 외 "SI ○○"라는 회사로부터 같은 해 5. 25. 12,872.583위안(중국 화폐단위)이 지급되었습니다(갑 제5호증 ○○은행 통장 사본). 위 12,872.583위안을 당시 환율로 환산하여도 1,636,102원으로 두 금액을 합하여도 5,096,030원이어서 원고가 2014. 5. 15. 받아야 할 급여인 4,000,000원에는 크게 못 미치는 부족한 금액이었습니다.

이에 피고는 유선 및 이메일을 통하여 피고에게 왜 급여가 제대로 입금이 되지 않고, 계약을 체결하지도 않은 "SI ○○"로부터 한국 화폐가 아닌 중국 화폐로 금전이 지급되느냐고 따져 물었습니다. 원고는 피고에게 이 사건 근로계약에 따라 ① 약정된 급여 및 수당 등을 모두 지급할 것과 ② 한국 화폐로 지불해줄 것, 그리고 ③ 신청 외 "SI ○○"를 통해 급여를 지급하지 말 것을 요구하였고, 이에 피고는 미처 지급하지 못한 급여와 수당 등은 추후에라도 모두 보전해주겠다고 약속을 하였습니다.

그럼에도 불구하고 피고는 그 이후로도 약속을 지키지 않고 계속 원고가 받아야 할 월 급여 및 해외근로수당, 식비에 미달하는 금원만을 지급하여 왔습니다. 한편 신청 외 "SI ○○" 명의로 계속 정체불명의 금액이 중국 화폐로 지급되어 왔습니다(갑 제5호증 ○○은행 통장 사본).

2012. 7. 17.부터는 비정기적으로 피고가 그동안 원고에게 미지급했던 급여와 수당을 조금씩 더 지급하였고, 2013. 3. 29.부터 근로계약이 종료된 2012. 12. 31.까지는 매월 말 1,400,000원씩 지급하며 원고에게 미지급된 급여 및 수당 중 일부를 보전해주기는 하였으나, 미지급액 전부를 변제하기에는 턱 없이 부족하였습니다.

2) 피고의 휴일근로수당 미지급

원고는 피고의 직원으로서 일하며 2012. 1. 16.부터 2013. 12. 31.까지 총 약 200일의 휴일(중국 기준) 중 72일을 휴일임에도 근로를 하였습니다(갑 제6호증의 1. 내지 4. 각 이메일 당직보고). 따라서 별다른 약정이 없는 한 피고는 원고에게 근로기준법 제56조에 따라 통상임금의 100분의 50을 더한 가산수당을 지급할 의무가 있습니다. 즉 피고는 원고에 대하여 14,400,000원의 휴일근로수당(산식 : 4,000,000 / 30 × 1.5 × 72 = 14,400,000)을 지급할 의무가 있습니다(산식의 '30'은 한 달의 날수. 매달 일수가 다르므로 편의상 30일로 통일하여 계산한 것).

그러나 원고는 피고로부터 휴일근로수당을 하나도 받지 못하였습니다(갑 제4호증 자립예탁금거래명세표 : 급여, 해외근로수당 및 식비, 휴일근로수당 등 명목이 구분되어 입금되지는 않았으나 원고가 받아야 할 금액을 모두 받지 못한 점만은 분명합니다. 반면 원고와 같은 조건으로 위 주식회사 카○에서 함께 근무했던 신청 외 SI ○○의 직원과 신청 외 주식회사 포○의 파견 직원들은 휴일근로수당을 모두 받았습니다.).

3) 피고의 퇴직금 미지급

원고는 피고와의 이 사건 근로계약에 따라, 만 1년 이상 근속하여 근로한 자로서 퇴직금을 일할 계산하여 지급받을 권리가 있습니다(갑 제2호증의 1. 고용계약서 제6조 1항). 따라서 원고는 2012. 1. 16.부터 2013. 12. 15.까지 근무하였으므로(다만, 원고가 제출한 사직서는 2013. 12. 31. 처리된 것으로 알고 있습니다), 퇴직일 이전 3개월 기준 1일 평균임금은 163,351원이므로 (2013.9.16.~2013.12.15. : (4,000,000원×3월+500,000원×3월+91일×3식×5,000원)/91일≒163,351원, 소수점 이하는 버림) 원고가 받아야 할 퇴직금은 9,398,276원입니다(산식 : 퇴직금=1일 평균임금×30(일)×(근속년수+1년 미만 기간의 일수/365)=163,351×30×700/365=9,398,276원, 소수점 이하는 버림).

그러나 원고가 퇴직한 뒤인 2014. 1. 28.경 피고가 지급한 금액은 8,852,520원으로 원고가 받아야 할 본래 퇴직금인 9,398,276원에는 미치지 못하는 금액이었습니다(갑 제4호증 자립예탁금 거래명세표). 이에 원고가 퇴직금이 모두 나오지 않은 점과 근로기간 동안 미지급된 급여 및 수당이 누적된 것에 관하여 피고에게 항의하자, 피고는 같은 해 2. 27.경 1,626,730원을 추가로 지급하기는 하였으나 이 역시 원고가 받아야 금원의 총계에 비추어 극히 작은 금액에 불과하였습니다.

4) 원고가 피고로부터 지급받지 못한 급여 및 수당 총계

원고가 피고로부터 받지 못한 금원을 모두 합하면 아래 표(생략)와 같습니다(갑 제4호증 자립예탁금 거래명세표).

라. 피고의 원고에 대한 허위 경력신고에 의한 손해발생

1) 피고의 허위 경력신고

원고는 2012. 1. 16.경부터 2013. 12. 15.경까지 피고 회사의 근로자로서 '주식회사 카ㅇ' 프로젝트의 건설관리 업무를 마친 뒤 인도네시아에서 귀국하였습니다. 그리고 새로이 취업을 하기 위하여 일자리를 알아보던 중 당황스러운 사실을 발견하게 되었습니다.

원고는 앞서 살펴보았듯 2012. 1. 16.경부터 2013. 12. 15.경까지 해외 프로젝트에 참가한 경력이 있으므로 이를 바탕으로 해외 프로젝트에 참가할 수 있는 업무를 지원해왔는데, 정작 원고의 공식적인 경력은 대한민국에서 상주감리를 한 것으로 보고가 되어 있어 인도네시아에서 '주식회사 카ㅇ'의 프로젝트에 참여한 경력이 인정되지 않았던 것입니다.

원고는 전기엔지니어로서 감리컨설턴트매니저 업무를 주로 하는 자인바 '전력기술인(전력기술관리법 제2조 제2호)'에 해당하고, 전력기술관리법 제18조에 의거 설립된 단체인 "한국전력기술인협회"에 의해 경력이 관리되고 있습니다. 또한 업계에서는 전력기술인의 채용 시 위 한국전력기술인협회에 등록된 경력만을 근거로 인정하고 있습니다.

그런데 피고는 원고를 2012. 1. 16.부터 2013. 12. 15.까지 라오스에서 근무하게 하고도, 위 한국전력기술인협회에는 원고가 2012. 5. 21.부터 2012. 12. 31.까지 ㅇㅇ시청에서 상주감리를, 2013. 1. 21.부터 2013. 5. 31.까지는 주식회사 포ㅇ에서 상주감리를 한 것으로 허위 신고가 된 것입니다(갑 제7호증의 1. 경력확인서, 2. 확인서).

2) 피고의 불법행위로 인한 손해발생

사실과 달리 원고는 약 1년간 국내에서 상주감리를 한 것으로 경력이 허위 신고되어, 해외프로젝트에는 참여하지 못하고 있습니다. 업계에서는 대개 프로젝트 단위인 2년 전후의 해외 업무경력이 있어야 해외에서 근무한 경력을 인정하고 있는데, 원고는 해외 프로젝트를 모두 수행하고도 해외 업무경력을 인정받을 수 없게 된 것입니다.

심지어 피고의 허위 경력신고 내용에 따르면, 원고가 인도네시아에서 일을 하고 있는 동안 피고는 원고의 이름을 모용(* 몰래 갖다 씀)하여 같은 기간 국내에서 성명불상의 기술자에게 ○○시청 및 주식회사 포○의 상주감리 업무를 맡기고 수익을 챙기고 있었던 것으로 보입니다. 이로 인하여 원고는 참여하지도 않았던 ○○시청 및 주식회사 포○의 용역현장에서 문제가 발생할 경우 그 책임을 떠안아야 할 위험에까지 처하게 되었습니다.

3) 원고의 손해액

이로써 원고가 입은 소극적 손해는 원고가 해외 프로젝트 경험자로서 근무를 할 수 있을 때까지 입은 손해액 상당이라 할 것입니다. 다만, 원고가 해외 프로젝트 참여가능시기를 가늠할 수 있는 객관적 지표란 존재하지 않으므로, 여기서는 피고가 원고의 경력을 허위로 도용한 기간인 1년을 기준으로 산정하였습니다.

한편, 원고로서는 피고의 허위 경력신고로 인하여 경력을 제대로 인정받지 못하고 취업을 위하여 정신적 고통을 받아왔으므로 그에 대하여 10,000,000원 상당의 정신적 손해를 받았다 봄이 상당합니다.

가) 원고가 1년간 해외프로젝트 참여시 얻을 수 있었던 수익

: 해외근무 시 월보수 × 12개월 = 6,000,000(○○이엔지에서 근무 당시 해외업무를 맡으면서 받은 보수 기준) × 11.68586212(월별 호프만식계수표 적용) = 70,115,173원

나) 원고가 1년간 국내에서 얻을 수 있는 수익과의 손익상계

: 원고가 1년간 해외프로젝트 참여시 얻을 수 있었던 수익 - 원고가 1년간 국내에서 얻을 수 있는 수익. 단, 원고가 국내에서 얻을 수 있는 수익에 생활비가 포함되므로 생활비는 별도 공제하지 않습니다.

① 국내근무 시 월보수

: 2014년 근로일수 × 특급기술자 노임단가(갑 제8호증 2014년 엔지니어링 노임단가) / 12개월 / 2(사용자 지분. 통상 사용자와 노임단가를 절반으로 나눔) = 249일 × 247,598원(갑제8호증 2014 엔지니어링 노임단가 중 '건설 및 기타현장' 참여 기준) / 12개월 / 2 = 2,568,829.3원

② 원고가 1년간 국내에서 얻을 수 있는 수익

: 국내근무 시 월보수 × 12개월 = 2,568,829.3 × 11.68586212(월별호프만식계수표 적용) = 30,018,985원

③ 손익상계

: 가) - 나)의 ② = 70,115,173원 - 30,018,985원 = 40,096,188원

다) 소극적 손해 및 정신적 손해의 총계

: 40,096,188원 + 10,000,000원 = 50,096,188원

마. 소결

따라서 피고는 이 사건 근로계약에 따른 자신의 급여 및 수당 지급의무를 채무불이행하여 원고에게 총 78,707,791원의 손해배상금 및 그에 대한 지연손해금을 지급할 의무가 있고, 원고의 경력을 허위 신고하는 불법행위를 하여 원고에게 50,096,188원의 손해배상금 및 그에 대한 지연손해금을 지급할 의무가 있습니다.

따라서 원고는 피고에게 도합 128,803,979원 및 그에 대한 지연손해금의 지급을 구할 손해배상청구권이 있습니다.

피고의 대응 전략

1. 소멸시효 : "원고가 청구한 임금 등은 이미 3년이 지났다."
2. 포기항변 : "원고가 지난해까지의 임금을 받지 않겠다고 했다."

형사 고소를 함께 진행하자

▶ 일단 노동관청에 피고를 상대로 한 진정서를 제출하여 조정을 꾀하고 적당한 타협이 되지 않으면 고소장을 접수하자. 형사사건으로 확대되면 사업주는 부담을 느낄 수밖에 없으며 그때 합의 여부를 따지면서 돈을 받는 게 좋은 순서로 보인다. 임금이나 퇴직금을 제때에 주지 않으면 근로기준법 위반이 되고 검찰에 송치되어 처벌받을 수 있게 된다.

부록

초보 변호사를 위한 몇 가지 도움말

지금까지 우리는 재판을 어떻게 시작하고 진행해야 하는지, 어떻게 하면 재판에서 이길 수 있는지 살펴보았다. 재판을 시작할 때는 누구나 이길 만한 이유가 있다고 생각한다. 그러나 소송을 진행하다 보면 재판이란 게 변수가 많아서 승소 노하우를 일반화하는 데 한계가 있음을 느낀다. 유능한 변호사란 사건마다 그 특성에 맞게 접근하는 사람이다. 마지막으로 법조 현장에 첫 발을 내디딘 초보 변호사를 위해 몇 가지만 더 이야기하고자 한다. 물론 일반인이 봐도 도움이 되는 점이 있을 것으로 보인다. 부디 작은 영감이라도 얻기 바란다.

1. 현장에 답이 있다

소송이 진행되다 보면 사건의 실체와 멀어지는 경우가 종종 벌어진다. 변론상에 나타나는 내용들이 '사실'이라고 믿게 되면서 벌어지는 현상이다. 이런 이유 때문에 같은 사실을 놓고 다른 판결이 나는 경우가 생긴다.

2015년 일이다. 필자가 쓴 책 〈변호사 노인수의 유치권 진짜가짜 판별법〉이라는 책을 보고 의뢰인이 찾아왔다. 자신이 경영하는 회사(이하 '시공사'라고 한다.)가 건물을 지었는데 건축주가 돈을 주지 않자 지금까지 유치권을 행사해 왔다고 한다. 그런데 그 사이 경매로 건물과 토지를 낙찰받은 사람들이 건물명도 문제로 시비를 걸어 지금까지 재판을 하고 있다는 설명이었다.

소송은 여러 건이 동시에 진행 중이었다. 그중 하나는, 낙찰자가 시공사를 상대로 제기한 소송으로 '부동산 인도명령'이었다. 이 건은 2심까지 시공사가 승소했으나 낙찰자가 불복하고 대법원으로 사건을 가져갔다.

한편 그 기간, 의뢰인은 낙찰자에게 건물 4층을 탈취당하여, '건물 인도 청구 소송'을 따로 진행했으나 2심까지 소송에서 패소하여 현재 대법원 계류 중이었다.

마지막으로 지금까지도 의뢰인이 점유하고 있는 건물 5층에 대해서, 낙찰자는 '건물명도 청구 소송'을 제기하였고, 이 소송은 제1심에서 의뢰인이 패소하여 현재 항소심 계류 중이었다.

같은 사건을 두고 한 건은 의뢰인이 승소하였고, 두 건은 낙찰자가 승소한, 이상한 소송이었다. 진실은 하나일 텐데 왜 재판부마다 판단이 다른 것일까? 혹시 주장과 증거를 재판부에 전달하는 방식에 문제가 있었거나 아니면 재판부마다 판단하는 방식이 다를 수도 있을지 모를 일이다.

 필자는 변론과 판결을 통해 얻은 사실에 기대기보다는 진실을 파악하여 재판부에 전달하는 게 중요하다고 생각했다. 우선 지금까지 진행된 재판과 관련 서류를 모두 점검한 뒤, 날을 정하여 건물 현장을 방문했다. 의뢰인은 여러 변호사를 만났지만 현장에 온 분은 처음이라며 고마워했다.

 우리는 유치권 행사 중임을 알리는 플래카드가 어떻게 걸려 있는지 확인하고, 당시 건축주의 현장사무소 위치도 실제로 찾아보았다. 의뢰인이 따로 관리인을 두고 운영하는 관리 사무소도 다녀가고, 관리인도 만나보았다.

 그 건물은 정문 외에 남쪽 외부로 통한 비상구가 있었고, 북쪽 외부로 올라갈 수 있는 비상구가 따로 있었고, 관리사무소는 5층에 있었고 CCTV를 통해 외부 상황을 감시할 수 있었다. 그런데 문제가 있었다. 1층에 자리한 농협슈퍼에서 2층까지 쓰는 까닭에 1, 2층은 따로 자물쇠를 달지 않았다. 5층 관리사무소에서 외부 상황은 감시가 가능하지만 건물로 들어오는 사람이 농협슈퍼를 이용하는 사람인지 구분하기 어려웠다. 한편 우리는 관리인들이 2007년 초부터 관리일지를 쓰고 있었고, 낙찰자에게 4층을 빼앗길 때의 상황도 정리하여 대표이사에게 보고하기 위해 작성한 문건 등을 찾았다. 이것은 현장에 가지 않는 한 얻을 수 없는 증거였다. 증거의 가치는 아무도 모른다. 중요한 증거를 필요 없는 것으로 간과하는 사람이 의외로 많다.

현장을 다녀온 뒤 필자는 새로 얻은 증거를 문서로 정리하여 대법원 사건에 증거를 제출하고, 동시에 고등법원에 항소중인 사건에는 증거신청을 했다. 당시 제출한 문서에는 다음과 같은 내용을 넣었다.

① 이 사건 건물에 대한 현장 검증을 실시해 달라. 건물의 상태와 관리사무실의 위치, 관리인들의 근무 형태, 플래카드나 CCTV의 위치, 출입문 위치 등을 살펴서 사실상 점유를 하고 있는지 여부를 확인하길 바란다.
② 또한 당시 경매 사건에서 현황조서를 작성한 집행관을 증인으로 소환하여 2008년 12월경 이 사건 건물의 경비 상태가 어떠했는지, 관리인과 통화한 내역은 무엇인지, 조사 보고서 내용은 무엇인지 등을 심문하겠다고 밝혔다.
③ 뿐만 아니라 이 사건 건물이 준공될 때부터 2009년 3월경까지 근무하였던 관리인을 소환하여 경매개시결정기입등기일인 2008년 12월경 전후의 관리 상태와 집행관 출입시 그들의 행태를 묻겠다.
④ 이 사건 건물의 경비 상태 등에 대하여 2009년 3월경부터 현재까지 근무하고 있는 이 사건 건물의 관리인을 소환하여 이 사건 건물에 대한 점유 관리 실태를 심문하겠다.
⑤ 2009년 8월 전후의 원고의 점유 침탈과 피고의 점유 회복실태,

업무일지 작성 경위 등을 심문하여 의뢰인의 주장을 입증하겠다.

이는 현장을 답사하여 얻은 결론 등으로 가능한 증거 신청이었다.
그러나 위와 같은 우리의 노력은 결실을 보지 못했다. 이미 다른 사건에서 인정된 판결 내용을 뒤집기에는 증거제출이 너무 늦은 것으로 보였다. 항소심 재판부는 증거신청을 받아들이지 않았고 재판은 패소했다. 처음부터 현장 중심으로 사건을 정리했어야 하는데 그러지 못해 진실이 뒤죽박죽이 됐고 나머지 재판도 시공사 측이 모두 패소한 것으로 알고 있다.

재판에서 가장 중요한 것은 '진실'이다. 의뢰인의 사실을 처음부터 견고하게 쌓아 상대방의 주장을 무찌르고 재판부를 설득해야 한다. 그 답은, 현장에 있다. 사람을 만나고, 현장을 답사하면서 의뢰인이 보지 못하는 '진실'을 찾아야 한다.

2. 판례는 계속 바뀐다

2014년 3월 20일경 하급심에서 유치권을 부인하는데 사용되던 체납절차상 압류 기입등기가 이제는 유치권에서는 아무런 힘을 발휘하지 못한다는 대법원 판결이 선고되었다.

2005년 8월 19일 전까지는 경매에서 주장하는 유치권의 점유시기에 대해 별다른 판시가 없었다. 그런데 2005년 8월 19일 이후 경매개시결정 기입등기 이후에 점유가 시작되었다면 압류의 처분금지효 때문에 점유자는 유치권을 내세울 수 없다는 판례가 선고되었다.

'채무자 소유의 건물 등 부동산에 강제경매개시결정의 기입등기가 경료(* 법적 절차가 완료되었다는 뜻)되어 압류의 효력이 발생한 이후에 채무자가 위 부동산에 관한 공사대금 채권자에게 그 점유를 이전함으로써 그로 하여금 유치권을 취득하게 한 경우, 그와 같은 점유의 이전은 목적물의 교환가치를 감소시킬 우려가 있는 처분행위에 해당하여 민사집행법 제92조 제1항, 제83조 제4항에 따른 압류의 처분금지효에 저촉되므로 점유자로서는 위 유치권을 내세워 그 부동산에 관한 경매절차의 매수인에게 대항할 수 없다 할 것이다.'(대법원 2005.8.19. 선고 2005다22688 판결)

위 판례 이후 유치권을 주장하려면 경매개시결정기입등기 이전에 '점유'해야 한다는 내용으로 정설이 되었다. 그래서 점유시기가 쟁점이 되어 유치권 항변을 배척하는 데 활용되었다.

나아가 국가나 지방자체단체 혹은 공공기관 등에서 법령에 따라 하는 주로 체납세금 때문에 하는 압류등기의 경우도 경매개시결정기입등기가 갖는 압류의 효력을 인용하여 처분금지효가 있고 이 때문에 압류등기 이후 점유는 유치권상 인정할 수 없다는 하급심판결이 선고되었다. 필자도 그러한 판결을 의뢰 사건에서 인용하여 여러 차례 승소한 바 있었다. 당시 판결문의 내용은 이렇다.

'또한 앞서 본 사실에 의하면, 이 사건 찜질방에 대하여 2004. 10. 18. 부산광역시 사하구청(세무과)의 압류 등기가 이미 경료되어 있고 그 후 공매절차가 진행되어 원고 승계참가인이 위 찜질방을 매수하였다. 그런데 채무자 소유의 부동산에 압류의 효력이 발생한 이후에 채권자가 채무자로부터 그 점유를 이전받음으로써 유치권을 취득한 경우, 그와 같은 점유의 이전은 목적물의 교환가치를 감소시킬 우려가 있는 처분행위에 해당하여 압류의 가처분 처분금지효에 저촉되므로, 점유자로서는 위 유치권을 내세워 위 압류 채권을 위한 공매절차의 매수인에게 대항할 수 없다고 할 것이다(대법원 2006. 8. 25. 선고 2006다22050 판결 등 참조). 따라서 위 부산광역시 사하구청의 압류 등기 이후 원고로부터 이 사건 찜질방의 점유를 이전받은 피고는 공매절차의 매수인인 원고 승계참가인에게 유치권으로서 대항할 수 없다.'(부산지방법원 2010.7.22. 선고 2009가단149389 판결)

그런데 2014년 3월 20일 대법원은 '체납절차상 압류는 경매개시결정기입등기가 말하는 압류와 성질이 다르다. 위 압류등기는 유치권상 점유의 기준이 되지 않는다'면서, 위 경매개시결정기입등기일만 기준이라고 전원합의체 판결로 선언하게 되었다(다만 여기에 압류등기도 기준일이 된다는 소수 대판사님의 의견이 있기는 했다.).

'부동산에 관한 민사집행절차에서는 경매개시결정과 함께 압류를 명하므로 압류가 행하여짐과 동시에 매각절차인 경매절차가 개시되는 반면, 국세징수법에 의한 체납처분절차에서는 그와 달리 체납처분에 의한 압류와 동시에 매각절차인 공매절차가 개시되는 것이 아닐 뿐만 아니라, 체납처분압류가 반드시 공매절차로 이어지는 것도 아니다. 또한 체납처분절차와 민사집행절차는 서로 별개의 절차로서 공매절차와 경매절차가 별도로 진행되는 것이므로, 부동산에 관하여 체납처분압류가 되어 있다고 하여 경매절차에서 이를 그 부동산에 관하여 경매개시결정에 따른 압류가 행하여진 경우와 마찬가지로 볼 수는 없다. 따라서 체납처분압류가 되어 있는 부동산이라고 하더라도 그러한 사정만으로 경매절차가 개시되어 경매개시결정등기가 되기 전에 그 부동산에 관하여 민사유치권을 취득한 유치권자가 경매절차의 매수인에게 그 유치권을 행사할 수 없다고 볼 것은 아니다.' (대법원 2014.3.20.선고 2009다60336 판결)

이후 하급심은 상급심인 대법원의 판결에 따라 기속을 받게 되고, 이제 유치권상 점유는 경매개시결정기입등기일만을 기준으로 하기 때문에 체납절차상 압류등기는 무시할 수 있게 되었다. 즉 압류등기는 더 이상 점유시기의 기준일이 되지 못한다. 만약 위 판례의 변경을 모르고 재판에 인용한다면 얼마나 우스운 일이 되겠는가.

필자가 쓴 유치권 책에 보면 '유치권 판례는 계속 바뀐다'는 내용이 적혀 있다. 오늘 인정받은 내용이 내일은 부인되기도 한다. 판례가 바뀌기 때문이다. 따라서 관련 분야에 대한 법령의 개정, 판례, 학설의 변화에 관심을 가질 필요가 있다.

3. 때를 기다릴 필요도 있다

판사는 법에 따라 재판을 하는 게 기본이기는 하지만 판사 개개인의 양심과 사상 등에 따라 판결이나 양형에서 약간의 차이가 있을 수밖에 없다. 자유심증주의에 따라 판사에게 상당한 재량을 주고 있는 현 법제 아래서는 어쩔 수 없는 일이다. 만약 판사의 부모가 강도범을 만나 크게 다친 적이 있다면 아무리 냉정해야 할 판사라도 강도범에 대해 관대하지 않을 가능성이 크다.

특히 이런 판사 개개인의 차이는 재판부나 담당 판사가 변경될 때 여러 변수를 만든다. 만일 변론조서에는 기록되지 않았지만 판사와 여러 가지 이야기를 나누었던 게 있다면 판사의 변경과 함께 구두 변론사항은 허공으로 사라지거나 혹은 왜곡될 가능성이 생긴다. 그게 때로는 악재로 작용할 수도 있지만 때에 따라서는 기회가 될 수도 있다.

필자가 한참 정치판에 드나들면서 당이나 당 동료들에게 법률자문을 해줄 때의 일이다. 마침 그 무렵, 기초단체의원의 정당색을 없애겠다는 의도로 정당 표방을 하지 못하도록 선거법이 개정되었다. 그런데 공보 자료를 만들던 디자인 업체와 각급 후보들의 선거법 인지 부족으로 의도치 않게 정당을 표방하는 바람에 선거법 위반에 걸린 것이다. 이미 어느 광역시 모구에서는 여러 명의 구의원이 정당관계를 표방하였다고 하여 공직선거법 위반으로 벌금 100만 원 이상의 선고를 받고 목이 잘리고(자격이 없다고 시의원에서 물러남) 이와 유사한 사례가 고법에 여러 건이 계류 중이었다.

필자가 관여하고 있던 지방시 기초자치단체 역시 시의원 2명이 이 문제로 항소심까지 가게 되었고, 필자가 변론을 맡게 되었다. 나의 의뢰인이었던 시의원 2명은 1심에서 정당표방문제로 자격이 상실되는 벌금 100만 원 선고를 받고 항소한 상태였다. 당시 필자의 의뢰인에게 벌금형을 선고한 분은 평소 존경받을 만한 분으로, 필자와는 교회에서 가끔 뵙는 분이었다. 그런데 마침 그분이 2심 담당 재판장이었다. 난감했다. 필자의 판단으로는 그 재판장의 소신이 바뀔 것 같지 않았다.

 돌아가는 상황을 보니 그 재판장으로부터 판결 선고를 받지 않는 방법이 상책이었다. 그러려면 시간을 벌어 재판장이 변경될 때를 기다릴 수밖에 없었다. 시간을 끌려면 명분이 필요했다. 그래서 증거를 제출하고 증인을 신청하는 등 여러 수단을 동원했다. 증인 신청이 받아들여지면 여러 핑계를 대며 증인 출석을 연기했다. 재판장은 필자의 방법을 뻔히 보고 있었는지 연기 신청을 잘 받아주지 않으려고 했고, 나중에는 '마지막'이라는 단서를 달고 연기를 했다. 그 사이 재판장이 바뀌어 새로운 재판장의 판단을 받게 되었다. 새 재판장은 견해가 다를 수도 있다는 희망을 갖고 우리의 입장을 더욱 명백히 전달하기 위해 자신이 정당원임에도 정당 표방 문제로 형사처벌하는 것은 헌법상 여러 가지 원칙에 위반된다는 이유로 위헌법률심판제청을 신청하였다. 그 후 재판부의 견해가 바뀌었음을 감지하고 위 신청은 취하했다. 다행히 사건은 벌금 80만 원의 선고로 바뀌었고, 시의원 자격을 유지할 수 있었다. 한참 뒤 정당표방 관련 공직선거법은 위헌결정이 내려졌다(헌법재판소 2003헌가9·10(병합) 결정].

4. 뭔가 이상하다는 느낌이 올 때

 분명 이겨야 할 사건인데도 재판이 이상하게 돌아갈 수 있다. 만일 느낌이 이상하다면 뭔가 브레이크를 걸어야 한다. 이 느낌은 소송을 여러 차례 겪지 않아도 사람이라면 받을 수 있는 감이다. 이 감을 무시하지 않길 바란다. 특히 판사가 상대방의 주장은 잘 받아들이면서 유독 우리 주장을 잘 받지 않는다는 느낌이 들면 십중팔구 패소 가능성이 크다. 만일 느낌이 이상하다면 무슨 수를 써서라도 시간을 끌면서 답을 찾도록 해야 한다.

한번은 친구 사이인 어느 교수가 경매를 통해 경기도에 공장이 있는 땅을 얻었다. 그런데 공장 설비를 해주었다는 회사 두 곳에서 점유를 하고 유치권을 주장하면서 자리를 비워주지 않았다. 부동산 인도명령 신청을 했으나 기각당하고, 할 수 없이 건물명도 청구 소송을 제기했다. 그랬더니 상대방은 경매개시결정기입등기일 전에 점유를 개시하였다면서 개시 당시 찍었다는 두 장의 사진과 함께 자신들이 지금도 점유하고 있다는 내용으로 답변서를 제출했다(경매개시결정기입등기일을 기준으로 그 후에 점유를 시작한 경우에는 압류의 처분 금지효로 인하여 유치권이 성립되지 않는다. 대법원 2005다22688 판결).

우리는 감정평가사가 감정 갈 때나 집행관이 현장 조사 갈 때도 그 공장에 사람이 없었고 이웃집 여자에게 확인하니 낙찰기일 즈음하여 전기를 끌어들여 사무실에서 사용했다는 증언을 입수하여 증거로 제출, 경매개시결정기입등기일 이전에 점유를 하지 않았다고 주장했다. 당시는 우리가 쉽게 이길 줄 알았다.

그런데 재판 진행 과정이 뭔가 이상했다. 보통 이쯤이면 한창 공방이 진행되어야 하는데 판사는 서둘러 변론을 종결했다. 변론종결 후 곰곰이 생각해 보니 뭔가 꺼림칙했다. 사태는 우리에게 전혀 유리해 보이지 않았고, 아무래도 새로운 증거와 주장이 필요할 것 같았다. 그래서 여러 이유를 대어 변론 재개를 신청했다. 다행히 재판장이 신청을 받아 들여 변론은 재개되었다.

그런데 다음 변론기일에 생각지도 못한 일이 벌어졌다. 재판장이 피고들에게 증거로 제출한 사진의 원판을 제시하라고 요청했다. 아무래도 피고들의 주장이 미심쩍었던 것이다. 보통 이런 사건은 원고가 사진의 촬영일시를 증명할 자료를 피고에게 요구하는데 우리가 가만히 있자 판사가 나선 것으로 보였다. 재판장의 요청에 대해 피고들은 당시 촬영에 썼던 카메라는 분실했고, 파일을 넣어둔 컴퓨터는 이사하는 동안 사라졌다고 했다. 그리고 사진에 있는 날짜와 시간은 포토샵으로 넣었다고 했다.

결국 피고들이 제출한 사진의 진정성립이 인정되지 않아(사진이 진짜인지 의심스럽다) 우리 측이 승소했다.

어떻게 보면 사소하지만 중대한 내용 하나를 놓쳐서 생긴 해프닝이다. 그러나 이렇게 뭔가 감이 이상할 때는 스스로 이유를 발견하기 힘들더라도 시간을 끌면서 상황을 점검하는 게 중요하다.

참고문헌

구회근, 「독일판사아카데미 출장결과보고서」.
김동근 편저, 「요건사실론 판례 및 기재례」, 2012.
김선화, "형사소송에서 자유심증주의에 관한 이론적 연구", 고려대학교 대학원 박사학위논문, 2005.
김준호, 「제22판 민법강의」, 법문사, 2016.
노인수, 「달건 장밟혔다. 노인수 검사의 깡패 사냥」, 도서출판 민현, 1997.
노인수/이선우, 「경매유치권과 손자병법」, 법률정보센터, 2009.
류혁상/권창국, 「증거의 신빙성 제고를 위한 효과적인 증거 수집 및 현출방안」, 한국형사정책연구원, 2005.
민영성, "범인 식별 진술의 위험성과 그 대처방안", 「법학연구」, 제42권 제1호, 부산대학교 출판부, 2001.
법률연구회 편저, 「민사재판 실무사례」, 2013.
변종필, "간접증거에 의한 유죄 인정", 「비교형사법 연구」 제5권 제2호, 한국비교형사법학회, 2003.
사법연수원, 「2011 증인신문기술」, 사법연수원, 2011.
사법연수원, 「2011 형사 변호 실무-법률실무과목」, 사법연수원, 2011.
사법연수원, 「2012 형사증거법 및 사실인정론 법률실무과목」, 사법연수원, 2012.

서동호/김선근,「조상땅 찾는 법」, 다산초당, 2008.
서울중앙지방법원,「민사재판사건유형별 업무 매뉴얼」, 2010.
수원지방법원 성남지원,「민사재판 실무 가이드」, 2010.
신동운,「판례분석 신형사소송법Ⅱ」, 법문사, 2012.
양동철,「형사법 기록형 형사소송실무」, 박영사, 2012.
위재민,「제3판 형사절차법」, 한국표준협회미디어, 2012.
이건웅,「민사재판과 사실인정」, 재판자료 제25집, 법원도서관, 1985.
이병일,「나홀로 하는 민사소송 제2판」, WILLBES, 2014.
이병일,「나홀로 하는 민사집행」, WILLBES, 2015.
이정환, "민사소송법상 판사의 자유심증주의", 원광대학교 석사학위논문, 2008.
이준호, "형사재판에 있어서 증명력 판단의 기준-사실인정에 대한 대법원 판례의 고찰",「사법연수원 논문집」제2집, 2005.
이진만,「국제화연수 결과 보고」, 2007.
이창현/강동필/김영천/정해영/성기강,「형사변호와 무죄」, 미래와 경영, 2004.
지대운,「단독재판장의 자세」, 연수원강의자료, 2007.
한정우,「세 번만 읽어도 좋은 변호사를 골라 승소하는 법」, 다산초당, 2006.
한종술,「소송문서작성의 전략」, 육법사, 2010.
홍용표,「형사 소송 기술」, 주서출판사, 2000.
c&b,「요건사실론 판례와 기재례」, 2011.

후기

1.
- 등산동반자를 구합니다. 6월 6일 현충일 오전 10시 20분쯤 우리 동네에서 광교산에 올라갔다 오실 분 12-3호 앞으로 그냥 오세요. 제 친구인 박몽구 시인(오월시 동인, 「샘터」 전 편집장)이 함께합니다. 기대합니다. 노인수

- 남편 등 떠밀까 봐요. 남편 오면 물어볼께요^^ - ○○맘
- 12-○호입니다. 아버지께서도 참여하신답니다^^ - 김○○

그날 초대에 네 분이 응했고, 그중 필자 포함 세 사람이 광교산(경기도 용인시 수지구에 있는 산, 높이 588m)까지 올랐으며, 장로님 내외분은 말구리고개까지 동행하였지요. 여러 가지 사정이 있음에도 함께하신 분들께 무척 감사하고 있습니다. 사실 필자는 등산을 잘하는 편이 아니고, 다만 앞장선 것뿐이지만요.
여기까지 이 책을 읽어 주신 모든 분들!
매우 힘드셨지요. 처음에는 조금 읽혀지는 듯하더니 점점 어려워졌을 것입니다. 민사 재판, 민사 소송, 그리고 위 행위의 기초가 되는 민사소송법 과목은 사법시험, 변호사 시험에서도 가장 어려운 과목이랍니다. 그래도 끝까지 읽어

주셨다면 대단한 분들이지요. 그분들께 신의 가호와 행운이 늘 함께하기를 기원합니다.

2.
이 책을 쓰기 시작한 지는 꽤 오래되었습니다. 필자가 현장에서 겪은 수십 년 동안의 법조 경험을 토대로 노하우와 지혜를 내놓았다고는 하지만 여러 가지 부족한 점이 많습니다. 어떤 내용은 시대에 뒤떨어지기도 하고 일부 틀린 부분이 있을지도 모릅니다. 양해하여 주시기 바랍니다. 그리고 많은 것을 미리 깨달은 분들의 노고와 결과물도 많이 빌려 왔음을 밝힙니다. 그분들께 미안하고 한편 감사합니다. 앞으로도 더욱 실력을 닦고 다채로운 경험을 쌓아 많은 이들이 민사 재판에서 지지 않도록, 또 억울함을 당하지 않도록 부족한 점을 채워가겠습니다.

3.
이 책을 준비하는 동안 도와준 손길이 많습니다. 1년 동안 필자와 사무실을 같이 사용하면서 지냈던, 이 원고를 철저히 검토해 주신 김종훈 변호사님, 과거 훌륭한 작가이셨고 현재 해외투자컨설턴트로 바쁘신 가운데도 원고를 꼼꼼히 읽으시고 황금 같은 조언을 해 주신 이정민 사장님, 어려운 상황에서도 원고를 철저히 검토하고 의견을 주신 정하나 님, 이 원고의 시종을 맡아 편집하고 독자들이 쉽게 읽을 수 있도록 마음과 뜻과 정성을 다해주신 권병두 편집장님, 호소력 있는 디자인을 통해 경험과 지혜를 나눠 주신 홍석문 디자이너님, 실무를 통해 익힌 경험과 지혜로 이 책의 내용을 꼼꼼히 살피고 좋은 의견을 내주신 김희진 사무장님, 과거 법률 공부를 하다가 지금은 일반 회사에서 마케팅 업무를 하면서 원고를 교열해주고 좋은 의견을 준 큰아들 승호, 힘든 시간에도 아버지의 원고를 세밀히 교열해 주고 의견과 사진을 준 큰 딸 지윤, 시험공부에 진력하면서 애비의 원고에 격려의 말을 아끼지 않은 막내아들 순눈, 시각디자이너로서 열심히 직장생활을 하면서 디자인에 대한 좋은 의견을 준 막내딸 은비.

필자의 인생 반려자로 늘 격려와 지원을 아끼지 않는 사랑하는 아내 김현옥 여사, 마지막으로 보이지 않는 곳에서 약한 필자를 끊임없이 격려하시고 도와 주시고 이끌어 주시는 삼위일체 하나님.
모두 모두 감사합니다. 잊지 않고 '사람다운 사람'이 되어 '책다운 책'을 쓰도록 더욱 노력하겠습니다.

4.
이 책에 대한 좋은 의견이나 사례가 있으시면 아래 주소나 이메일 혹은 전화나 팩스로 연락 주시면 사례하겠습니다. 감사합니다.

주소 서울특별시 서초구 서초대로335, 제501호(서초동, 서흥빌딩) (우 : 06607)
      변호사노인수&법률사무소 변호사 노인수
전화 02-3482-3838
팩스 02-3482-3836
e-mail lawwin475@hanmail.net

2016년 6월
浩洋 노 인 수 배상

저자 약력

학력

1980 서울대 법과대학 법학과 졸업

1983 서울대 대학원 법학과 수료

1997 전남대 행정대학원 정책학과 수료

2010 건국대 부동산 대학원 졸업

2013 경기대 서비스경영대학원 부동산금융투자전공 박사과정 수료

경력

1980 제24회 행정고등고시 합격

1981 제23회 사법시험 합격

1994 서울지검 검사

1995 서울고검 부장검사

1996 무등건설 법정관리인

2000 무등일보 파산관재인

2002 청와대 사정비서관

현재 대표 변호사(변호사 노인수& 법률사무소)
　　　건국대학교 행정대학원 민사집행전공 겸임교수

저서 및 논문

1997 달건 장 밝혔다

1999 큰 고기 잡는 그물을 펼쳐라

2003 겨울 다음에 봄이

2006 탈북자의 남한 적응 실태와 우리

2009 유치권경매와 손자병법

2010 주택재개발사업조합설립추진위원회의 운영개선방안연구
　　　(건국대학교 부동산대학원 석사학위논문)

2011 〈변호사 노인수의 유치권 진짜 가짜 판별법〉

2013 〈판사 검사 변호사, 그들이 알려주지 않는 형사재판의 비밀〉

이기는 민사재판의 비밀

펴낸날 초판 6쇄 2025년 8월 1일

지은이 노인수
펴낸곳 주식회사 순눈
펴낸이 노인수
사 진 노지윤
편집자 권병두
디자인 엔드디자인

출판신고 2015년 12월 28일 제2015-00278호
주소 서울특별시 서초구 서초중앙로 8길 17, 3층 302호(서초동, 하오르빌딩) (우편번호 : 06640)
사업자등록번호 214-88-54893
계좌 국민은행 079801-04-114638
전화 02-597-2003 **팩스** 02-584-5055
블로그 blog.naver.com/sunnun2 **메일** sunnun2301@hanmail.net

ISBN 979-11-957084-1-3 13360

- 잘못 만든 책은 구입하신 서점에서 바꾸어 드립니다.
- 책값은 표지 뒷면에 있습니다.
- 독자의 의견을 기다립니다.(blog.naver.com/sunnun2, sunnun2301@hanmail.net)

> 이 도서의 국립중앙도서관 출판시도서목록(CIP)은 e-CIP홈페이지(http://www.nl.go.kr/ecip)와 국가자료공동목록시스템(http://www.nl.go.kr/kolisnet)에서 이용하실 수 있습니다.
> (CIP제어번호 : CIP2016014617)